Estado e democracia nos tempos
de Hugo Chávez (1998-2013)

Mariana Bruce

Estado e democracia nos tempos de Hugo Chávez (1998-2013)

Copyright © 2016 Mariana Bruce

Direitos desta edição reservados à
EDITORA FGV
Rua Jornalista Orlando Dantas, 37
22231-010 | Rio de Janeiro, RJ | Brasil
Tels.: 0800-021-7777 | 21-3799-4427
Fax: 21-3799-4430
editora@fgv.br | pedidoseditora@fgv.br
www.fgv.br/editora

Impresso no Brasil | *Printed in Brazil*

Todos os direitos reservados. A reprodução não autorizada desta publicação, no todo ou em parte, constitui violação do copyright (Lei nº 9.610/98).

Os conceitos emitidos neste livro são de inteira responsabilidade da autora.

1ª edição: 2016

Preparação de originais: Sandra Frank
Projeto gráfico de miolo, diagramação e capa: Estúdio 513
Revisão: Aleidis Beltran | Fatima Caroni

Ficha catalográfica elaborada pela
Biblioteca Mario Henrique Simonsen

Bruce, Mariana
   Estado e democracia nos tempos de Hugo Chávez (1998-2013) / Mariana Bruce. — Rio de Janeiro : FGV Editora, 2016.
   276 p.

   Originalmente apresentado como dissertação da autora (mestrado — Universidade Federal Fluminense, 2011, com o título: A "democracia participativa y protagónica", o povo e o líder: a experiência dos *consejos comunales* na *parroquia* 23 de Enero (Caracas/Venezuela))

   Inclui bibliografia.
   ISBN: 978-85-225-1907-1

   1. Venezuela — História. 2. Venezuela — Política e governo. 3. Participação política — Venezuela. 4. Movimentos sociais — Venezuela. 5. Democracia — Venezuela. 6. Chávez Frías, Hugo, 1954-2013. I. Fundação Getulio Vargas. II. Título.

CDD — 987

A todos os meus queridos heróis e
lutadores da *parroquia* 23 de Enero, de Caracas.

*Lo que importa es que nosotros creemos en lo que estamos
haciendo; nosotros creemos en el poder popular.*
Manuel Diaz (*consejo comunal* Atlantico Norte 1, 4 y 5),
parroquia 23 de Enero, Caracas, Venezuela
Janeiro de 2011

Sumário

Prefácio. *Carlos Walter Porto-Gonçalves* — 9

Apresentação. *Theotonio dos Santos* — 11

O povo e o líder: entre a dependência e a autonomia — 15

1. Da ditadura civil-militar (1952-1958) à V República (pós-1998): um breve panorama histórico — 41
    Venezuela: uma nação petroleira — 41
    A ditadura civil-militar (1952-1958) e o novo ideal nacional — 43
    O Pacto de Punto Fijo: Venezuela, a "vitrine da democracia das Américas"? — 47
    A falência do Punto Fijo e o surgimento de alternativas — 54
    A V República (pós-1998) — 59

2. *Parroquia* 23 de Enero: história das lutas sociais em um bairro de Caracas — 69
    Prazer, 23 de Enero — 69
    Da história às histórias: memórias subterrâneas do 23 de Enero — 74
    Um convite — 78
    O passado presente — 80
    O Plano Nacional de Moradias e o projeto Dos de Diciembre — 86
    A ocupação dos blocos — 96
    Os blocos e os *barrios*: tensões sociais no 23 de Enero — 103
    Democracia? Luta armada, repressão e movimentos sociais no 23 de Enero — 108
    Uma nova etapa de luta: a formação dos coletivos políticos — 136

3. A prática social de uma "democracia participativa e protagônica": 155
a experiência dos *consejos comunales* na *parroquia* 23 de Enero (Caracas)
    Das ruas ao Parlamento: antecedentes dos *consejos comunales* 155
    Aspectos normativos da(s) Lei(s) Orgânica(s)
        dos *Consejos Comunales* (LOCC) 186
    Os primeiros passos de um *consejo comunal* 194
    Consejos comunales e coletivos políticos: uma articulação possível? 204
    Os projetos 211

4. Rumo a um Estado comunal? 219
    O próximo passo: a formação das comunas 219
    Burocracia estatal e poder popular 227
    O papel do líder e as transformações na cultura política 232
    Entre poderes constituídos e constituintes:
        potencialidades emancipatórias 235

Democracia, participação e poder popular: uma experiência em aberto 241

Bibliografia 253
    Referências 253
    Fontes 264

Siglas 271

Agradecimentos 273

Prefácio
Carlos Walter Porto-Gonçalves*

Num momento em que vivemos uma grave crise de legitimidade dos sistemas políticos em todo o mundo, este livro de Mariana Bruce é inspirador. Fugindo do caráter normativo do que seja a Revolução ou a Democracia, a autora nos abre caminhos extremamente férteis para pensar/agir os contraditórios processos emancipatórios em curso na América Latina. Ao recusar a ideia de "Revolução é..." ou "Democracia é...", que ao congelar esses conceitos no mundo sobrelunar das ideias instaura uma ditadura do pensamento, a autora nos convida a mergulhar no terreno movediço da história em que a vida teima em ser reinventada na perspectiva emancipatória pelos grupos subalternizados. E o faz analisando uma experiência na qual a riqueza do que vem sendo vivido tem sido ofuscada pelo maniqueísmo teórico-político, mais correto seria dizer ideológico, com que vem sendo abordada: a Venezuela.

Distinguir o popular do populista; o poder constituinte do constituído; a complexa relação líder/povo — tudo isso é analisado com uma pesquisa refinada na qual, mais que explicações, a autora nos brinda com as profundas implicações da invenção democrática por que passa esse país, muito além do maniqueísmo que

---

* Coordenador do Laboratório de Estudos de Movimentos Sociais e Territorialidades da Universidade Federal Fluminense (LEMTO-UFF).

não só empobrece sua compreensão, como, mais grave ainda, nos impede de ver a importância dessa experiência para o pensar/agir emancipatório, sobretudo depois da queda do Muro de Berlim. Afinal, depois de vermos uma revolução como a russa, que teve como palavra de ordem "todo poder aos sovietes", cair após 80 anos sem que nenhum soviete houvesse para defendê-la, tornarmos a ver uma história em que a comuna volta a ser a busca do autogoverno, como na Venezuela, não é uma questão qualquer. E a autora, com um estudo denso, e de dentro de um desses conselhos/dessas comunas, nos mostra como se desenvolve esse processo em que um líder popular no sentido mais forte da palavra, talvez por suas melhores qualidades, desempenha um papel contraditório nesse caminho para a emancipação. Vale a pena ler com atenção, até porque em cada canto da América Latina/Abya Yala, tal como um fractal, há um pedaço de cada um de nós.

Apresentação
*Theotonio dos Santos**

O livro de Mariana Bruce que o leitor vai apreciar está escrito no meio de uma encruzilhada histórica de um continente inteiro: a América do Sul (e, de certa forma, todas as Américas, em especial a América Latina e o Caribe) se encontra num turbilhão econômico, social, cultural e sobretudo político caracterizado por uma grande ofensiva das forças sociais que estiveram ausentes do centro do cenário político por cerca de duas décadas.

Os trabalhadores, em suas várias formas econômicas, que incluem desde os assalariados mais ou menos acomodados (operários ou trabalhadores de serviços), subempregados, pequenos e médios proprietários e camponeses se veem diante de uma enorme massa de desempregados ou trabalhadores eventuais, ou mesmo indigentes produzidos pelas políticas neoliberais a serviço do grande capital financeiro. A concentração de riqueza na mão dessa minoria gera não somente uma profunda desigualdade social mas, sobretudo, uma situação de indigência e baixas condições de vida para uma população cada vez mais significativa.

---

* Professor visitante da Universidade do Estado do Rio de Janeiro (Uerj). Presidente da cátedra Unesco sobre economia global e desenvolvimento sustentável (Reggen). Professor emérito da Universidade Federal Fluminense (UFF). Prêmio mundial de Economista Marxiano de 2013 (WAPE). Presidente do conselho diretor do Centro de Educação Popular e Pesquisas Econômicas e Sociais (Ceppes). Membro do conselho deliberativo do Centro Internacional Celso Furtado.

Nesse contexto, a base da sociedade vive em constante sobressalto e muitos setores só conseguem sobreviver à custa de atividades mais ou menos ilegais num mundo de violência impressionante.

Pode-se compreender, assim, a clivagem que se estabelece entre a base dessas sociedades e as condições de vida dos setores de renda mais alta, mesmo que ainda insuficientes para garantir pelo menos os serviços básicos, como educação, saúde, transporte e moradia, que não podem ser pagos com os níveis de renda existentes e que os governos abandonam para prover de serviços um pouco mais efetivos uma porcentagem ainda minoritária da população.

Pode-se entender como a produção e reprodução de um sistema econômico e social tão concentrador e excludente produz também um crescente movimento de baixo para cima, na busca de encaminhar soluções que o sistema político criado pela minoria relativamente satisfeita com a ordem social existente não pode oferecer.

As massas excluídas não se compõem de indivíduos isolados, sem eira nem beira. Em várias regiões do país, as famílias que compõem essas massas têm um passado histórico fundado em formas de convivência comunitárias. Desde as comunidades indígenas que alcançaram altíssimos níveis civilizatórios, passando pelas comunidades africanas que desenvolveram formas culturais extremamente criativas, incluindo vários setores mestiços que foram configurando fortes processos culturais locais e regionais para sobreviver nesse ambiente hostil com algum grau de otimismo, e que deram substância a movimentos chamados superficialmente de "populistas". Creiam ou não os donos do poder existente, estamos diante de uma poderosa subjetividade: um ser em si que vem se tornando um ser para si no confronto com as forças que pretendem conservar essa abominável ordem existente.

É assim que se afirma um poder crescente *desde abajo*, que se impõe num vasto movimento histórico diante das mais violentas formas de imposição do poder existente. Este se articula com poderosas forças internacionais, cuja riqueza está amplamente fundada na exploração dessas condições negativas, transformando--se num elemento cada vez mais essencial da estrutura de poder dessas sociedades e das justificações de sua conservação. Faz-se cada vez mais difícil ocultar o caráter historicamente superado de tais expressões de um capitalismo dependente, concentrador, desigual e excludente.

Manter tal estado de coisas, num mundo que se caracteriza pela ampliação gigantesca da capacidade humana de produzir suas condições de sobrevivência através da revolução constante das suas forças produtivas, é um sonho (ou pesadelo) que produzem as classes dominantes, que lutam por um programa político conservador dessa ordem social injusta e opressiva. Nele, a democracia ocupa um lugar perigoso. Ela pode ser um instrumento de controle das massas subjugadas a tal ordem odiosa, mas pode também ser um instrumento de "empoderamento" dessas massas. Aí está a ferida fundamental do momento que vivemos.

Somos a maioria esmagadora, que vive em permanente sobressalto, e toda vez que avançamos encontramos a oposição armada, as mais diversas formas de opressão e de limitação da capacidade política dessas forças insubordinadas, de uma maneira ou outra, contra a ordem existente.

Eis por que se busca desqualificar a capacidade do "povo" de exercer a democracia. Ele não é reconhecido como uma maioria de cidadãos, e sim como uma espécie inferior à qual jamais se pode entregar o poder de decisão. Existe mesmo uma "teoria" dominante que separa a dimensão eleitoral do exercício do poder. Aceita-se o espetáculo de ser eleito pelo povo para dar-lhe uma espécie de "satisfação" moral e tornar os governos legítimos. Mas, segundo eles, os verdadeiros "estadistas" são aqueles que governam com os conhecimentos técnicos e nunca com os trabalhadores, que estão mergulhados no seu entorno de miséria e "ignorância", que, nessa perspectiva, condena a democracia a uma verdadeira "encenação".

Contra essas condições de reprodução de sua miséria e suas dificuldades, setores cada vez mais amplos de nossas sociedades descobrem a necessidade de se mobilizar e de se organizar para conquistar e garantir seus direitos mais elementares a uma sobrevivência digna. É assim que os movimentos sociais vão assumindo um papel crescente em nossa vida política. Eles se desenvolveram em várias formas de expressão e ganharam um papel muito significativo nas lutas contra as ditaduras. Foram lançados numa nova etapa de mobilização nos processos de transição democrática que foram vencendo em todo o continente.

Tais vitórias colocam novos problemas. Esse gigantesco movimento salta para uma nova etapa: a gestão do Estado, que antes representava tão diretamente a opressão. Mas como assegurar que os políticos eleitos respeitem seus compromissos estabelecidos, sobretudo, nos períodos eleitorais? Está aberta uma nova fase de organização, até de institucionalização desses movimentos que lhes permita ser pelo menos um cogestor do Estado, transformando-o de fato numa expressão do ideal democrático: o governo do povo.

Mariana Bruce nos faz um acertado relato das questões teóricas e das experiências históricas em que esse ideal, cada vez mais perseguido pelas maiorias, vai se impondo na América Latina. Ela nos dá uma visão histórica das lutas democráticas na Venezuela, que colocam com muita clareza tais dilemas, desde o acordo que sucede a derrubada da ditadura militarizada (1958) e impõe uma democracia pactuada que exclui as grandes maiorias sociais, até as novas expressões da revolta popular que levam à vitória de Hugo Chávez e ao novo compromisso que ele assume com essas maiorias excluídas econômica, social, política e culturalmente. Esse novo pacto se converte na proposta de um socialismo do século XXI, que inclui a consolidação de um poder popular respeitado pelo Estado através de sucessivas reformas institucionais e de uma prática de participação popular extremamente nova por seu dinamismo e sua extensão e profundidade.

Nossa autora não somente traça esse quadro macro em seus capítulos iniciais, mas, sobretudo, estuda uma experiência concreta a partir da práxis de um conselho comunitário dos mais antigos e persistentes. Trata-se de uma experiência impressionante de organização de um poder popular na Venezuela, que se inicia sob a ditadura e que se transforma num poderoso ente político e ideológico a partir da proposta bolivariana formulada e aplicada por Hugo Chávez. Apesar de ter vivido pessoalmente grande parte dessas experiências — ou talvez por isso mesmo —, leio com emoção a descrição dessa experiência e agradeço à historiadora a empatia que ela transmite com esse povo maravilhoso. Creio que o leitor sentirá também tais emoções.

Através deste livro, o leitor terá oportunidade de compreender a força dos movimentos sociais latino-americanos em plena efervescência em toda a região, dentro ou fora do poder estatal. A autora atualmente dá continuidade a seus estudos sobre o tema deste livro com um grupo de estudiosos sobre a questão do poder popular em toda a região. Este é um tema que tende a converter-se numa veia essencial de nossa ciência social e numa referência fundamental de nossa vida política e do dia a dia de nosso povo.

O povo e o líder: entre a dependência e a autonomia*

No dia 5 de março de 2013, o vice-presidente Nicolás Maduro anunciou, do palácio presidencial, a morte de Hugo Chávez Frías (1954-2013). Nos últimos meses, o líder venezuelano havia sofrido com várias complicações decorrentes do tratamento de um câncer na região pélvica que se intensificou a ponto de impedi-lo de comparecer à posse de seu mandato, prevista para o dia 10 de janeiro de 2013. A ausência de Chávez, somada às especulações sobre sua morte prematura, agitou as redes sociais e as mídias nacional e internacional com projeções das mais variadas sobre o que aconteceria com a Venezuela se o presidente realmente viesse a falecer ou ficasse inabilitado a exercer o cargo. Sua morte representaria o fim da chamada Revolução Bolivariana? O chavismo teria condições de sobreviver sem Chávez?

Em meio a um entusiasmo popular que movimentou milhões de pessoas por todo o país para acompanhar o cortejo fúnebre do ex-presidente, Nicolás Maduro assumiu o papel de levar adiante o chavismo, sem Chávez. Nas eleições de 7 de outubro de 2012, o então candidato havia sido reeleito presidente da Venezuela pela quarta vez, com 55,14% dos votos, derrotando o candidato da oposição, Henrique

---

* Todas as citações em língua estrangeira foram traduzidas pela autora. Os originais podem ser conferidos na dissertação: *A "democracia participativa y protagónica", o povo e o líder: a experiência dos consejos comunales na parroquia 23 de Enero* (Caracas/Venezuela). Disponível em: <www.historia.uff.br/stricto/td/1505.pdf>. Acesso em: dez. 2015.

Capriles, em quase todos os estados do país, à exceção de Miranda e Táchira, conforme podemos observar no mapa abaixo.

Figura 1 | Resultado das eleições presidenciais da Venezuela segundo os estados (2012)

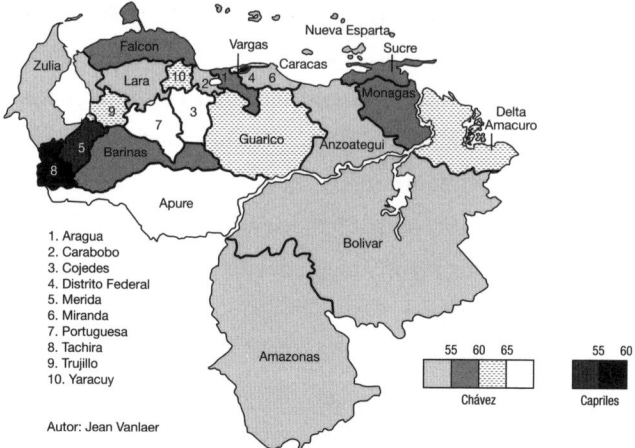

Fonte: <www.electoralgeography.com/new/en/countries/v/venezuela/venezuela-presidential-election-2012.html>. Acesso em: jan. 2013.

Figura 2 | Resultado das eleições presidenciais da Venezuela segundo os estados (2013)

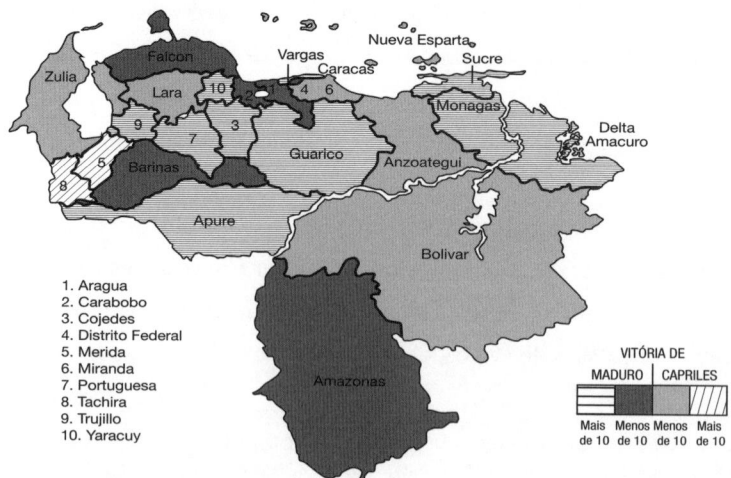

A cor indica a diferença de pontos percentuais: listras horizontais, mais de 10%; cinza-escuro, menos de 10%; cinza-claro, menos de 10%; listras diagonais, mais de 10%. Fonte: Consejo Nacional Electoral de Venezuela. Disponível em: <http://elpais.com/elpais/2013/04/15/media/1366043350_201507.html>. Acesso em: maio 2015.

Já nas eleições do dia 16 de abril, Nicolás Maduro, sucessor escolhido pelo ex-presidente, ratificou a vitória do chavismo em pleito mais acirrado, com 50,75% dos votos contra 48,99% para Capriles.

Maduro tem origem pobre, foi sindicalista e acompanhou Chávez nos últimos 20 anos. Além de vice-presidente, foi também ministro dos Assuntos Exteriores e trabalhou em prol da integração latino-americana. O novo presidente da Venezuela não possui o mesmo carisma que seu predecessor, e sua breve campanha foi marcada por um esvaziamento ideológico do projeto bolivariano. Nela somaram-se protestos do movimento LGBT, que questionou alguns pronunciamentos preconceituosos,[1] bem como outras bandeiras mais pueris, como a insistência de que a doença de Chávez teria sido inoculada por agentes da CIA ou que o candidato da oposição, Henrique Capriles, perderia credibilidade política por possuir um apartamento de US$ 5 milhões em Nova York (Costa, 2013:56-57). Capriles, por sua vez, representa uma direita que, nas circunstâncias atuais, incorporou muitas das premissas do chavismo, sobretudo no que diz respeito ao reconhecimento do avanço dos programas sociais e à necessidade de mantê-los e aprofundá-los.

As bases chavistas demonstraram seu apoio ao sucessor de Chávez ao comparecer às ruas para legitimar o pleito que fora questionado pelo candidato derrotado. Capriles convocou um *cacerolazo* (panelaço) e exigiu a recontagem de 100% dos votos.[2] O Consejo Nacional Electoral (CNE) acatou o pedido de fazer a auditoria das urnas. Porém, o quadro pós-eleições beirou uma guerra civil no país, somando, pelo menos, sete mortos em conflitos de rua e denúncias de violência em várias cidades.[3] Por fim, à exceção de Estados Unidos e Espanha, vários países e organizações internacionais reconheceram a legitimidade do pleito e Maduro

---

[1] O candidato questionou Capriles por não ser casado, suspeitando que este seria homossexual. Em contrapartida, afirmou-se como hétero, casado e beijou a esposa em público para demonstrar sua virilidade.

[2] Na Venezuela, apesar da utilização das urnas eletrônicas, os votos também são impressos e depositados em urnas. Desse modo, é possível recorrer a um comprovante físico para uma recontagem de votos quando necessário.

[3] "As vítimas são de Miranda (1), Zulia (3), Táchira (2) e Sucre (1), além da queima de oito centros de diagnóstico integral (CDIs), três casas do Partido Socialista Unido da Venezuela (PSUV) e três filiais da MERCAL, onde foram agredidos verbalmente e assediados aqueles que trabalhavam nesses espaços." Disponível em: <g1.globo.com/mundo/noticia/2010/09/venezuela-as-14--eleicoes-da-erachavez.html>. Acesso em: abr. 2013.

tomou posse no dia 19 de abril de 2013. O desafio colocado era o de dar continuidade à chamada Revolução Bolivariana em um contexto de profunda polarização.

Chávez estava no governo desde 1998, impulsionando um processo de grandes transformações em seu país e encontrando apoio sobretudo entre as classes mais pobres, que, por sua vez, se mobilizaram em cerca de 15 pleitos eleitorais — envolvendo eleições, referendos e plebiscitos — para apoiá-lo e ao processo.[4]

Sua primeira eleição representou um chamado a repensar o Estado depois de uma longa crise da institucionalidade liberal representativa durante o regime *puntofijista*.[5] A necessidade de ampliar o raio de participação política do povo venezuelano para além do voto em eleições regulares e de uma influência difusa na opinião pública tornou-se a coluna vertebral desse projeto, que ganhou forma nos termos de uma "democracia participativa e protagônica", conforme disposto em várias leis que analisaremos ao longo deste livro e enunciado em diversas ocasiões pelo governo.

Mesmo antes da eleição de Chávez, essa premissa de renovação da democracia já estava presente na sociedade venezuelana há algumas décadas através de um conjunto de experiências, tais como a Comisión para la Reforma del Estado (Copre), de 1985, a revolta popular de 1989 (Caracazo) — que, apesar de não ter tido um viés propositivo, representa o ápice da crise deste Estado —, o movimento assembleísta dos *barrios*[6] nos anos 1990, além de uma série de iniciativas em nível municipal e estadual — especialmente com o partido La Causa R[7] à frente — que buscava pro-

---

[4] Confira alguns dos principais resultados até 2010 em PRESSE, France. "Venezuela: as 14 eleições da era Chávez". Disponível em: <g1.globo.com/mundo/noticia/2010/09/venezuela-as-14--eleicoes-da-era-chavez.html>. Acesso em: abr. 2013.

[5] Em 1958, à raiz da queda do ditador Marcos Pérez Jiménez (1952-1958), na cidade de Punto Fijo, estado de Falcón, foi assinado um pacto entre alguns dos principais partidos que haviam atuado na clandestinidade ou em oposição à ditadura — Acción Democrática (AD), Comité de Organização Política Electoral Independiente (Copei) e, em menor escala, a Unión Republicana Democrática (URD). O pacto deu início a 40 anos de um regime bipartidário marcado por uma democracia representativa aferida exclusivamente pelos votos. Ver capítulo 1 deste livro.

[6] Na Venezuela, *barrios* é o equivalente às comunidades populares ou favelas, tal como denominamos no Brasil. Optamos, no entanto, por manter a expressão em espanhol.

[7] O partido La Causa Radical (La Causa R ou LCR) é uma dissidência do Partido Comunista da Venezuela, formado em 1971, a partir de uma autocrítica da guerrilha e da estrutura verticalizada do PCV. A proposta era construir um partido que estivesse mais ancorado nas classes populares e que buscasse por líderes orgânicos dos movimentos sociais. Sua popularidade cresceu, principalmente, depois do Caracazo, quando conseguiu eleger deputados, prefeitos e governadores.

mover a participação popular na esfera pública, com a instituição de orçamentos participativos, consultas públicas, entre outras medidas. Podemos destacar ainda:

> O movimento insurgente e guerrilheiro dos anos 1960 e 1970 [...]; o Congresso Cultural de Cabimas em 1973, quando se amplia a visão para as resistências culturais como parte intrínseca de todo processo revolucionário; as primeiras expressões do conselhismo operário e sindicalismo revolucionário, nos anos 1980 (greve na indústria têxtil, primeiras tentativas de formação de conselhos operários na Sidor e Alcasa, sindicalismo revolucionário em Aragua e Carabobo, entre outras); o Congresso Nacional Estudantil (Mérida, 1985), matriz de encontro da rebelião estudantil dos anos 1980; o renascimento do movimento camponês (tomadas de terra em Yaracuy, 1987); o Movimento Pedagógico que deu início, no país, a uma pedagogia libertária tendo como chave a democracia do saber, nos anos 1990 (ponto-clímax: Constituinte Educativa em 2000/2001) [Denis, 2007].

Margarita López Maya (2002) concede destaque também aos movimentos de rua dos anos 1990, como dos *buhoneros* ou "camelôs" (aqueles que trabalham no setor informal — majoritário na Venezuela), dos pensionistas e aposentados, das associações de vizinhos e do movimento estudantil como parte desse contexto de efervescência social que antecedeu a chegada de Chávez ao poder.

Analisaremos algumas dessas experiências em detalhes nos capítulos seguintes. O que gostaríamos de destacar, no momento, é que quando o presidente Chávez é eleito e lança o referendo de 1999 para a abertura da Assembleia Nacional Constituinte já existiam todos esses precedentes que davam respaldo à iniciativa. Não à toa, a pergunta dirigida ao povo naquela ocasião era: "O(a) senhor(a) convoca uma Assembleia Nacional Constituinte *com o propósito de transformar o Estado e criar um novo ordenamento jurídico que permita o funcionamento efetivo de uma democracia social e participativa?*" (grifo meu). Em 25 de abril de 1999, 87,75% dos venezuelanos responderam positivamente à questão (CNE, 1999). Portanto, é importante realçar que o projeto de uma "democracia participativa e protagônica" responde às demandas presentes na sociedade venezuelana e não pode ser considerado *algo que surgiu exclusivamente da cabeça de algum iluminado ou do próprio presidente, por mais que este último tenha assumido um papel de liderança.*

Assim, ao longo desse governo, gradativamente, esse projeto foi sendo delineado, primeiro, com a própria Constituição de 1999, depois, com um conjunto de leis orgânicas subsequentes voltadas diretamente para a questão da participação política e, finalmente, com o Plano Nacional Simón Bolívar,[8] considerado o "primeiro plano socialista da nação", que lança as bases para a construção do chamado "socialismo do século XXI", que tem na "democracia participativa e protagônica" — ou "democracia revolucionária" — um dos seus motores fundamentais.

Atílio Borón destaca uma entrevista de Chávez, realizada em outubro de 2005, na qual o presidente venezuelano estabeleceu pelo menos quatro traços essenciais que constituiriam o socialismo do século XXI:

> Em primeiro lugar, um caráter moral, recuperando o sentido ético da vida destruído por esse "sórdido materialismo da sociedade burguesa" de que falara Marx. [...] [É necessário] "lutar contra os demônios que semeou o capitalismo: o individualismo, o egoísmo, ódio, privilégios". O socialismo deve defender a ética, a generosidade, a dignidade e a autonomia dos sujeitos sociais. Em segundo, *deve propor uma democracia de tipo participativo e protagônica, potenciando a soberania popular.* Em terceiro lugar, a conciliação da liberdade com a igualdade, posto que a primeira sem a segunda, em uma sociedade de excluídos e explorados, se converte em um privilégio de minoria. Para o socialismo, a justiça social é um componente

---

[8] O Plano Nacional Simón Bolívar (primeiro plano socialista da nação) prevê as ações do governo para o segundo mandato de Chávez (2007-2013) com vistas à construção do socialismo do século XXI. A "democracia participativa e protagônica" consiste no segundo dos sete motores para a construção do socialismo que, além desta, inclui também: *uma nova ética socialista* (baseada em valores como a justiça social, a equidade e a solidariedade entre os seres humanos e as instituições da República); *a suprema felicidade social* (termo proclamado por Simón Bolívar que visa à consolidação de uma estrutura social inclusiva e um novo modelo social produtivo, humanista e endógeno); *um modelo produtivo socialista* (que busca como fim último a eliminação da divisão social, da estrutura hierárquica da sociedade e da dissociação entre a satisfação das necessidades humanas e a produção das riquezas); *uma nova geopolítica nacional* (voltada para integração nacional, numa lógica descentralizadora e acompanhada por um desenvolvimento sustentável); *uma nova utilização do potencial energético do país* (visando garantir o uso soberano dos recursos naturais combinado com esforços pela integração regional e mundial, sem perder de vista a importância do petróleo como peça-chave para financiar a construção do modelo socialista de produção); e *uma nova geopolítica internacional* (voltada para a construção de um mundo com novos polos de poder que busquem a justiça social, a solidariedade, a paz, o aprofundamento do diálogo fraterno entre os povos, a defesa da autodeterminação e o respeito às liberdades de pensamento).

essencial de seu projeto, a virtude primeira que deve ter toda organização social pós-capitalista. Finalmente, considerando o estritamente econômico, o novo socialismo requer mudanças que apontem para o associativismo, a propriedade coletiva, o cooperativismo e um amplo leque de experiências de autogestão, cogestão, assim como diversas formas de propriedade pública e coletiva [Borón, 2010:98-99, grifo meu].

Valores éticos, democracia radical, justiça social e controle coletivo da produção são, portanto, os grandes primados resgatados por essa nova proposta de socialismo. No âmbito da democracia, em linhas gerais, o objetivo é associar a representação à atuação participativa e protagônica do povo nas decisões políticas, isto é, prevê não apenas a participação política, mas também que o povo organizado seja o sujeito principal na resolução dos seus problemas ou, em outras palavras, seja *protagonista*.[9]

A maior expressão desse modelo na atualidade são os *consejos comunales* (CCs),[10] microgovernos construídos no interior das comunidades, compostos pelos próprios moradores, que possuem poder deliberativo e executivo sobre a gestão das políticas locais. Os CCs fazem parte de um projeto nacional de construção de novas "geometrias do poder"[11] através do Estado comunal venezuelano, que seria uma articulação de federações e confederações de *consejos comunales* e/ou comunas,[12] atreladas ao desenvolvimento de um projeto econômico endógeno e autossustentável para o país.[13]

---

[9] Para uma reflexão sobre a palavra "protagonista", ver Porto-Gonçalves (1998). Em suas origens, a palavra significa "aquele que luta para principiar a ação" e o autor se apoia em Hannah Arendt para sustentar que tomar a iniciativa da ação seria justamente o sentido maior da política.

[10] *Consejos comunales* podem ser traduzidos para o português como "conselhos comunitários", isto é, conselhos formados, principalmente, por vizinhos, nos locais de moradia. Optamos, porém, por deixar a expressão em espanhol por captar melhor a essência do projeto.

[11] O conceito é da geógrafa britânica Doreen Massey (1993) em suas reflexões a respeito da globalização e das relações dinâmicas e plurais entre espaço, poder e sociedade. A ideia de construção de uma *nova* geometria do poder é um dos principais motores do socialismo do século XXI e está relacionada à reorganização do território venezuelano através da "democracia participativa e protagônica" e do projeto de construção de um Estado comunal. Massey visitou várias vezes a Venezuela durante o governo Chávez para analisar de perto as experiências dos *consejos comunales*.

[12] As comunas seriam uma agregação de CCs e outras organizações civis articulados por um projeto socioprodutivo que potencialize as riquezas de sua região correspondente. Para mais detalhes, ver capítulo 4 deste livro.

[13] Ver capítulos 3 e 4 deste livro.

A ideia central deste livro é analisar a prática social dessa "democracia participativa e protagônica", observando as potencialidades abertas por um movimento que tem suas raízes nas classes populares, ou, em outras palavras, em um movimento *desde abajo*, e identificando seus limites, dificuldades e tensões. Trata-se de analisá-la não apenas em seus aspectos normativos, mas fundamentalmente como esse participacionismo e esse protagonismo são exercidos no interior das comunidades populares — bases sociais do governo —, utilizando como estudo de caso a *parroquia*[14] 23 de Enero, localizada na Zona Oeste de Caracas.[15]

Inicialmente, pretendíamos fazer um estudo que se colocasse para além da figura do presidente Hugo Chávez Frías e que estivesse mais focado nas ditas bases sociais que davam sentido ao processo transformador liderado pelo mesmo, responsáveis por elegê-lo e apoiá-lo sistemáticas vezes e que dão sustentação a esse processo encarnado por sua imagem.

A busca pelo movimento vindo das bases sociais é derivada de um incômodo gerado pelas recorrentes referências à Venezuela contemporânea somente em função da figura de Chávez, uma das personalidades mais polêmicas dos últimos anos em *Nuestra América*.[16] A questão seria desvendar quais seriam as tradições *desde abajo* que permitiram que o presidente se tornasse uma figura tão popular em seu país e de que maneira se daria essa dinâmica com suas bases.

Quando falamos do fenômeno das "lideranças carismáticas", o *populismo* — seja em suas versões atualizadas (neopopulismo),[17] seja nas mais clássicas[18] — cos-

---

[14] Na Venezuela, *parroquia* é o equivalente a bairro em português.

[15] As razões para a escolha dessa *parroquia* para fazer o estudo de caso estão descritas no capítulo 2 deste livro, "*Parroquia* 23 de Enero: história das lutas sociais em um bairro de Caracas". Por ora, adiantamos que se trata de um bairro que tem uma tradição de organização popular anterior à chegada de Chávez ao poder e é considerado um dos grandes bastiões de sustentação do governo. Nesse sentido, acreditamos ser um objeto interessante para refletir sobre a dinâmica *desde abajo* antes e depois da eleição de Chávez.

[16] Termo cunhado por José Martí (1853-1895), uma das grandes lideranças da luta pela independência de Cuba (1895-1898), em um famoso texto no qual o poeta e ensaísta chama a atenção para as possibilidades de uma política continental independente dos países localizados ao sul do Rio Grande (fronteira do México com os EUA). Ver Bruce, Ferreras e Aarão Reis (2010).

[17] Ver, apud Capelato (2001:129-130, nota 1): Mackinnon e Petrone (1999); Zermeño (1989); Alberti (1995); Lazarte (1992).

[18] Ver Di Tella (1969); Germani (1974); Ianni (1975); Weffort (2006).

tuma ser um referencial padrão. Contudo, longe de ser autoafirmativo,[19] o termo tem sua origem no discurso político, sendo depois apropriado e (re)analisado pelo discurso acadêmico e, finalmente, consagrado no senso comum como algo que tende a agrupar diferentes experiências históricas sob a égide de um discurso desqualificador em que os populistas seriam líderes carismáticos e demagogos que iludem ou confundem as classes populares.

Considerando as discussões a respeito do *populismo* inauguradas por Angela de Castro Gomes, Jorge Ferreira, Maria Helena Capelato, Daniel Aarão Reis e outros,[20] entendemos que se trata de um conceito que não é capaz de dar conta da complexa dinâmica social que subjaz a uma liderança popular[21] e que envolve ganhos objetivos e subjetivos, negociações e interesses bilaterais por parte das classes populares. Esses historiadores cumpriram o importante papel de desmontar aquela estrutura maniqueísta de um Estado opressor, manipulador e uma classe trabalhadora ingênua, vitimizada. Segundo Jorge Ferreira, o chamado populismo "expressa um conjunto de experiências que, longe de se basear em promessas irrealizáveis, fundamentadas tão somente em imagens e discursos vazios, alterou a vida dos trabalhadores" (Ferreira, 2001b:88). Se, por um lado, as lideranças populares podem ter um poder de convencimento sobre o povo e podem instrumentalizá-lo para se manter no poder, por outro, o inverso também é verdadeiro, isto é, o povo, em determinadas circunstâncias históricas, também instrumentaliza o Estado, as lideranças, como um meio para ter suas demandas atendidas. José Roberto Duque, historiador venezuelano, em entrevista, destaca um aspecto interessante que ajuda a compreender alguns dos sentidos desta instrumentalização do Estado pelo povo. Trata-se da noção de "permissividade":

---

[19] Nesse caso, não estamos considerando os populistas russos e os estadunidenses. Únicos movimentos históricos que se autointitulavam como tais. É muito difícil perceber alguma continuidade destes com o populismo na América Latina no pós-1930.

[20] Destaque para a obra pioneira de Angela de Castro Gomes, *A invenção do trabalhismo* (1983), e a coletânea organizada por Jorge Ferreira, *O populismo e sua história: debate e crítica* (2001a).

[21] Preferimos utilizar o termo "liderança popular" em lugar de "liderança carismática" para nos afastar de uma perspectiva em que prevalece a ideia do carisma como um elemento que "confunde" ou "manipula" as massas — também herdeiro das abordagens clássicas sobre o populismo, as quais criticamos. "Popular", portanto, no sentido de "popularidade", ou seja, que tem abrangência ampla e apoio na sociedade, sobretudo no que se convencionou chamar de "classes populares".

O que permite a construção da democracia aqui "embaixo" é que "lá em cima" há um poder que nos permite fazer coisas e que antes, nos anos 1980 e 1990, nos perseguia, encarcerava e assassinava. Hoje podemos fazer coisas insólitas, como expulsar a política de um *bunker* e converter este *bunker* em uma rádio comunitária [isso ocorreu na *parroquia* 23 de Enero, em 2005; ver capítulo 2 deste livro]. Chávez não ordenou fazer isso, mas *permite*. É a ausência de repressão como estímulo à criação, à ação revolucionária e à construção *de uma democracia desde baixo* [Duque, entrevista, 2011, grifos meus].

Portanto, apesar de reconhecer os esforços válidos de muitos autores, como Ernesto Laclau, por exemplo, em ressignificar o termo *populismo* a partir de um viés positivado, compreendendo a formação histórica do "povo" como um agente histórico que se opõe às estruturas estabelecidas e que, por intermédio de lideranças, pode, inclusive, protagonizar um processo revolucionário,[22] não acredito que o conceito carrega em si tal sentido pejorativo, desqualificador que, ao invés de ajudar, acaba atrapalhando a compreensão da complexa relação entre líder e povo.

É importante mencionar que neste texto não visamos fazer um balanço sobre o *populismo* em seus marcos teóricos, pois consideramos que já se trata de uma discussão bastante avançada no campo da historiografia. Antes disso, buscamos contribuir com o debate a partir da apresentação e análise de uma experiência em particular, onde é possível observar os dilemas que envolvem essa complexa teia de dimensões que constituem a relação entre líderes e povo, ou mais particularmente, como se daria essa dinâmica *desde abajo*.

Depois de realizarmos um trabalho de campo em uma comunidade popular de Caracas durante mais de três meses, tornou-se necessário desfazermo-nos da

---

[22] A teoria de Laclau sobre o populismo é muito popular nos demais países da América Latina (diferentemente do que ocorre no Brasil, onde os estudos acadêmicos, sobretudo no campo da historiografia, tendem a abandonar o conceito — na ciência política ainda é possível encontrar a utilização do termo em muitos estudos). A proposta do autor argentino tem elementos bastante relevantes para compreendermos como se dá o processo de articulação entre diferentes segmentos sociais na categoria ou no agente "povo" e de que maneira se dá a relação deste com as instituições. Esse processo ocorre quando se esgotam os canais formais e institucionais como meio para ter as demandas populares atendidas, e a liderança carismática surge como um instrumento do povo para alcançar seus objetivos. Dependendo do contexto, isto é, do grau de organização dessas demandas e das respostas das classes dominantes no sentido de atendê-las ou não, podem resultar em processos radicais e até mesmo revolucionários. Ver Laclau (2007, 1979).

hipótese de trabalhar o processo bolivariano para além da figura de Chávez e do chavismo. Na maior parte das entrevistas com *voceros* comunitários,[23] o presidente é a referência fundamental, é considerado o grande incentivador de todo esse processo transformador. Tudo é feito em nome de Chávez. A grande maioria se mobilizou para o trabalho comunitário a partir das convocatórias de Chávez. O presidente é figura onipresente nas comunidades populares (em cartazes, nas rádios, na televisão, nas leis, nos documentos, nas conversas na rua, nos eventos culturais etc.). As pessoas se autointitulam *chavistas* com muito orgulho. Muitos, inclusive, não acreditam na sobrevivência desse projeto sem Chávez na liderança. Em outra via, há também uma profunda tentativa de controle e participação do Estado nas instâncias mais locais de ação popular — desde o programa dominical *Aló Presidente*, que cumpre um papel pedagógico de discutir com o povo o que seria o socialismo do século XXI, até a presença de funcionários no interior de cada *barrio* assessorando, dia a dia, o trabalho comunitário.

Portanto, a par de todas as ponderações possíveis, é evidente uma profunda dependência em relação ao presidente que deriva do fato de se tratar de um projeto que, apesar de ser oriundo de tradições *desde abajo*, é incentivado e impulsionado *desde arriba*, tendo inclusive de enfrentar tentativas de controle do Estado. Nesse sentido, sem desconsiderar que o movimento que vem de baixo para cima continua sendo central em nossa análise, passaremos a articulá-lo também com as tensões que vêm de cima. Essa dependência, por outro lado, não será considerada, *a priori*, como um fator que necessariamente anula o rico processo que se desenvolve atualmente na Venezuela. Procuraremos observá-la no âmbito de uma tensão entre dependência e autonomia, já que não podemos excluir potencialidades emancipatórias decorrentes dessa experiência, que analisaremos em detalhe nos capítulos seguintes.

Desse modo, o ponto que se tornou nevrálgico para este livro foi o de compreender de que maneira se dão ambos os movimentos, isto é, os que vêm *desde arriba* e os *desde abajo*, sem cair em uma análise reducionista ou simplista típica

---

[23] *Voceros* comunitários são aqueles moradores eleitos pela população para representá-la nos diversos comitês de trabalho que compõem os *consejos comunales* — de infraestrutura, finanças, cultura e esporte, economia comunal, educação etc. — e que atuam na liderança dos trabalhos comunitários em cada setor. Para mais detalhes, ver capítulo 3 deste livro.

das abordagens do *populismo* às quais nos referimos antes e, também, sem nos deixarmos seduzir por visões autocelebrativas, tão comuns em experiências desse tipo, sobretudo quando partem do poder e de seus funcionários.

Afinal, essa liderança potencializa ou anula a autonomia das classes populares? Empodera[24] o presidente ou o povo? A liderança popular pode ser uma via para alcançar o socialismo do século XXI ou está fadada à manipulação, esgotamento, burocratização e esvaziamento dos movimentos sociais? O protagonismo popular existe? É possível articular líderes populares e autonomia dos movimentos sociais? Essa autonomia, tão valorizada em certos movimentos revolucionários que tiveram grande importância histórica, deve ser considerada nos mesmos termos para pensar a atual América Latina? Em outras palavras, qual o sentido prático da autonomia para os movimentos sociais no continente? Qual o sentido de democracia na América Latina? A presença de uma liderança popular compromete o pressuposto democrático ou pode, em certas circunstâncias, potencializá-lo?

São muitas as questões, e de maneira alguma temos a pretensão de esgotá-las neste estudo, mas, sim, procuraremos investigar as evidências (ou não) de um protagonismo popular e a relação do povo com o líder, buscando contribuir para a compreensão de um fenômeno tão particular e, ao mesmo tempo, tão emblemático desse continente.[25]

Para tanto, algumas ressalvas são necessárias. Apesar de não querer aprofundar um debate conceitual, nesta introdução é possível identificar um conjunto de conceitos que serve de base para refletirmos sobre a experiência histórica dos *consejos comunales* em uma comunidade popular de Caracas. Como ponto de partida, acreditamos serem necessárias algumas considerações a respeito do sentido da "de-

---

[24] A noção de "empoderamento" é muito comum nos discursos dos sujeitos históricos que servem de base para este livro. Significa a "tomada de poder" pelo povo que se dá, sobretudo, na decisão sobre as políticas locais. Contudo, essa "tomada de poder" é refletida aqui no bojo de uma tensão entre autonomia e dependência em relação ao Estado e às instituições liberais representativas (presidência, ministérios, parlamento etc.) que pode culminar ou em um processo emancipatório ou em uma concentração de poderes nas mãos do Executivo personificado na figura de Hugo Chávez.

[25] Apesar de toda a pluralidade que envolve as diferentes experiências históricas latino-americanas e das especificidades dos seus 21 países, podemos dizer que se trata de uma região que possui também características comuns. A presença de líderes populares, por exemplo, ainda que personificando processos particulares a seus respectivos contextos, seria um desses elementos unificadores.

mocracia" na América Latina, para que o leitor possa compreender de que lugar estamos partindo.

"Democracia", bem como "protagonismo", "poder popular", "autonomia", entre outros, são conceitos que possuem uma pretensão universal e, muitas vezes, são utilizados acriticamente como se não tivessem sido construídos historicamente, isto é, são conceitos referidos a tempos e lugares específicos e, por essa razão, resulta que quando os utilizamos para pensar realidades diferentes daquelas de onde foram construídos, dificilmente é possível encaixar o objeto na fórmula pretendida. Em decorrência, são comuns as análises que identificam os limites de uma dada realidade, incapaz de corresponder fidedignamente às premissas intrínsecas aos conceitos. Nessa linha, por antecipação, já poderíamos responder a várias das perguntas levantadas anteriormente: não existe democracia na Venezuela, não existe autonomia dos movimentos sociais, não há um processo revolucionário, não há protagonismo popular, não há poder popular e assim por diante.

Antes de qualquer precipitação desse tipo, acreditamos que tais conceitos, construídos em sua maioria a partir de um padrão institucional de alguns países da Europa ocidental e dos Estados Unidos, exigem *traduções* necessárias. A noção de *tradução*[26] foi proposta por Dipesh Chakrabarty, autor indiano, teórico do Subaltern Studies e dos Estudos Pós-Coloniais, em seu livro *Provincializing Europe* (2000). O autor se propõe analisar a construção da modernidade na Índia e, para tanto, faz um importante exercício no sentido de reconhecer o legado das práticas e valores europeus modernos difundidos durante os processos de colonização, mas, ao mesmo tempo, destaca também as diferentes apropriações, ressignificações ou *traduções* feitas pelo colonizado (Chakrabarty, 2000). Para Chakrabarty, provincializar a Europa significa compreender a construção da modernidade na Índia a partir de um referencial europeu, mas indo além dele, reconhecendo o diálogo com as idiossincrasias locais. É nesse sentido que se torna oportuna a utilização da noção de *tradução*, quer dizer, sem perder de vista o caráter universal de muitos conceitos — que é importante para

---

[26] Mesmo os conceitos criados na Europa devem ser compreendidos como traduções de outras realidades ou de múltiplas inspirações, pois não nasceram puros. A noção de tradução é adequada, pois reconhece que existem valores universais e várias traduções possíveis desses valores. Desse modo, afastamo-nos de uma perspectiva colonial, imperialista, civilizatória, hierarquizante.

compreendermos o porquê de os movimentos os reivindicarem para qualificá-los —, é necessário analisarmos como eles são colocados em prática de acordo com as circunstâncias históricas de tempo e lugar.

Portanto, apesar de o autor tratar do caso indiano, acreditamos ser válido fazer o mesmo esforço para pensar a América Latina e, mais particularmente, a Venezuela. Reservadas as características próprias de cada país, nas circunstâncias do continente, a "democracia liberal" assumiu um sentido bastante peculiar, excludente, associada aos interesses oligárquicos de elites que se assenhoraram dos Estados nacionais sustentadas por um projeto subalterno, racista e fundamentado na especialização em exportação de *commodities*.

Aníbal Quijano chama a atenção para o fato de Nuestra América ter-se constituído no bojo de uma nova articulação do poder mundial fundamentado no capitalismo moderno/colonial. Esse novo poder se constituiu a partir de dois eixos fundamentais:

> Por um lado, a codificação das diferenças entre conquistadores e conquistados na ideia de raça, ou seja, uma supostamente distinta estrutura biológica que situava a uns em situação natural de inferioridade em relação a outros. Essa ideia foi assumida pelos conquistadores como o principal elemento constitutivo, fundacional, das relações de dominação que a conquista exigia. Nessas bases, consequentemente foi classificada a população da América, e mais tarde, do mundo, nesse novo padrão de poder. Por outro lado, a articulação de todas as formas históricas de controle do trabalho, de seus recursos e de seus produtos, em torno do capital e do mercado mundial [Quijano, 2005:228].

O legado dessa nova concepção e prática do poder extravasou o período colonial e repercute até os dias atuais. Desse modo, depois das lutas da independência, a construção dos modernos Estados-nação, concebidos a partir de um modelo eurocentrado, não representou uma ruptura radical com o passado colonial. É certo que muitas coisas mudaram, ou seja, alargou-se o Estado, abriu-se a possibilidade para alguma participação política dos homens e, muito depois, das mulheres, que se tornaram, e ainda se tornam, cidadãos. No entanto, apesar dos avanços, a participação era — e é até os dias de hoje — ainda limitada.

Índios, negros e mestiços foram relegados aos estratos mais marginalizados e empobrecidos. Não viram seus interesses representados no âmbito do Estado. Suas culturas, línguas e valores foram desconsiderados. Portanto, dos regimes "caudilhescos" do século XIX às repúblicas do século XX, consolidou-se um regime político-econômico excludente e oligárquico que se perpetuou em Nuestra América que, por conseguinte, levou à perpetuação também das desigualdades sociais e da exclusão de grande parte da população do jogo democrático (Bruce e Feitosa, 2009).

Daniel Aarão Reis, buscando compreender o porquê do apoio a Getúlio Vargas pela classe trabalhadora no pós-1945, chama a atenção para um aspecto interessante, que serve também como referência para as experiências das classes trabalhadoras e mais pobres dos demais países latino-americanos, em suas relações com o Estado e com a institucionalidade liberal:

> [...] as alternativas [dos trabalhadores nos anos 1930, 40 e 50] eram muito restritas: "de um lado, a democracia liberal excludente das elites; de outro, o estatismo nacionalista e social (a democracia social e autoritária prezada por Vargas)". Portanto, no Brasil e na América Latina, pelo menos nessa época, o regime democrático nem sempre esteve afinado com as demandas da classe trabalhadora: "A democracia é 'liberal' e não 'social', exclui os trabalhadores e o programa social não passa pelas instituições da democracia representativa, os trabalhadores votam nos ditadores" [Aarão Reis, 1997 apud Ferreira, 2003:33-34].

Estatista, nacionalista e social. Nesse caso, Aarão Reis está se referindo a três características fundamentais que marcaram os movimentos sociais de cunho popular da América Latina, ao longo do século XX. A falência da institucionalidade liberal, o descrédito da democracia representativa e uma política econômica nacional alinhada com os interesses do capitalismo mundial resultaram em diferentes movimentos que tiveram na centralização do Estado — personificado em lideranças populares —, no apelo nacionalista (de defesa da soberania nacional) e na reivindicação por reformas sociais e trabalhistas importantes pontos de encontro.

O sentido dos movimentos sociais, portanto, assumiu características bastante próprias. A combinação do fenômeno das lideranças populares e da fragilidade das instituições liberais representativas deu um novo sentido à democracia, isto é, será democrático o governo que atender às demandas históricas populares e não necessariamente o padrão da institucionalidade europeia, que envolve, entre outras coisas, a alternância de poder,[27] eleições regulares, credibilidade nos partidos políticos e sindicatos ou a autonomia dos três poderes.

Nesse sentido, quando emergem movimentos populares como o liderado por Chávez, com a capacidade de reunir em torno de sua imagem, sobretudo, aqueles setores mais marginalizados das sociedades, os mais pobres, as classes populares, há de se buscar outro sentido para a democracia, antes de rechaçá-la devido a um suposto ofuscamento oriundo de seu carisma e longa permanência no poder.

Se observarmos os índices fornecidos pelas pesquisas de opinião pública realizadas pela ONG chilena Latinobarómetro,[28] poderemos constatar que a Venezuela atual é o país onde há maior crença na democracia. Em 2009, 84% dos venezuelanos disseram que apoiavam a democracia, enquanto no restante do continente a média era de 64,2% (Latinobarómetro, 2009:22).

Na mesma pesquisa de 2009, na qual é estabelecida uma escala de 1 a 10 para o grau de desenvolvimento da democracia no país, onde 1 é nada democrático e 10 é totalmente democrático, a Venezuela possui o índice 7, perdendo apenas para Uruguai (8,2), Costa Rica (7,9), Panamá (7,4) e Chile (7,3). A média do continente foi de 6,5. Porém é importante mencionar também que, na mesma pesquisa, 47,8% dos entrevistados disseram estar satisfeitos ou muito satisfeitos com a democracia nesse país — índice pouco acima da média do continente, que é de 46,6% (Latinobarómetro, 2009). De qualquer maneira, pode-se concluir que, na Venezuela, o pressuposto democrático é muito significativo, o que coloca em questão uma série de análises que considera os riscos da constituição de uma ditadura chavista no

---

[27] O princípio da alternância deve estar sempre presente, porém isso não significa que deva ser necessariamente seguido. Durante o século XX, países arquétipos da democracia liberal contaram com dirigentes que se perpetuaram no poder durante muitos anos, tais como Franklin D. Roosevelt (1933-1945), nos EUA; Charles de Gaulle (1959-1969) e François Mitterand (1981-1995), na França; e Margaret Thatcher (1979-1990), na Inglaterra. Somente em tempos mais recentes, nos EUA e na França, foram aprovados limites para reeleições e reduções na amplitude de mandatos para evitar a longa permanência no poder de uma única liderança.

[28] O Latinobarómetro é um centro de estatísticas chileno que desde 1995 faz pesquisas sobre a opinião pública em vários países latino-americanos. Por ano, são cerca de 19 mil entrevistas em 18 países do continente, representando cerca de 400 mil habitantes. Disponível em: <www.latinobarometro.org>. Acesso em: 5 abr. 2011.

país. O que precisamos compreender a partir desses índices é qual o sentido da democracia para os venezuelanos.

Com essas observações não queremos aqui fazer o caminho inverso ao proposto, isto é, ao invés de traduzir, transformar radicalmente o conceito para que se encaixe em uma realidade. Conforme mencionamos, existem alguns princípios que dão sentido universal ao conceito democracia e que não podem ser desconsiderados; caso contrário o mesmo perde seu sentido.

Em relação a este último aspecto, é necessário colocar o conceito de "democracia" em perspectiva. Se buscarmos suas origens na Antiguidade clássica, democracia (*demo* + *kratos*) significava o "poder (*kratos*) do povo (*demo*)". Em Atenas, a cidadania se estendeu aos diversos ramos de trabalhadores livres, em particular aos camponeses e artesãos (cidadão trabalhador) (Wood, 2003). Apesar de terem sido excluídos desse modelo, os hilotas,[29] metecos,[30] mulheres e escravos, a democracia ateniense tornou-se um símbolo de um governo marcado pelo poder do povo — ideal este que seria resgatado séculos depois, porém revestido por um novo significado.

Na Europa ocidental, os séculos XVII e XVIII foram marcados por um processo de substituição do Estado absolutista por um Estado secularizado, onde a racionalidade e a soberania popular começavam a se fazer presentes como base para sua constituição. No entanto, o liberalismo nasceu antidemocrático, justamente com a prerrogativa de evitar que o poder fosse exercido pelo povo — considerado terreno do caos. Ou, então, poderíamos dizer que os liberais possuíam outra concepção de "povo": estes eram os "homens de bens", proprietários, do gênero masculino, pagadores de impostos. Nesse sentido, os regimes políticos deveriam assegurar os interesses destes últimos — e não do "povo" em um sentido mais ampliado, envolvendo as classes populares. As grandes bandeiras liberais eram, a princípio, o constitucionalismo e a monarquia parlamentar, e a república, no caso particular dos EUA.[31] A incorporação da democracia enquanto modelo de governo só se deu no final do século XIX, à custa de muitas lutas e pressões vindas

---

[29] Os hilotas eram os servos na Grécia antiga; eram propriedades do Estado.
[30] Os metecos eram os estrangeiros que viviam nas *polis* gregas, como Atenas.
[31] A república é destacada para o caso dos EUA porque ali não se contava com a presença de um rei e tampouco havia legitimidade para se "fazer um rei", o que tornou imperativa uma adaptação.

desde abajo (Hobsbawm, 2004, 1996, 2002; Berstein, 1999; Wood, 2003). Segundo Antonio Negri (2002:48-49):

> O conceito de democracia não é uma subespécie do liberalismo ou uma subcategoria do constitucionalismo, mas uma "forma de governabilidade" que tende à extinção do poder constituído, um processo de transição que libera o poder constituinte, um processo de racionalização que decifra o "enigma de todas as constituições".[32]

Num primeiro momento, a *representação* foi a adaptação necessária para tornar possível a incorporação de um número maior de cidadãos na esfera política em sociedades cada vez mais complexas e de manter o povo numa relação de tutoria (Pitkin, 2004). Segundo Wood (2003:178):

> A doutrina da supremacia parlamentar viria a operar contra o poder popular mesmo quando a nação política já não se restringia a uma comunidade relativamente pequena de proprietários e quando se ampliou a ideia de "povo" para incluir a "multidão popular".

Os governos passariam, então, a *representar* os interesses do povo, mas jamais seriam *formados pelo povo*. Em outras palavras, se por uma indiscutível concessão as classes dominantes passariam a considerar, ainda que parcialmente, os interesses do povo em seu sentido ampliado, este último ainda não estaria pronto para governar.[33] A política formal, processada no âmbito do Estado e suas instituições,

---

[32] Voltaremos ao tema dos poderes constituintes e constituídos no capítulo 4 deste livro. Por ora gostaríamos apenas de chamar a atenção para a perspectiva de Negri de que a democracia é um elemento externo ao liberalismo e que nasce do poder constituinte, isto é, das bases sociais em suas ações políticas e processos revolucionários. Uma vez radicalizada, a democracia poderia levar até mesmo à extinção (ou transformação radical) dos poderes constituídos enquanto tais, isto é, os ordenamentos jurídicos constitucionais e o aparato institucional representativo liberal. A comuna de Paris, de 1871, seria um exemplo desse movimento, com a ressalva de que não basta a liberação política, mas ela deve estar acompanhada também pela emancipação econômica (Negri, 2002:53-54).

[33] Para alguns teóricos, o povo jamais estaria apto para tanto. Segundo Joseph Schumpeter, o exercício da democracia exige que os cidadãos sejam informados, conscientes de suas escolhas e desejosos de alcançar o bem comum, e o povo, por sua vez, seria o equivalente a uma massa de alienados, facilmente manipuláveis e "irracionais". Por essa razão, a democracia seria, na realidade, mais uma forma de uma minoria governar a partir da luta concorrencial pelo voto (Miguel, 2005:9-10).

seria relegada ao controle dos mais ilustrados, assegurada pelo voto censitário e, posteriormente, pelo voto dos alfabetizados. O mundo fora do Parlamento seria despolitizado ou deslegitimado (Wood, 2003:178).

No conjunto dessas reformas, o povo passou a contar também com direitos fundamentais, direitos *individuais* — em oposição aos direitos coletivos, consuetudinários, aos quais estava habituado. Da mesma forma, na política, o povo foi fracionado em indivíduos na fórmula: um homem, um voto. A igualdade seria formal somente perante a lei.

> Legitimados pelas revoluções que o consolidaram, o programa liberal aparecia com notável petulância, como se fosse a única hipótese de modernidade. Segundo os liberais, sem eles, não haveria modernidade. [...] Entretanto, no interior dos grandes processos revolucionários dos séculos XVII e XVIII, e sem negar os aspectos básicos da modernidade, apareceram projetos e programas alternativos [Aarão Reis: 2009:9].

Projetos e programas alternativos democratizantes (o movimento cartista, na Inglaterra; Thomas Paine, nos EUA; Gracchus Babeuf, na Revolução Francesa) e revolucionários (os diferentes socialismos e anarquismos) contribuíram para as metamorfoses do liberalismo e as incorporações de preceitos anteriormente desconsiderados. A democracia, portanto, é uma tendência que vem pela esquerda, criticando os limites do liberalismo, e somente depois ela é incorporada. Ao longo dos séculos, os movimentos sociais, com suas lutas *desde abajo,* vão exigir e conquistar mais e maiores concessões. O objetivo: democratizar cada vez mais a democracia.

Portanto, não podemos compreender a democracia como algo inerente à modernidade liberal e que nasce pronta, mas sim como resultado de um longo processo de lutas, conquistas populares e concessões do capitalismo para se ajustar às pressões vindas *desde abajo.* Conforme Margarita López Maya (2007a:100-102), a democracia

> foi instaurada nas sociedades capitalistas do Ocidente depois de sangrentas e prolongadas lutas populares dos excluídos. [...] Sufrágio universal, poderes públicos independentes entre si, representação proporcional, alternância política, partidos políticos, pluralismo e tolerância à diversidade não são *per se* princípios que favo-

recem o capitalismo, que promovem estruturalmente a exploração e a dominação. Ao contrário, convivem com ele [liberalismo], onde introduzem permanente tensão entre o caráter explorador deste e tendências libertadoras. Foram incorporados às sociedades capitalistas como conquistas dos excluídos para ampliar a cidadania, [cedidos] pelo capitalismo do século XX ao ver-se desafiado pelo socialismo.

O contexto em que vivemos hoje, de ampliação da democracia através do reconhecimento e do incentivo aos espaços de maior participação popular, nada mais é que um resultado do aprofundamento desse processo conflitivo de mais de 200 anos.

Diante do quadro latino-americano da perpetuação de regimes oligárquicos excludentes, nos quais prevaleceram os interesses de determinada elite em detrimento dos interesses do povo, a presença de lideranças populares, apesar de muitas vezes terem conduzido os processos no sentido de regimes políticos autoritários e centralizados, conquistou sua legitimidade perante as classes mais pobres, pois estas acreditaram ter encontrado nessa fórmula a melhor maneira de superar os limites da institucionalidade liberal e da democracia representativa que poucas vezes estiveram a favor de seus interesses.[34] Foi através dos governos autoritários que se conquistaram direitos elementares, tanto sociais quanto nacionais (soberania) e trabalhistas.

Além disso, é importante mencionar que, se nos anos 1930, 40 e 50 o pressuposto democrático formal não era uma prioridade para as classes populares, no recente reaparecimento de novas lideranças populares em países como Venezuela, Bolívia e Equador, a ampliação dos direitos políticos passa a ser tema central. Isso se deve, em grande medida, ao legado das experiências autoritárias das ditaduras civil-militares latino-americanas (e do próprio socialismo do século XX, que

---

[34] Vale notar que o descrédito da intitucionalidade liberal representativa não é uma problemática específica da América Latina. O sistema parlamentar representativo é alvo de críticas desde o século XVIII. Jean Jacques Rousseau foi um dos primeiros a chamar a atenção para as dificuldades de se sustentar uma real soberania do povo através da mediação de representantes. Para o escritor iluminista, o povo só é livre no momento da eleição e, depois, vira um escravo novamente. Ainda segundo Rousseau, um governo só seria realmente democrático quando o povo tivesse o poder de decisão assegurado (Rousseau, 2001). Depois de Rousseau, a partir de diferentes vieses, muitos teóricos teceram críticas contundentes ao modelo representativo, alguns, inclusive, mais céticos sobre sua real viabilidade (Schumpeter, 1942; Weber, 2004; Bobbio, 1979; Michels, 1982).

converteu ricos processos de democratização radical em regimes estadolátricos, burocratizados e controlados por um partido único), que contribuiu para que as esquerdas passassem a reconsiderar como princípio de seu projeto revolucionário um caminho pautado na *democracia*, na crítica ao emprego indiscriminado da violência e na defesa dos direitos humanos (Lechner, 2006).

Teremos a oportunidade de analisar em detalhe, nos capítulos seguintes, como esse processo se deu na Venezuela contemporânea, mas o que gostaríamos de destacar é que *antes de qualquer conclusão precipitada, este estudo propõe uma reflexão sobre como ocorre a prática social da "democracia participativa e protagônica"*. Quanto ao futuro, precisaremos seguir atentos e aguardar seus desdobramentos.

Tal como fizemos com "democracia", os demais conceitos merecem igual cuidado quando os utilizamos para refletir sobre a realidade latino-americana. Quando falamos de protagonismo e poder popular, não significa necessariamente a capacidade de o mesmo se organizar apenas em partidos políticos ou sindicatos — instituições de referência para as democracias europeias. Na Venezuela chavista, os *consejos comunales* são instituições construídas no interior das comunidades populares onde o povo tem o poder de gerir as políticas locais e resolver os problemas históricos de suas comunidades. Apesar de ser uma instituição criada pelo governo, os CCs têm suas raízes em tradições *desde abajo*, permitem que o povo tenha um espaço próprio para deliberar e executar projetos e podem representar espaços potencialmente emancipatórios. Da mesma forma, "autonomia", na Venezuela, não está atrelada a um afastamento radical do Estado. Ao contrário, o povo exige a participação do Estado nas instâncias locais de poder, mas através de ações de assessoramento, financiamento e incentivo. A soberania local é garantida pela assembleia de cidadãos e cidadãs, base para qualquer tipo de organização social (inclusive, os CCs)[35] e instância única de decisão e votação de representantes.

---

[35] O artigo 70 da Constituição Bolivariana de 1999 prevê as assembleias de cidadãos e cidadãs como uma das formas complementares de fazer política pela via participativa. Essas assembleias se tornaram a base fundamental dos *consejos comunales,* porém não são exclusivas destes últimos. Qualquer organização social (de mulheres, indígenas, camponesa etc.) pode se constituir a partir de uma assembleia de cidadãos e cidadãs, cujas decisões possuem caráter vinculante.

Em suma, ao longo deste livro, teremos a oportunidade de trabalhar com maior cuidado alguns desses conceitos. O importante é não perder de vista a preocupação com as *traduções* necessárias. Por outro lado, apesar de importante, é válido ressaltar uma vez mais que, antes de qualquer discussão de caráter conceitual-teórico, *a proposta deste estudo é analisar a experiência, a prática social desse projeto para, somente a partir daí, lançarmos algumas hipóteses interpretativas — ainda assim, sem qualquer pretensão de esgotar o assunto.*

***

A história do tempo presente é um campo que pouco a pouco vem sendo descoberto pela historiografia. Os desafios de trabalhar com um processo como o venezuelano são muitos: é um tema polêmico, contemporâneo, provoca paixões e acirrados debates e ainda está em aberto. Enquanto escrevemos essas linhas, novas leis são discutidas e aprovadas, novos discursos são feitos, novas posturas políticas são adotadas pelos protagonistas, novas críticas surgem, novos horizontes são construídos. Desse modo, qual seria a validade de um estudo que amanhã pode ser considerado obsoleto, equivocado, vencido ou radicalizado? Apesar de todos os riscos, acreditamos que o esforço em discutir a experiência histórica dos *consejos comunales* é de extrema relevância para refletirmos sobre os sentidos da democracia e da participação política, bem como sobre a relação entre povo e líder — temas tão recorrentes em nosso continente desde a constituição dos Estados nacionais e que, hoje, ganham uma nova importância devido ao ressurgimento dos movimentos nacionalistas ocorridos nas últimas décadas em vários países.

No que diz respeito ao movimento *desde arriba*, isto é, aquele oriundo do Estado, do líder e das normas, consideraremos fontes as Constituições de 1961 e 1999, as leis orgânicas subsequentes voltadas para a temática da participação e os discursos de Hugo Chávez proclamados em seu programa dominical *Aló Presidente*.

Para reconstruir o movimento *desde abajo*, isto é, aquele oriundo das bases sociais, apoiar-nos-emos em dois trabalhos de campo feitos na Venezuela durante os dois anos e meio de pesquisa. No primeiro, residimos durante três meses na *parroquia* 23 de Enero, de janeiro a março de 2010, quando foi possível estabelecer os primeiros contatos com lideranças comunitárias e tomar conhecimento da dimensão do projeto da "democracia participativa e protagônica", menos em seus aspectos teóricos ou normativos, e mais como ela se dava na prática e era compreendida pelos sujeitos históricos. No segundo, um ano depois, em janeiro de 2011, residimos mais um mês na mesma *parroquia*, quando pudemos traçar um panorama dos avanços e desafios enfrentados pelos CCs com os quais tínhamos trabalhado na etapa anterior, além de vir a conhecer outras experiências, de diferentes setores.

O espaço de um ano entre os dois estágios foi o suficiente para que ocorressem muitas mudanças, o que demonstra o dinamismo da experiência e as dificuldades de encerrar uma conclusão sobre o assunto. Porém nosso trabalho não tem por objetivo chegar a conclusões definitivas, mas sim levantar hipóteses interpretativas que permitam a compreensão do fenômeno em seu processo germinal e contribuam para refletir sobre temáticas mais gerais que apontamos anteriormente, como a questão da democracia, da participação, da burocracia, da autonomia dos movimentos sociais na América Latina, entre outras.

Dado o caráter improvisado que marcou essa experiência em seus primeiros anos, nos casos estudados, não encontraremos uma estrutura dos CCs *burocraticamente* consolidada no sentido de, com poucas exceções, não podermos contar com a utilização de atas de reuniões e outras formalidades documentais comuns às instituições liberais. Essa pesquisa se baseia fundamentalmente na nossa participação em reuniões de *voceros*, nas assembleias e em diversas atividades realizadas por diferentes CCs na *parroquia*, além dos depoimentos orais concedidos por seus protagonistas. Coletamos um arquivo audiovisual contendo mais de 40 horas de entrevistas com *voceros* de mais de 20 *consejos comunales* do 23 de Enero, além de mais de 15 horas de gravações de reuniões, assembleias, palestras, encontros culturais e outras atividades. Todo esse material está disponibilizado para o público através do Laboratório de História Oral e Imagem (Labhoi) da Universidade Federal Fluminense. Na composição da história da *parroquia* 23 de Enero contamos também com mais de mil páginas de transcrição de entrevistas feitas com moradores do bairro nos anos 1980, por Milvia Pacheco Concepcion, Elba Rosa Ramos Alvarez e Miryan Elena Rangel Roman, como parte da pesquisa para a monografia de serviço social intitulada *Aproximacion al estúdio de la parroquia 23 de Enero de Caracas*, defendida em 1987 na Universidad Central de Venezuela (UCV).

Portanto, ficará evidente para o leitor a profusa utilização de fontes orais ao longo de nossa análise.[36] A história oral é outro campo da historiografia que vem conquistando maior espaço nas pesquisas na esteira do reconhecimento do campo da história do tempo presente. A metodologia utilizada se pautou pelo princípio de nos afastar de qualquer modelo *survey* ou questionário. As perguntas eram abrangentes, tocavam na história de vida dos atores e, a partir daí, eram levantadas algumas questões fundamentais, tais como "o que é um *consejo comunal*", "como são as atividades", "como se constituiu", "quais são os desafios", "quais são as potencialidades", "como avaliam a experiência" etc. As entrevistas se desenrolaram como se fossem conversas e, na maior parte das vezes, duraram mais de uma hora, pois havia uma preocupação em deixar os interlocutores à vontade para falar o que considerassem importante, já que os processos de seleção — tanto o que se fala quanto o que se silencia — são indicativos da visão de mundo construída (Pollak, 1992).

É importante destacar também que, para este livro, tivemos de fazer algumas seleções para que se tornasse viável o projeto — *uma das mais delicadas foi o fato de termos concentrado nossa pesquisa entre os simpatizantes do processo*. Se, a princípio, esse pode ser um fator que relativize a pertinência da pesquisa, por outro lado, se partirmos do pressuposto de que nossa proposta é a de estudar criticamente o conjunto de representações construídas no âmbito das bases sociais do governo e compreender de que maneira essas bases se relacionam com seu líder, o silenciamento das vozes dos opositores, apesar de uma grande falta, não compromete a possibilidade de atingirmos o objetivo proposto. Ao longo deste estudo, ficará evidente a forte vinculação do projeto dos CCs com o governo (cujos desdobramentos serão objeto de reflexão), significando que, apesar de haver CCs formados por antichavistas, há um predomínio de chavistas à frente desse tipo de organização. Na *parroquia* 23 de Enero, essa premissa se torna ainda mais evidente, pois devido a sua longa trajetória de organização e lutas sociais e por ser considerada um bastião simbólico de sustentação do chavismo, há um *autoritarismo popular* que inibe espaços para que vozes opositoras possam se fazer mais presentes. Por essa razão, os antichavistas (ou, pelo menos, não chavistas) frequentam outros espaços aos quais não tive acesso, o que inviabilizou ter um maior contato com esse outro lado

---

[36] O perfil socioeconômico dos entrevistados está descrito na seção de fontes deste livro.

da história, que passamos a conhecer de maneira indireta a partir dos discursos dos próprios *voceros*, que recorrentemente os denominam *apáticos* ou *escuálidos*.

Outro desafio encontrado residiu na dificuldade de correlacionar os depoimentos orais que servem de base para a pesquisa com outras fontes documentais, pois, conforme mencionamos, somente agora os CCs começam a formalizar sua estrutura no sentido burocrático do termo. Quer dizer, no último trabalho de campo que fizemos, alguns CCs já começavam a contar com caderno de atas, estavam engajados na construção de uma casa comunal (onde seria possível centralizar e organizar a administração da instituição), começavam a se preocupar com a construção de um "arquivo" dos CCs, mas, mesmo assim, era ainda um processo muito incipiente. *Grosso modo*, foi uma dificuldade enorme termos acesso a esses documentos, já que parte estava com algum membro da Controladoría Social, outra com algum *vocero* principal, outras partes teriam ficado com a gestão anterior ou teriam simplesmente desaparecido, e assim por diante. Porém, mais uma vez, apesar dos limites impostos por essas circunstâncias, é importante ressaltar que nossa preocupação é, antes de tudo, compreender de que forma esses sujeitos históricos enxergam e avaliam os CCs, e não necessariamente buscar *verdades* ou *mentiras* intrínsecas a seus discursos. Como um contraponto a essa carência, buscaremos inserir os depoimentos orais em um contexto mais amplo de estudos sobre os temas abordados com intuito de traçar paralelos que possam, sempre que possível, ampliar a lente da experiência local, para uma perspectiva mais geral do processo.

Feitas as ressalvas, estruturamos o livro em cinco partes.

O capítulo 1, "Da ditadura civil-militar (1952-1958) à V República (pós-1998): um breve panorama histórico", tem por objetivo contextualizar as condições que permitiram a ascensão de Chávez à presidência e os sentidos das mudanças propostas durante seu governo, já que a "democracia participativa e protagônica" nasceu da crítica ao modelo de democracia representativa consolidado durante os 40 anos do regime *puntofijista*.

O capítulo 2, "*Parroquia* 23 de Enero: história das lutas sociais em um bairro de Caracas", contextualiza em um aspecto micro, o processo de desenvolvimento das lutas sociais e da organização popular no 23 de Enero que gerou as condições para que fosse considerado hoje um bastião simbólico de apoio ao chavismo e que, por conseguinte, justifica nossa escolha para torná-lo um estudo de caso.

O capítulo 3, "A prática social de uma 'democracia participativa e protagônica': a experiência dos *consejos comunales* na *parroquia* 23 de Enero (Caracas)", procura analisar os antecedentes dos CCs, inserindo-os como parte de um processo mais amplo de desgaste da institucionalidade democrática representativa liberal, que respondem às demandas existentes na sociedade civil desde antes da eleição de Chávez, além, obviamente, de analisar de que maneira se deu essa experiência na região, observando diferentes casos em vários dos seus setores.

O capítulo 4, "Rumo a um Estado comunal?", analisa o que seria o próximo passo após a formação dos CCs, isto é, a formação das comunas e seus desdobramentos no âmbito de um debate mais teórico sobre as tensões entre a burocracia estatal e o poder popular, o papel do líder e as transformações da cultura política, as tensões entre poderes constituídos e constituintes e as *potencialidades* abertas por essa experiência.

Finalmente, em "Democracia, participação e poder popular: uma experiência em aberto", fazemos um balanço dos 13 anos do governo chavista e lançamos algumas hipóteses interpretativas que buscam responder a algumas das perguntas levantadas neste livro, retomando as *potencialidades* abertas por essa experiência e levantando alguns dos principais dilemas e desafios para o futuro.

Capítulo 1

Da ditadura civil-militar (1952-1958) à V República (pós-1998): um breve panorama histórico

Venezuela: uma nação petroleira

Durante toda a história recente da Venezuela, o petróleo movimentou o país econômica, política e socialmente. Segundo Gilberto Maringoni (2004:85), "para entender o governo Chávez e o que de fato está em disputa nele, é preciso compreender a estreita inter-relação entre petróleo, poder, dinheiro e sociedade".

Em linhas gerais, a Venezuela é um país que se tornou dependente de um sistema econômico baseado fundamentalmente na *economía de extracción* (Lombardi, 2003:12), que advém da colonização espanhola e se estende até hoje.[37] Desse modo, os recursos para movimentar o país ficam à mercê das flutuações do mercado internacional, gerando graves crises econômicas e políticas quando os preços dos produtos de exportação estão em baixa.

Mesmo se considerarmos as expressivas rendas advindas do petróleo e apesar de enunciado por diferentes governos o interesse em diversificar a produção do país, a base econômica de cunho extrativista não foi substancialmente modificada ao longo do século XX.

---

[37] Primeiramente foi cacau, depois expandiu para o café e, atualmente, baseado principalmente no petróleo.

Durante todo o século XX e, especialmente, depois de 1958, a Venezuela modernizou sua sociedade e suas instituições políticas e sociais dramaticamente. Aumentou sobremaneira sua capacidade técnica para administrar seus sistemas de produção e mercado, mas nunca conseguiu modificar substancialmente seu regime econômico historicamente derivado das explorações [Lombardi, 2003:15].

Portanto, em meio a ditaduras e democracias excludentes, a história da Venezuela foi marcada por uma economia rentista, importadora de bens industriais e de abertura às empresas estrangeiras.

Por outro lado, houve também pressão por outros rumos, tanto de governos mais progressistas quanto dos movimentos trabalhistas. O governo de Medina Angarita (1941-1945) é um exemplo disso, pois foi contrário aos interesses das empresas estrangeiras que atuavam no país, dos latifundiários e da burguesia financeira. Seu governo se apoiou na pequena burguesia e na classe operária. Uma das medidas implementadas foi a Lei dos Hidrocarbonetos, em 1943:

Aproveitando-se da conjuntura internacional da Segunda Guerra Mundial, a administração pública deu curso a um tenso processo de negociações com as empresas estrangeiras. Obteve novos contratos de concessão, com maiores imposições do Estado às companhias, estabelecendo seu prazo de vigência em 40 anos. Uniformizou-se o regime de concessões e os *royalties* estatais passariam de 15% para 16,6%, o que equivalia dizer que, de cada seis barris produzidos, um pertenceria ao Estado. Ao mesmo tempo, conseguiu-se das empresas que uma parcela maior do produto fosse refinado em território venezuelano [Maringoni, 2004:93].

Entretanto, em função das reformas promovidas em seu mandato, que, além da Lei dos Hidrocarbonetos, contou também com a Lei de Reforma Agrária de 1945, o país foi levado a um estado de tensão permanente que culminou num golpe de Estado promovido por uma junta "revolucionária". Rómulo Betancourt, então presidente do partido Acción Democrática (AD) assumiu o poder, dando início ao chamado Trienio Adeco (1945-1948),[38] também derrubado por um novo golpe de Estado, desta vez protagonizado pelo Exército. O governo provisório que se seguiu, presidido por Daniel Chalhoub, sofreu um novo golpe com a morte deste último. O general Marcos Pérez Jiménez assumiu o poder com o compromisso de convocar novas eleições. Em 1952, tornou-se presidente, manipulando os resultados eleitorais, e deu início a uma ditadura que duraria seis anos.[39]

A ditadura civil-militar (1952-1958) e o novo ideal nacional

Com o apoio dos representantes dos bancos, do comércio, da indústria e das Forças Armadas, Pérez Jiménez consolidou-se no poder com o objetivo de garantir a paz e a ordem social, liderar um processo modernizador e representar um obstáculo às tendências comunizantes e de esquerda, num período no qual a Guerra Fria estava no auge. A Constituição de 1953 ratifica o novo *status quo*. As mudanças mais relevantes em relação à Constituição anterior foram no sentido de assegurar maiores poderes ao presidente e acabar com o federalismo (Plaza, 1978:29-30).

A AD, que havia sido jogada na clandestinidade com o golpe que derrubou Betancourt em 1948, somou-se ao Partido Comunista de Venezuela (PCV) na organização de uma resistência ao novo regime. Porém as ações repressivas da Seguridad Nacional (SN) sufocaram as vozes dissonantes compondo um quadro que José Agustín Catalá (1998) descreveu como "a década trágica" em seu livro *Los archivos del terror*, no qual faz um importante levantamento dos prontuários da SN, destacando todos aqueles que foram presos, torturados, exilados e mortos durante os 10 anos que se seguiram do golpe de 1948 até a queda do próprio Pérez Jiménez, em 1958.

As ações da SN e o sólido apoio da classe empresarial nacional e estrangeira (comercial, industrial e petroleira) e dos EUA — simpatizantes de um governo que

---

[38] O Trienio Adeco contou também com o rápido mandato de Rómulo Gallegos, entre fevereiro e novembro de 1948. Gallegos havia participado do golpe liderado por Betancourt em 1945 e venceu as eleições presidenciais de 1947.

[39] Não cabe neste livro uma discussão mais pormenorizada sobre as razões dos sucessivos golpes que levaram Pérez Jiménez à presidência. Para mais detalhes, ver Plaza (1978); Betancourt (2007).

mantivesse as tendências de esquerda sob controle — garantiram a Pérez Jiménez a estabilidade política necessária para que pudesse aproveitar o período de "bonança petroleira"[40] para investir num plano de desenvolvimento para o país, apoiado em grandes obras públicas de infraestrutura. Segundo Helena Plaza (1978:31):

> Baseando-se na renda petroleira, e em sua redistribuição pela via do orçamento, a ideia-guia era fomentar o crescimento do capital privado, em especial na indústria de construção, nos setores têxteis, nos serviços e comércio, e em certas áreas da produção agrícola.

Houve também um incentivo à construção de algumas indústrias de base — ainda que sob a chancela de empresas estrangeiras. As italianas Fiat e Inocenti Societá General per l'Industria Metallurgica Mecánica assinaram contratos para o estabelecimento da primeira siderúrgica no país (Plaza, 1978:32).

A abertura para o capital estrangeiro se manifestou também na ampliação das concessões para a exploração do petróleo. Em linhas gerais, a política econômica do governo, apesar de lançar as bases de um processo de industrialização que só ganharia corpo, de fato, na IV República (1958-1998), não estava ancorada em um pressuposto nacionalista. Ao contrário, era profundamente dependente em relação ao mercado internacional.

> Nessas condições, a implantação industrial que se vai desenvolvendo é totalmente dependente das economias metropolitanas: dependente quanto à origem do capital, dependente quanto à estrutura tecnológica e às pautas gerais de desenvolvimento, e dependente quanto a ocupar um lugar terminal e/ou marginal no processo produtivo. [...] Por essas razões, é sumamente baixa sua capacidade de absorver a mão de obra que, por efeitos do crescimento capitalista, se desloca da agricultura e outros setores tradicionais em busca de trabalho nos grandes centros urbanos [Plaza, 1978:36].

---

[40] A década de 1950 foi de expressiva bonança petroleira, haja vista que eventos internacionais — tais como a Guerra da Coreia (junho de 1950 a julho de 1953) e a Guerra dos Seis Dias, com o fechamento do Canal de Suez no Egito, em 1956 — provocaram um aumento dos preços dos barris, e a Venezuela, que vivia um período de certa estabilidade, se tornou o alvo de muitos investidores (Mir, Torres e Valor, 2000:79).

Portanto, o quadro que se vê delineado é, de um lado, o da formação de grandes monopólios empresariais e latifundiários e, de outro, uma imensa dificuldade de absorção de mão de obra nacional — sobretudo aquela não especializada que vem das zonas agrícolas, já que as péssimas condições de trabalho no campo a impele a rumar para as cidades em busca de melhores oportunidades.

Desse modo, o novo ideal nacional de Pérez Jiménez, tido como plataforma ideológica de seu regime, não consistia necessariamente em uma política nacionalista, mas sim em um compromisso com a "modernização da nação" a partir do investimento nessas grandes obras públicas com apoio do capital estrangeiro e com a manutenção da "paz interna".

No âmbito deste último aspecto, toda a oposição foi jogada na clandestinidade e/ou perseguida pelos órgãos de segurança do Estado. Além da AD e do PCV[41] que mencionamos, incluíram-se também as organizações sindicais existentes — substituídas pelo Sindicato Único de Trabajadores, criado pelo governo.

A partir de meados de 1957, as forças de oposição começaram a se organizar em uma frente única de luta contra a ditadura. A proposta de formação de uma junta patriótica partiu do PCV e recebeu o apoio da AD, do Copei, da Unión Republicana Democrática (URD) — outro partido que atuava na clandestinidade —, dos estudantes e dos militares descontentes com o regime. Era presidida por Fabrício Ojeda, jornalista e um dos fundadores da URD. Apesar de os partidos clandestinos não gozarem de grande apoio de massa — já muito debilitados pela repressão —, cumpriram um importante papel na derrubada do ditador em 23 de janeiro de 1958.

Além das ações da Junta Patriótica, a queda de Pérez Jiménez não pode ser compreendida sem as intensas mobilizações populares, de rua, protagonizadas pelas gentes dos *barrios*, que explodiam em várias partes do país.

As insatisfações com a ditadura começaram a se tornar mais intensas em 1957 — ano marcado por diversos distúrbios estudantis e populares. O governo havia convocado eleições para dezembro. Pérez Jiménez chegou, inclusive, a cogitar concorrer com Rafael Caldera, líder máximo do partido social-democrata

---

[41] Os principais dirigentes da URD foram para o exílio, depois da fraude das eleições de 1952. O Copei foi o único partido que continuou atuando politicamente de forma legal.

cristão Copei, sob a condição de que este não recebesse apoio dos partidos que atuavam na clandestinidade. Caldera recusou e foi preso. Com isso, Pérez Jiménez enfraqueceu ainda mais suas bases de apoio, em particular a Igreja, instituição com a qual o Copei possuía profundos vínculos e também com o Exército, que se dividiu entre o apoio e o rechaço ao governo. A partir de então, o Copei atuaria de maneira mais intensa com os partidos clandestinos, AD, URD e PCV, na oposição à ditadura.

Em novembro de 1957, o governo decidiu adotar o formato de plebiscito para as eleições, o que provocou reações na opinião pública e nos partidos de oposição. No exterior, as lideranças da AD (Rómulo Betancourt), Copei (Rafael Caldera, já solto) e URD (Jóvilto Villalba) começaram a se organizar e elaborar um projeto para o que seria um novo regime que garantisse estabilidade política e desse fim a duas décadas de conflitos intensos (Myers, 2004:15).

A "vitória" de Pérez Jiménez no plebiscito de 1957 deflagrou a crise final de seu regime. Em janeiro, houve a insurreição do coronel Hugo Trejo. Apesar de derrotada, a sublevação deixou explícitas as divergências existentes no interior das Forças Armadas quanto à sustentação do regime. Uma série de insurreições populares se seguiram ao episódio. Segundo Helena Plaza (1978:68),

> desde o dia 10 até 23 de janeiro se sucedem dias de conspirações; documentos de protesto circulam pela cidade, publicados pelos mais variados setores sociais (grêmio médico, grêmio de advogados, engenheiros, farmacêuticos, odontólogos, damas da burguesia, donas de casa etc.), assim como também há grande agitação trabalhista e estudantil. O governo, desesperado, incrementa a repressão policial [...]. Desatam-se lutas de barricadas nas comunidades populares.

As barricadas dos *barrios*, isto é, a luta popular, se deveu, em grande medida, a uma resposta às profundas contradições econômicas existentes no interior da sociedade venezuelana. Apesar de as camadas mais pobres terem visto alguma melhora em suas condições de vida durante o governo de Pérez Jiménez,[42] havia uma

---

[42] Como parte do *nuevo ideal nacional*, uma das grandes metas da ditadura foi a de solucionar o problema das moradias em Caracas, investindo em suntuosos projetos habitacionais. O Plano Nacional de Moradias será discutido em detalhe no capítulo 2 deste livro, pois a *parroquia* 23 de

evidente discrepância em relação aos lucros dos setores privados somada à falta de liberdades políticas. As classes populares, então, aliaram-se aos profissionais liberais, estudantes, Igreja e Forças Armadas na grande frente que se opôs à ditadura.

Foram as Forças Armadas que desfecharam o golpe final que obrigou Pérez Jiménez a fugir em seu avião presidencial na madrugada de 23 de janeiro de 1958, dando início a um novo governo provisório, liderado, agora, pelo contra-almirante Wolfgang Larrazábal.

O Pacto de Punto Fijo:
Venezuela, a "vitrine da democracia das Américas"?

Larrazábal encaminhou o processo eleitoral e concorreu à presidência com Rómulo Betancourt, líder da AD. Apesar de contar com certo respaldo popular, devido, em grande medida, à implementação do Plano de Emergência[43] em favor das gentes dos *barrios* durante seu curto governo, Betancourt saiu vitorioso.

Caberia ao líder da AD levar a cabo o projeto formulado por seu partido junto ao Copei e, em menor escala, à URD: o chamado Pacto de Punto Fijo, que formulou as bases do regime que se constituiria a partir de então na Venezuela. Suas diretrizes estão presentes em cinco documentos principais: (1) na declaração de Nova York, de dezembro de 1957, quando os líderes dos referidos partidos assinaram o compromisso de derrubar a ditadura de Pérez Jiménez; (2) no Avenimiento Obrero-Patronal (Reconciliação Operário-Empresarial), assinado em abril de 1958, no qual operários e empresários se comprometeram em respeitar a democracia, os direitos trabalhistas e a privilegiar o diálogo em detrimento do enfrentamento;[44] (3) o Pacto de Punto Fijo propriamente dito, que estabeleceu o

---

Enero — na época chamada de Urbanizacion Dos de Diciembre — foi a coluna vertebral desse projeto, em que foram construídos enormes edifícios com centenas de apartamentos.

[43] O Plano de Emergência será analisado em detalhe no capítulo 2 deste livro. Tratava-se de um projeto para dar solução aos problemas sociais nos *barrios* de Caracas e conter a insatisfação popular. Com o apoio dos moradores, foram executadas pequenas obras públicas: conserto de escadas, calçadas, asfaltamento, iluminação etc.

[44] Além da base sindical organizada no comitê sindical unificado e pela federação empresarial, o pacto foi assinado também pelo Partido Comunista de Venezuela (PCV). Este último, apesar de reconhecer que era um pacto que reduzia os mecanismos de pressão dos trabalhadores apenas

princípio do *power-sharing* ou compartilhamento de poder entre os três partidos; (4) a Declaração de Princípios e o Programa Mínimo do Governo; e (5) a Constituição de 1961, que ratificou os compromissos e as diretrizes encaminhadas nos demais documentos (Myers, 2004:17).

Segundo David J. Myers, o acordo entre essas elites pode ser resumido em seis pontos principais: a ideia de compartilhamento do poder entre os partidos envolvidos, independentemente do presidente eleito; o princípio da reconciliação e dissolução de antigos antagonismos em nome da coalizão; a garantia dos direitos e das liberdades individuais; o estabelecimento de um maior controle do Estado sobre o desenvolvimento econômico; o adiamento da distribuição das riquezas para um momento posterior — quando a transição para a democracia já estivesse consolidada; e, finalmente, a definição de um posicionamento na Guerra Fria, alinhado aos EUA (Myers, 2004:17-19).

O pacto se manteve por 40 anos, sustentando uma democracia representativa, tornada símbolo de estabilidade política e econômica, num momento em que o restante do continente se via acometido por crises econômicas, golpes de Estado e ditaduras civil-militares[45] devido, entre outras coisas, às tensões provocadas pela Guerra Fria e aos interesses estadunidenses na região.

O sentido da institucionalidade democrática construído ao longo desse período foi ancorado na premissa da *representação*, apurada principal e quase exclusivamente através de eleições regulares. Na Constituição de 1961, por exemplo, podemos perceber esse princípio expresso no artigo 3º de suas disposições fundamentais, que determina que "o governo da República da Venezuela é e sempre será democrático, representativo, responsável e alternativo", sem qualquer menção a outros mecanismos de participação. No artigo 4º, fala-se também que "a soberania reside no povo, quem a exerce, mediante

---

à barganha, acreditou ser válido em nome da estabilidade política e da preservação da unidade sindical (Coronil, 1997:218).

[45] Na Argentina (junta civil-militar, 1966-1983); na Bolívia (junta civil-militar, 1971-1982); no Brasil (ditadura civil-militar, 1964-1985); em Cuba (Fulgêncio Batista, 1952-1959 e, a partir da vitória da guerrilha, ditadura revolucionária); no Chile (Augusto Pinochet, 1973-1990); na Colômbia (guerra civil entre as Farc e o governo, pós-1964); em El Salvador (junta civil-militar, 1931-1979); no Equador (junta civil-militar, 1972-1979); no Haiti (Papa e Baby Doc, 1957-1990); na Nicarágua (família Somoza, 1936-1979); no Paraguai (Alfredo Stroessner, 1954-1989); na República Dominicana (Rafael Leônidas Trujillo, 1939-1961); no Uruguai (junta civil-militar, 1973-1985), entre outros.

o sufrágio, pelos órgãos do Poder Público" (Constitución de la República de Venezuela, de 1961). Na definição dos direitos políticos, todos os artigos se remetem única e exclusivamente às condições de voto e das eleições (do artigo 110 ao 116).

Além disso, esse modelo de democracia foi concebido de maneira bastante centralizada: não havia eleições diretas para governadores, não existia a figura do prefeito, as eleições eram feitas através de listas partidárias (o que tornava as decisões dos altos escalões dos partidos hegemônicos ainda mais determinantes, inibindo espaços para que outras lideranças pudessem se fazer mais presentes) e, conforme vimos, não havia menção alguma à participação política do povo para além do voto.

Apesar dessas características, a democracia *puntofijista* contou com expressiva *accountability*,[46] sobretudo nos áureos tempos petroleiros que veremos com detalhe mais adiante. Esse modelo representa a busca pela estabilidade e unidade políticas através da dissolução de antagonismos (e de espaços para a expressão de antagonismos) e da conciliação de diferenças em oposição a um processo histórico marcado por golpes de Estado, ditaduras, dissidências, violência e frágeis instituições democráticas.

Por outro lado, a *accountability* do pacto não foi conquistada sem conflitos no interior da sociedade venezuelana. É importante frisar que, em primeiro lugar, nem todos puderam participar desse grande acordo: houve uma clara distinção entre quem estava dentro e quem estava fora da coalizão. A delimitação desta fronteira foi conflituosa e só foi consolidada em 1975.

Entre os que estavam dentro, os três partidos — AD, Copei e URD —, a princípio, conseguiram o apoio do empresariado, organizado através da Fedecámaras,[47] da Igreja e, depois de certa relutância, dos proprietários de terras, bem como das Forças Armadas. No curso do processo, nenhum outro partido conseguiu conquistar alguma proeminência no cenário nacional, e a própria URD declinou, enquanto a AD e o Copei tornavam-se cada vez mais fortes, transformando a coalizão num regime político bipartidário em que estes últimos alternavam-se no poder. Havia uma profunda articulação da AD e do Copei com os sindicatos, em particular aqueles organizados

---

[46] Preferimos utilizar o termo em inglês por não encontrarmos uma tradução exata, mas o mais próximo de seu sentido em nossa língua seria "suscetível de prestar contas" num sentido mais amplo, de ser "controlado".

[47] A federação congrega 13 setores produtivos, entre eles criadores de gado, bancos, indústrias, comércio, telecomunicações, seguros, turismo, energia, transportes etc.

em torno da Confederación de Trabajadores de Venezuela (CTV).[48] O corporativismo, nesse caso, vai ser uma das grandes marcas do regime, quer dizer, a existência de uma profunda articulação entre a sociedade e o Estado, organizando-se patrões e empregados em corporações (categorias profissionais/sindicatos), regidas pelos partidos/ Estado, na qual prevalece uma postura conciliatória e de diálogo e não de confronto.[49]

Da mesma forma que nos debates a respeito do *populismo clássico* e do *neopopulismo* devemos ter cuidado para não recair em análises reducionistas — que explicam a articulação do povo, ou da classe trabalhadora, com o Estado a partir do viés da manipulação, alienação e clientelismo —, a análise do regime *puntofijista* exige esse esforço, pois se trata de um regime que se manteve relativamente estável no país durante 40 anos e não pode ser explicado somente pela via da repressão e controle sobre os movimentos sociais. Durante os anos 1960 e 70, principalmente, com os áureos tempos petroleiros que analisaremos mais à frente, a redistribuição de riquezas e a possibilidade de ter demandas trabalhistas atendidas explicam a opção pela articulação e consenso em torno do pacto por parte das classes trabalhadoras. Porém ainda se faz necessário um estudo mais aprofundado sobre as razões para seu relativo sucesso, sobretudo quando comparado com as circunstâncias históricas dos países vizinhos, nas quais prevaleceram governos ditatoriais.

Se não podemos explicar o pacto somente pela repressão, isso não significa que esta não tenha existido e que não mereça nossa atenção, sobretudo quando consideramos a realidade daqueles que ficaram de fora da coalizão. O Partido Comunista de Venezuela, por exemplo, foi um deles. Apesar de ter conquistado algumas cadeiras no Senado e no Congresso nas eleições de 1958, foi sendo marginalizado das negociações devido a seus laços com a Internacional Comunista, seu compromisso com a *ditadura do proletariado* e por ser considerado uma ameaça para os planos de alinhamento

---

[48] Agrega dezenas de sindicatos e federações de trabalhadores, representando trabalhadores da indústria, de serviços, do setor público, camponeses, entre outros. Foi plataforma política da AD ao longo das décadas e um dos principais pilares de sustentação do Pacto de Punto Fijo na sociedade civil. Até os dias atuais, alguns dos principais cargos continuam nas mãos dos adecos.

[49] A proposta corporativista de Estado, adotada em vários países da América Latina, é comumente associada ao fascismo, porém isso é um equívoco. Trata-se de uma proposta que tem autonomia própria, introduzida desde os anos 1920-1930 e que, em circunstâncias variadas, coexistiu com regimes ditatoriais e também com democracias representativas liberais (casos da Argentina, do Brasil e da própria Venezuela). Ver Rodrigues (1989).

com os EUA.⁵⁰ Por essa razão e também por possuir um projeto próprio para o país, acabou aderindo à luta armada contra o novo regime. Esta última já contava com setores esquerdistas da URD e com a juventude da AD, organizados no Movimiento de Izquierda Revolucionario (MIR). A guerrilha sobreviveu à repressão e à marginalização de suas ações até meados da década de 1970, quando as forças que a sustentavam decidiram concorrer às eleições, nas quais obtiveram pífios resultados.

A guerrilha na Venezuela já fora um recurso utilizado desde a luta contra a ditadura de Pérez Jiménez. Com as eleições de 1958, após a derrubada dele, o PCV teve um racha, pois não havia um consenso acerca de continuar ou acabar com a luta armada. Alguns defensores desta última e que se engajaram nesse sentido tornaram-se importantes figuras nos primeiros anos do governo Chávez, tais como Teodoro Petkoff (hoje opositor do governo), Freddy Muñoz e Douglas Bravo. Fabrício Ojeda foi outro dirigente que se refugiou nas montanhas na Frente Guerrillero José Antonio Páez para promover a luta armada. Ao lado de Bravo, ele atuou na reorganização das Fuerzas Armadas de Liberación Nacional (FALN), na criação do Partido de la Revolución Venezolana (PRV), de linha marxista-leninista, e da Frente de Liberación Nacional (FLN), nos anos 1960.⁵¹

A luta armada se estendeu por vários estados venezuelanos, combinando guerrilha rural e urbana. Nas cidades, pequenos grupos cometiam expropriações financeiras em bancos, grandes estabelecimentos e capturavam embarcações, aviões e pessoas famosas.

A vitoriosa Revolução Cubana acabou por influenciar bastante essas organizações. A partir de janeiro de 1959, o governo revolucionário cubano enviou armas e homens para apoiar a luta no país amigo. Em 1961, o então presidente Betancourt, sob a bandeira do anticomunismo, rompeu com a ilha e manteve uma dura política de repressão contra os *subversivos*. Para se ter uma ideia do caráter da repressão, se-

---

⁵⁰ O PCV, apesar de se definir como leninista, assim como muitos outros PCs latino-americanos, era reformista e moderado, relegando a revolução socialista a uma etapa posterior à consolidação do capitalismo e da democracia no país. Por outro lado, foi também bastante influenciado pela Revolução Cubana — diferentemente de seus pares latino-americanos — durante o período em que optou pela luta armada contra o pacto, nos anos 1960.

⁵¹ Um dia depois de ter sido preso pelo Servício de Información de las Fuerzas Armadas (Sifa), Ojeda teria supostamente se enforcado em sua cela, em 21 de junho de 1966.

gundo Steve Ellner, o mote do então ministro do interior, Carlos Andrés Pérez, era "atire antes e pergunte depois" (Ellner, 2008:60). Os "salões"[52] das forças de segurança nacional, sob a tutela da Dirección General de Policía (Digepol), mantiveram-se cheios de presos políticos, sendo muitos torturados, mortos e desaparecidos.

A guerrilha só teria um fim parcial em meados dos anos 1970, com a política de pacificação realizada durante o governo de Rafael Caldera (Copei). Diante da nova conjuntura, parte majoritária da cúpula do MIR decidiu deixar a luta armada. Porém, facções dissidentes — Liga Socialista (LS), Bandera Roja (BR), entre outras — tentaram manter viva a luta, mas agora com uma base social fundamentalmente concentrada entre estudantes universitários em alguns centros urbanos. A *parroquia* 23 de Enero, objeto deste livro, foi reduto de muitas dessas organizações, como veremos em detalhe mais adiante.

Outros grupos que foram excluídos do *pacto* foram as classes médias e os setores pobres urbanos. Durante os áureos tempos petroleiros, isto é, nos anos 1960 e 70, apesar de não serem a base principal do regime, puderam vivenciar melhoras em suas condições de vida — de maneira alguma comparáveis com os lucros daqueles que efetivamente faziam parte da coalizão. Entretanto, durante a crise que teve início nos anos 1980, foram os mais prejudicados.

Somente para termos uma ideia dos efeitos da crise, segundo dados levantados pela Cepal e apresentados por Kenneth Roberts, de 1984 a 1995, período no qual houve a queda dos preços do petróleo, a população pobre aumentou de 36% para 66% e o setor em pobreza extrema triplicou — de 11% foi para 36%. Ainda segundo Roberts, entre 1981 e 1997, a participação dos pobres no PIB do país caiu de 19,1% para 14,7%, e a porcentagem da população mais rica aumentou de 21,8% para 32,8% (Roberts, 2003:81). Nesse sentido, podemos perceber que os investimentos, sobretudo durante esse período de crise, se concentraram numa

---

[52] A metáfora dos salões é inspirada em artigo escrito por Daniel Aarão Reis, para o jornal *O Globo*, em 14 de janeiro de 2010, sobre a anistia, quando o autor fala das práticas de tortura realizadas durante os governos autoritários no Brasil. Ao contrário da metáfora recorrentemente utilizada de que as torturas ocorreram nos "porões" do Dops, Aarão diz que, na verdade, elas ocorreram nos salões, aos olhos de todos, já que se tratava de uma política de Estado. Em suas palavras: "Em pouco mais de 40 anos, a sociedade brasileira teve, por 23 anos, governos que adotaram a tortura como política de Estado. Insisto: a tortura foi aplicada como política de Estado. Não se realizou nos porões, esta é uma metáfora imprópria. Realizou-se nas salas de visita ou nas salas de jantar. Ninguém pode ousar dizer que a ignorava" (Aarão Reis, 2010:18).

pequena parcela da população e *a sociedade foi ficando cada vez mais polarizada entre ricos e pobres*. Baseando-se em informes do Congresso Nacional, Julia Buxton (2003:154) chega a dizer que, em fins de 1994, 79% das famílias venezuelanas eram consideradas pobres e "uma em cada três vivia em condições de pobreza crítica". Em 1999, o trabalho informal chegava a 53% e o desemprego estava na ordem dos 15% (Roberts, 2003:81).

Uma das principais vulnerabilidades do Pacto de Punto Fijo adveio justamente da extrema dependência da redistribuição das rendas do petróleo e do controle sobre a produção como meio fundamental para garantir a estabilidade política e sustentar a coalizão. Com isso, reafirmava-se, mais uma vez, agora sob os auspícios de tempos democráticos, a manutenção de uma economia rentista sobre a qual se sustentava também o capitalismo venezuelano. A dependência, em uma economia rentista, é vulnerável na medida em que qualquer oscilação nos preços do petróleo pode gerar sérias repercussões no âmbito da suposta estabilidade exaltada pelo *pacto*, conforme pudemos observar nas estatísticas apresentadas acima.

As décadas de 1960 e 70 foram de estabilidade do regime porque foram os anos da fundação da Opep (Organização dos Países Exportadores de Petróleo) e do auge do fluxo de petrodólares.[53] Acreditava-se, naquele momento, que a Venezuela entraria de vez na modernidade capitalista, conquistaria sua segunda independência[54] e deixaria de ser uma nação subdesenvolvida.[55] Segundo Myers (2004:24),

> depois de 1975, a maioria dos venezuelanos apoiaram a democracia Punto Fijo. Uma corrente de oposição persistiu, mas aqueles que carregavam a tocha foram marginalizados e eles permaneceriam no deserto político por mais vinte e cinco anos.

---

[53] Com a alta dos preços do petróleo no mercado internacional, a entrada dos recursos foi ostensiva, subsidiando, inclusive, muitos dos impostos pagos pelos venezuelanos. No entanto, apesar de algumas melhoras, os salários, por exemplo, permaneceram proporcionalmente baixos; a taxa de desemprego e do trabalho informal continuou alta, próxima à média dos 50%, e a pobreza se manteve crescente (McCoy, 2004:266-267).

[54] A primeira foi a liderada por Simón Bolívar, em 1821, contra o Império espanhol.

[55] A tese de Fernando Coronil, em seu livro *The magical State: nature, money, and modernity in Venezuela* (1997), gira em torno fundamentalmente deste aspecto: a Venezuela enquanto um Estado mágico que se pretendia e se apresentava como moderno, progressista e gigante, mas, na verdade, um gigante com pés de barro, ancorado em (e profundamente dependente de) uma secular e vulnerável economia rentista.

Nesse período, a corrupção também tornou-se endêmica. A Petróleos da Venezuela S/A (PDVSA), criada em 1976 com a nacionalização da extração do petróleo, apesar de formalmente pública, na prática, se tornou cada vez mais autônoma, um "Estado dentro do Estado" (Maringoni, 2008:66), atendendo, sobretudo, aos interesses corporativos à revelia dos interesses nacionais.

Finalmente, a centralização política que mencionamos — decorrente, em certa medida, da própria política de controle sobre a renda do petróleo — e a ingerência da AD e do Copei nas esferas municipal e estadual também foram outros fatores de vulnerabilidade. A AD e o Copei eram "partidos de massa" e possuíam suas "estruturas internas verticalizadas e centralizadas". Essa ingerência pode ser percebida no sistema de listas eleitorais que já citamos anteriormente, pois concedia uma "autonomia mínima aos parlamentares", tornando-os extremamente dependentes das direções partidárias:

> Por esse mecanismo, o eleitor vota numa chapa fechada do partido e não em candidatos individuais. Por um lado, a medida fortalece os partidos e reduz o personalismo eleitoral. Por outro, redunda no rigoroso domínio que as direções partidárias têm de toda a sua estrutura [Maringoni, 2008:64].

Portanto, a despeito de o governo ter se comprometido inicialmente com a descentralização, com a concessão de autonomias para os municípios e com o fortalecimento da participação popular, essas medidas foram relegadas a um momento posterior no qual a transição para a democracia já estivesse consolidada, o que gerou certa frustração que serviria também de combustível para a crise nos anos 1980.

A falência do Punto Fijo e o surgimento de alternativas

O primeiro sinal de dificuldades críticas do regime aconteceu em 18 de fevereiro de 1983 com a chamada sexta-feira negra, quando o então presidente Luis Herrera Campíns (1979-1984) foi "obrigado a desvalorizar abruptamente a moeda nacional", fruto, em certa medida, "[da] queda substancial dos preços do petróleo, [da] disparada da dívida pública [...] e [do] aumento dos juros para empréstimos internacionais" (Maringoni, 2008:67). Entretanto, apesar de importante, não podemos ficar presos somente aos efeitos econômicos. A perda gradativa da *accountability* numa democracia representativa que, sobretudo no período de crise dos preços do petróleo, não representava os interesses de setores que se tornavam cada vez mais importantes — classes pobres urbanas, classes médias, intelectuais e também setores das Forças Armadas[56] — não pode ser desconsiderada.

Diante da crise, o regime constituído tentou fazer algumas reformas, em 1985, com a Comisión para la Reforma del Estado (Copre), com o objetivo de recuperar a *accountability* no *pacto*. Sendo assim, foi instituída a eleição direta para governadores e prefeitos, e nas eleições proporcionais foram abolidas as listas partidárias.[57] Além disso, o então popular Carlos Andrés Perez, que já havia governado o país nos áureos tempos petroleiros, foi reeleito com a expectativa de que solucionasse a crise. Entretanto, a implementação de um pacote de reformas neoliberais aprofundou ainda mais as contradições sociais no país. Nesse sentido, ao invés de todas essas medidas salvarem o Punto Fijo, enfraqueceram ainda mais as estruturas partidárias, abrindo a possibilidade para o surgimento de lideranças e partidos que corriam por fora da influência dos *puntofijistas* — tais como La Causa Radical (LCR) e o Movimiento al Socialismo (MAS) — e que propunham uma *alternativa* — coisa que há muito tempo não havia.

Entretanto, mais do que uma mobilização em torno dos novos partidos emergentes e das novas propostas, o que houve foi o decisivo enfraquecimento do sistema de partidos e da própria representação. Desse modo, o que percebemos é o recrudescimento de manifestações de rua e outros processos extrainstitucionais

---

[56] A partir de 1971, as Forças Armadas venezuelanas contaram com uma formação diferenciada que advém do programa Andrés Bello, que garante a formação superior do oficialato como forma de aprimorar a carreira militar. As gerações formadas por esse plano, das quais Chávez fazia parte, são mais profissionais, mais críticas e afastaram-se da influência da Escola das Américas — centro de formação de militares latino-americanos apoiado pelos EUA, com sede no Panamá (1946-1984) —, que cooperou com vários governos e regimes autoritários e violentos no continente (vários de seus cursos ou "adestramentos" incluíam técnicas de contrainsurgência, operações de comando, treinamento em golpes de Estado, guerra psicológica, intervenção militar, técnicas de interrogatório envolvendo torturas, execuções sumárias, desaparecimentos). A partir do plano Andrés Bello, jovens oficiais egressos das universidades, descontentes com o alto grau de corrupção no topo da hierarquia militar e com os limites da democracia representativa *puntofijista*, passaram a compor os primeiros quadros de dissidências no interior das Forças Armadas.

[57] Voltaremos a falar sobre a Copre no capítulo 3 deste livro.

como maneiras de fazer pressão ou contestar os caminhos percorridos pelo governo. O abstenseísmo nos episódios eleitorais cresceu vertiginosamente. Em outra via, há uma intensificação da repressão a esses mesmos movimentos por parte do Estado, resultando em alguns massacres que ficaram marcados na história desse país, como o de Cantaura, por exemplo, quando 23 combatentes insurgentes da Frente Guerrillero "Américo Silva", do grupo Bandera Roja, foram mortos em uma operação militar, em 1982, e o massacre de El Amparo (ou La Colorada), em 1988, quando 14 pescadores considerados "guerrilheiros", da região de El Amparo (Estado Apure), foram mortos pelo Exército, pela Dirección de Servicios de Inteligencia y Prevención (Disip) e pela Policía Técnica Judicial (PTJ).

O Caracazo, em 1989, representa o auge dessa crise, quando explode uma revolta popular sem precedentes, resultado do acúmulo de insatisfações aprofundadas com o conjunto de reformas neoliberais implementadas por Carlos Andréz Pérez. O estopim para sua eclosão foi aumento em 100%, da noite para o dia, das passagens dos meios de transporte — o que inviabilizou que muitos trabalhadores pudessem sair de suas cidades-dormitórios, que ficam ao redor de Caracas.

Apesar de ter ficado mais conhecida como Caracazo, a revolta não ficou restrita à cidade de Caracas. Segundo Daniel Hellinger, os saques se estenderam por, pelo menos, outras 19 cidades (Hellinger, 2003:48).

O Caracazo foi, assim, resultado de um conjunto de fatores, entre os quais: o empobrecimento da população em função de uma crítica recessão econômica e do esfacelamento das políticas públicas; a ausência de canais de mediação entre essas camadas alijadas de seus direitos e as instâncias de poder (os partidos e sindicatos foram se colocando cada vez mais a serviço das elites econômicas — ou mesmo se transformando em elites — e se viram envolvidos em escândalos de corrupção, por parte de seus dirigentes, perdendo sua legitimidade); a aplicação de políticas de cunho neoliberal, o que acabou por aprofundar ainda mais a crise econômica, sobretudo entre as camadas populares.

O governo reagiu através da decretação do estado de sítio e da repressão violenta. Segundo Margarita Lopez Maya, centenas de pessoas foram mortas e houve muitas perdas materiais (López Maya, 2002:18). Hellinger, com base em relatos médicos, sobe a cifra de mortes para a ordem de mil a 1.500 pessoas (Hellinger, 2003:48). A *parroquia* 23 de Enero, já famosa por se tratar de um reduto de grupos combatentes e comunitários, foi uma das regiões que mais sofreram com a repressão das forças policiais. Apesar do massacre, ao invés de os movimentos contestatórios do regime arrefecerem, foram abertas as portas para a explosão de outros protestos de rua que marcaram os anos seguintes.

É interessante notar que 1989 foi um ano trágico para as esquerdas. Segundo Richard Gott (2004:73), "a queda do muro de Berlim no outono e o consequente colapso dos governos pró-soviéticos da Europa do Leste foram rapidamente percebidos como presságios do fim de toda uma era comunista". Se, por um lado, foi um ano consagrado pelos neoliberais como o da vitória hegemônica de seu projeto, por outro o ano de 1989 é também o ano do Caracazo, que representa para Nuestra América o ressurgimento e a expansão de movimentos de protesto e contestação dessa mesma ordem neoliberal.[58]

Na década de 1990, houve, assim, uma intensa atividade de movimentos sociais na Venezuela, marcada pelo surgimento de novos atores sociais que queriam se fazer presentes no jogo democrático. Nesse sentido, questionavam a legitimidade do Estado, da institucionalidade liberal, do sistema de partidos e sindicatos, e exigiam o atendimento de suas demandas.[59] Segundo Maya, a ONG Provea registrou uma média de dois protestos de rua por dia na Venezuela entre 1989 e 1999. Somente nos primeiros 11 meses do governo de Hugo Chávez Frías foram contabilizados quase mil protestos em todo o país (López Maya, 2002:9-13).

Portanto, a tentativa de golpe de Estado, liderada por Chávez ainda em 1992, é produto desse contexto maior de contestação do *status quo*. Embora fracassada, serviu para projetar nacionalmente a imagem do tenente-coronel no sentido de personificar algo que já se passava nas ruas. Em novembro desse mesmo ano, uma nova tentativa insurrecional ocorreu, igualmente fracassada, mas desta vez com uma maior articulação cívico-militar, liderada por Hernán Gruber Odremán, Luis

---

[58] Diga-se de passagem que isso não significou a vitória dos projetos populares sobre o neoliberal. Em muitos países latino-americanos, apesar de terem contado com grandes manifestações, a ponto, inclusive, de alguns presidentes terem sido derrubados, governos ainda mais neoliberais vieram a seguir, desencadeando um processo de repressão violenta e, muitas vezes, seus respectivos presidentes acabaram sendo reeleitos, como foram os casos da Argentina e do Brasil, por exemplo.

[59] Destaque para as manifestações de rua dos *buhoneros* (aqueles que trabalham no setor informal — majoritário na Venezuela); dos pensionistas e aposentados; das associações de vizinhos; e do movimento estudantil (López Maya, 2002).

Enrique Cabrera Aguirre e Francisco Visconsti Osorio, e com o apoio dos partidos Bandera Roja e Tercer Camiño.[60]

Toda essa crescente insatisfação não se converteu imediatamente num modelo contra-hegemônico para superar a crise. Os pleitos políticos (executivos e legislativos) foram marcados, ao longo desse período, por um crescente índice de abstenção. O panorama só começou a mudar com as eleições de 1998 e a candidatura formal de Chávez à presidência. Ao mesmo tempo, ainda nesse contexto do começo da década de 1990, o *puntofijismo* foi definitivamente enterrado. Outros partidos de esquerda tiveram a oportunidade de disputar eleições com reais possibilidades de vitória, como foi o caso do partido La Causa R que, segundo Ellner, aumentou notoriamente sua presença no cenário nacional depois de 1989. Já os partidos envolvidos na política tradicional e o movimento trabalhista controlado por estes perderam a credibilidade e o prestígio, pois não souberam responder às novas demandas crescentes na sociedade.

No interior das Forças Armadas, desde a década de 1970, Chávez e outros militares tinham tentado articular um movimento, o Ejército de Liberación del Pueblo de Venezuela (ELPV), que, segundo Maringoni, tinha por objetivo promover algum tipo de sublevação, mas a iniciativa não teve êxito (Maringoni, 2004:130). O Movimiento Bolivariano Revolucionario 200 (MBR-200) surgiu, em seguida, com a mesma perspectiva, sob a mesma liderança. O ideário desse movimento tinha como referência três heróis venezuelanos: Simón Bolívar, o Libertador; Simón Rodríguez, que fora tutor de Bolívar; e Ezequiel Zamora, "líder dos camponeses contra a oligarquia latifundiária durante a Guerra Federal das décadas de 1840 e 1850" (Gott, 2004:42). Foi o MBR-200 que esteve por trás do golpe frustrado de 1992. Depois do fracasso, o movimento desistiu da via armada. Nas eleições de 1993, seus líderes apostaram numa campanha pela "não participação" que cederia lugar, em 1998, à formação de uma coalizão de esquerda em torno da candidatura de Chávez. O MBR-200, que vinha angariando grande popularidade, transformou-se, então, no Movimiento V República (MVR) para disputar as eleições.

Em linhas gerais,

---

[60] Formado no início dos anos 1990 por dissidentes do PCV que atuaram na luta armada nos anos 1960 e 70.

este decênio [década de 1990] doloroso, de mudanças políticas, instabilidade e ingerência militar na Venezuela, contrastou com sua própria história e com a situação no resto da América Latina. As desordens ocorridas no país depois de 1989 eram pouco previsíveis, considerando seus 30 anos de estabilidade a partir de 1958 e a suposta força de suas instituições políticas. Em contraste com Argentina, Peru e Chile [e também o próprio Brasil] onde os eleitores reelegeram os presidentes em exercício no poder ou as coalizões do governo, a implementação de políticas neoliberais na Venezuela foi chave na desestabilização política. Em outro contraste, o papel ativo protagonizado pelos militares na política venezuelana dos anos 1990 diferencia muito da situação no resto da América Latina [Ellner e Hellinger, 2003:24].

O Polo Patriótico, que foi formado para disputar as eleições de 1998, articulava uma frente única de vários partidos de esquerda, tais como o Movimento V República (MVR), além do Pátria para Todos (PPT), La Causa Roja (LCR), grande parte do Movimiento al Socialismo (MAS) e do Partido Comunista (PCV). Entretanto, seu programa, denominado Agenda Alternativa Bolivariana, não era bem definido. Tratava-se, em certa medida, de uma pluralidade de indivíduos e organizações que encontraram em Hugo Chávez um fator de unidade e uma possibilidade de mudança em relação ao regime anterior, ao menos no que diz respeito a um governo mais voltado para as questões sociais. Se pudéssemos falar de uma ideologia bolivariana, esta se consituiria em torno, principalmente, da apropriação da figura de Simón Bolívar,[61] numa perspectiva nacionalista, anti-imperialista e antineoliberal.

A V República (pós-1998)

Segundo Maringoni, a vitória de Chávez no contexto das eleições de 1998 foi um marco na política venezuelana, pois representou uma ruptura com a política de conciliação das classes dominantes (expressa no Pacto de Punto Fijo) e das orga-

---

[61] Simón Bolívar foi apropriado, na Venezuela, por todas as classes sociais como um fator de unidade nacional. Dessa forma, em sua vertente mais conservadora, esvaziou-se sua figura de seu "conteúdo transformador e anticolonialista" (Maringoni, 2004:202), enquanto na resgatada por Chávez, por exemplo, ressalta-se a luta anti-imperialista e pela unidade de Nuestra América.

nizações policlassistas, em prol de organizações mais ancoradas em classes definidas. Nas palavras de Hellinger (2003:73):

> Chávez capitalizou a profunda desconfiança e raiva dirigidas àqueles que estavam associados ao antigo sistema, e a sensação da maioria dos pobres da Venezuela era de que ele era um deles. Este apelo especial às inquietudes de um setor da população representava um rompimento com o multiclassismo da política venezuelana anterior a 1989, quando o país se caracterizava pela fluidez de classes. A solidificação das atitudes e posições das classes depois de 1989, ainda que certamente estivesse longe de ser absoluta, forneceu o marco social para o surgimento do chavismo.

Entretanto, mais do que a referência a uma classe social no sentido marxista do termo, o bolivarianismo se constitui fundamentalmente a partir da referência aos pobres — legado das tradições nacionalistas de Nuestra América. Trata-se de uma base muito instável e desorganizada, condição que iria se transformando ao longo e com o apoio do governo.

O primeiro mandato de Chávez orientou-se mais para mudanças políticas do que econômicas. Foi marcado por eleições, referendos e plebiscito. A Assembleia Nacional Constituinte reconheceu os direitos indígenas, ambientais, ampliou o conjunto de direitos sociais, reorganizou os poderes públicos com a incorporação do Poder Cidadão, integrado pela Procuradoria e pela nova figura da Defensoria do Povo, inaugurou formas participativas de exercício da democracia, reconhecendo mecanismos de participação direta, como as assembleias de cidadãos e cidadãs, entre outras coisas (Lander, 2002 apud Maringoni, 2004:59). Segundo Luis Vieira, a tentativa de superação do modelo representativo liberal por parte da Constituição de 1999 pode ser percebida nos seguintes artigos: no papel assumido pelo referendo com atribuições para revogar legislações aprovadas (artigo 70);[62] no estabelecimento dos cinco poderes, somando aos tradicionais Executivo, Legislativo e Judiciário, o Cidadão e o Eleitoral;[63] na extensão do espaço de formulação das leis para além da

---

[62] No caso, temos a lei submetida ao consentimento popular. Os referendos podem ser o consultivo, o confirmatório, o ab-rogatório e o revocatório (artigos 71, 72, 73 e 74).

[63] Estes dois últimos foram construídos com a intenção de complexificar a relação de forças entre os tradicionais três poderes, inserindo instâncias de fiscalização e fomento à participação popular.

Assembleia Nacional, envolvendo os outros poderes citados, além de salvaguardar a atuação de um número determinado de eleitores inscritos (artigo 204); e na quebra do monopólio da legalidade pelo legislador, destacando a necessidade de haver o exercício democrático da vontade popular (artigo 3º), através de uma série de mecanismos, tais como, além da eleição dos cargos públicos, também o referendo, a consulta popular, a revocatória do mandato, a iniciativa legislativa, constitucional e constituinte, as assembleias de cidadãos e cidadãs cujas decisões serão de caráter vinculante, entre outros (artigo 70),[64] para ficarmos em alguns dos mais expressivos (Vieira, 2005:74-82; Constituição Bolivariana de 1999).

A Constituição de 1999, por outro lado, manteve a centralidade na figura do presidente e o intervencionismo do Estado na economia; reduziu o controle civil sobre os militares; permitiu a reeleição imediata; estendeu o mandato de cinco para seis anos e dissolveu o Congresso bicameral, transformando-o em uma única Assembleia Nacional (McCoy, 2004:279-280).

A nova institucionalidade democrática, a partir de então, combina, portanto, a promoção da participação e do protagonismo cívico ao lado da manutenção de um Executivo forte, personificado em sua liderança e que investe em canais extra-institucionais para aprofundar a relação direta com sua base social.[65]

No plano econômico, o governo manteve-se moderado, realista e pragmático, ou seja, mantiveram-se o pagamento da dívida externa e a dependência em relação à exportação do petróleo, com parcos investimentos na diversificação da produção e, além disso, a propriedade privada não foi contestada. A política social, por sua vez, também foi tímida até 2002. Nesses primeiros anos, sua carga de radicalização, portanto, ficou restrita realmente ao plano político. Houve também uma clara ruptura com a premissa *puntofijista* de dissolução dos antagonismos e diferenças e da omissão de possíveis conflitos em nome de

---

[64] Cabe lembrar que, na Constituição de 1961, a participação popular era restrita ao sufrágio universal, e o exercício da soberania, aos órgãos do poder público (Vieira, 2005:77).

[65] Com destaque para a mídia, em particular o programa dominical *Aló Presidente,* com duração de várias horas, no qual o presidente faz as considerações da semana e conversa com os cidadãos através do telefone. Além do programa, é válido ressaltar a relação estabelecida com as Forças Armadas, tornadas peças centrais na mediação entre o governo (em especial, o presidente) e a sociedade, sobretudo no âmbito dos programas sociais, como as *misiones sociales*, para os quais oferecem suporte físico, logístico e humano.

uma estabilidade e unidade políticas. O novo governo bolivariano se baseia num posicionamento claro na luta de classes da sociedade venezuelana, a favor das classes mais pobres. Não há, por parte do governo, a menor intenção de apaziguar os conflitos entre as classes ou se colocar como um árbitro acima delas. Ao contrário, o que há é uma retórica que incentiva os antagonismos — apesar de, na prática, em termos de política econômica, por exemplo, nesses primeiros anos não ter havido grandes esforços no sentido de mudança.

Dessa forma, o clima de tensão social gerado pelas primeiras medidas do governo de Chávez se deu muito mais em função da incorporação das demandas populares e dos próprios populares na política do que propriamente de uma mudança radical nas estruturas do país. A essa altura, ainda não se conheciam os rumos que o processo de mudanças sociais iria tomar; daí o fato de não ser descartado um possível caminho revolucionário que seria enunciado em 2001, no anfiteatro da Sorbonne, em Paris:

> O que é esse processo? Uma sequência de transições [...] Trata-se de uma mudança de situação, para não ficarmos nas mudanças de Lampeduza, em que tudo muda para que continue igual. [...] Não, não se trata de uma transformação. É mais estrutural, um fenômeno mais integral e pleno que isso; é uma revolução, não há outro caminho a não ser uma revolução. A América Latina não tem outro caminho senão a revolução [Chávez apud Maringoni, 2004:203-204].

A partir de então, o governo deu início a uma série de reformas que tinha por interesse fazer avançar o processo. Nesse mesmo ano, o presidente Chávez aprovou um pacote de 49 leis habilitantes[66] com intuito de reverter as reformas neoliberais postas em prática ao longo da década de 1990. Entre as mais importantes podemos citar:

---

[66] As leis habilitantes são um dispositivo, de caráter provisório, no qual as leis são aprovadas mediante a outorga do presidente. Para Maya, o uso das leis habilitantes foi um erro, pois comprometeu um debate mais aprofundado sobre o mérito das mesmas, além de ter repercutido na adesão de alguns setores à greve geral de que trataremos a seguir (López Maya e Lander, 2002:100).

Lei de Terras, a Lei de Pesca e a Lei dos Hidrocarbonetos, Lei de Cooperativas, Lei Geral dos Portos, Lei do Sistema Microfinanceiro, Lei do Setor Bancário, Lei de Aviação Civil, Lei do Sistema Ferroviário, Lei de Segurança Cidadã, Lei de Zonas Costeiras, Lei de Gás e Eletricidade, Lei da Marinha, Lei de Caixas de Poupança, Lei do Turismo, Lei do Fomento e Desenvolvimento da Pequena e Média Indústria, Lei do Estatuto da Função Pública e Lei de Licitações, entre outras [Maringoni, 2004:73].

Dessas leis, três merecem destaque: a Lei de Terras e Desenvolvimento Agrário, Lei de Pesca e Aquicultura e a Lei Orgânica de Hidrocarbonetos. A Lei de Terras criou o Instituto Nacional de Tierras (INT) e deu início a uma reforma agrária que desencadeou um conflito envolvendo as grandes organizações de produtores (Fedenagas, Fedeagro, Fegalago etc.), camponeses e o Estado. Os primeiros reivindicavam que as terras que o Estado utilizou para a reforma eram, na verdade, privadas e produtivas. No entanto, muitas dessas terras foram apropriadas por essas iniciativas privadas ao longo de décadas à revelia do Estado e, portanto, os proprietários não detinham a documentação necessária para evitar a desapropriação. Essas federações receberam amplo apoio da maior organização empresarial do país, a Fedecámaras.

Já a Lei de Pesca gerou também um grande impacto, pois atendeu às reivindicações históricas dos pescadores, que viam seu espaço de trabalho cada vez mais dominado pela pesca industrial e predatória. Essa lei garantiu e ampliou espaços exclusivos para a pesca artesanal. A Fenapesca (federação que representa as empresas envolvidas no ramo da pesca industrial) entrou com recursos na Justiça alegando a inconstitucionalidade da lei.

Finalmente, a Lei dos Hidrocarbonetos representou um fortalecimento do controle estatal sobre a produção petroleira. Teve por objetivo reverter o grau de autonomização adquirido pela PDVSA ao longo da década de 1990. Estabeleceu-se o "aumento dos repasses a título de *royalties* e impostos que o Estado, como seu único proprietário, deve receber" (Maringoni, 2004:76).

A virada do governo pode ser vista também em outras medidas:
1) *No fomento à formação de cooperativas de trabalhadores e vizinhos*. Segundo Ellner, em maio de 2005, 300 mil trabalhadores desempregados se graduaram

na *misión* Vuelvan Caras e, a partir de então, formaram várias cooperativas urbanas e rurais, recebendo investimentos do governo (Ellner, 2006:85).

2) *Nos incentivos à cogestão em empresas nacionais e privadas.* O projeto Empresas de Producción Social (EPS), encabeçado pelos Ministérios para la Economía Popular (Minep) e para las Industrias Básicas y Minería (Mibam), é expressão dessa iniciativa do Estado de estabelecer a gestão conjunta com os trabalhadores. A estatal CVG Alcasa (Aluminios Catalán S.A.) é uma experiência modelo do programa. Além desta, há exemplos de empresas recuperadas, isto é, empresas falidas que foram nacionalizadas e/ou reabertas a partir de uma aliança entre trabalhadores e o Estado. Segundo Paulo Marques, com base em um boletim publicado pela CVG Alcasa em 2005, "já foram desapropriadas mais de uma centena de empresas que estavam fechadas para reabri-las como Empresas de Produção Social" (Marques, 2006:38).

3) *Na delegação/atribuição de papéis deliberativos e executivos a comissões de moradores,* como os comitês de terras (encarregados de realizar reconhecimento de terrenos, distribuição de títulos de terra a residentes de longa data e delimitar áreas públicas com fins recreativos) e de *água* (cuja função é a formulação e execução de projetos de obras públicas em comunidades) (Ellner, 2006:86).

4) *No desenvolvimento do projeto das misiones sociales.*[67]

5) *No incentivo à formação dos próprios consejos comunales,* que analisaremos em detalhe adiante.

Como repercussão dessas medidas, explodiu, em 2002, uma série de protestos, entre os quais, locautes de comércio, *paros nacionales* (greves) e a tentativa de golpe de Estado em abril. Como Vicente Ribeiro chama nossa atenção,

o primeiro período do governo Chávez pode ser caracterizado como de mudanças institucionais, cujas disputas definiram-se sobretudo no terreno eleitoral.

---

[67] As *misiones sociales* foram nosso objeto de pesquisa em trabalho monográfico para obtenção do título de bacharel em história, com o título "Misiones sociales e poder popular na Venezuela bolivariana" (2008), pela Universidade Federal Fluminense. São programas sociais que associam as reformas à atuação protagônica e organizada das classes populares. Ver capítulo 3 deste livro.

A partir de 2001, suas medidas passam a afetar os principais setores da classe dominante, abrindo um período de aguda disputa hegemônica [Ribeiro, 2008:3].

A Fedecámaras e a CTV foram as principais forças por trás da convocação dos *paros nacionales*, em 10 de dezembro, quando da aprovação por decreto das 49 leis habilitantes, e no dia 9 de abril, este último durando até o dia 11, quando estourou o golpe de Estado. Liderado por Pedro Carmona, presidente da Fedecámaras, o golpe contou também com amplo apoio da mídia (nacional e internacional) e das classes médias.

Maringoni (2004:32-33) chega a dizer que o golpe de 2002 foi midiático:

a maneira como as marchas oposicionistas são mostradas — de modo a sempre inflar o número de participantes — e a quase total ausência da cobertura de manifestações pró-governo formam apenas um dos muitos aspectos envolvidos no papel da mídia.

Durante o mês de abril desse ano, as emissoras, em aliança com os golpistas, prepararam a antessala do golpe. Trocaram sua programação regular por discursos antichavistas e convocações aos espectadores para ocupar as ruas: "*Que se vá!*" e "*Nenhum passo atrás. Saia!*".

Mais um exemplo do relevante papel da mídia no golpe está no fato de que, na noite em que os conspiradores deram o golpe, eles se reuniram nos estúdios da Venevisión, de onde comemoraram abertamente a "renúncia" de Chavéz e assinaram o decreto que empossou Carmona e dissolveu a Assembleia Nacional. Diante de um quadro não muito claro do que aconteceu, já que não houve uma renúncia oficial e sim o desaparecimento do presidente, a população começou a reagir. A mídia, contudo, promoveu um apagão noticioso. Segundo Andres Izarra, na época gerente de produção da RCTV, ele teria recebido ordens para não veicular qualquer informação "sobre Chavéz, seus ministros ou qualquer pessoa que possa ser relacionada a ele". Quando o "palácio [Miraflores] foi retomado pelos chavistas e o presidente retornava, as notícias foram trocadas por *Pretty woman* e desenhos de Tom e Jerry" (Costa, 2007:30).

Vale notar a complacência da mídia internacional e, inclusive, de Estados nacionais, com relação ao golpe. Estados Unidos, Espanha e Peru saudaram explicitamente a posse de Pedro Carmona. Segundo o *The New York Times*, a derrocada de Chávez representou uma queda do preço dos barris de petróleo. *El País* e *O Estado de S. Paulo* também engrossaram as fileiras dessa propaganda antichavista e a favor do golpe. Como Maringoni menciona em seu livro, este último jornal atribuiu ao golpe o caráter de um movimento cívico-militar para depor um governo contrário à institucionalidade democrática (Maringoni, 2004:43).

O retorno de Chávez ao poder não significou o fim das mobilizações. No dia 2 de dezembro, a oposição deu início a uma nova greve geral. Esta última, conhecida como a greve petroleira — pois contou com, entre outras empresas, a paralisação da PDVSA —, durou dois meses, acarretando sérios danos para a economia. Estima-se que cerca de US$ 7 bilhões tenham deixado de entrar no país nesse período.

O plano [da greve petroleira] não era um grande segredo. Parando a produção de petróleo e outras mercadorias (incluindo a cerveja) e, logo, fechando as escolas e hospitais do país, aqueles que apoiavam a greve acreditavam que o caos resultante separaria a maioria do país de Chávez e o obrigaria a renunciar ou, no mínimo, a convocar eleições imediatas. Como de costume, tinham confiança que eles ganhariam e voltariam ao poder. Claro que tiveram êxito em criar o caos, contudo, mais uma vez, o tiro saiu pela culatra [Ali, 2007:84].

Foi em reação a essa greve que o governo, numa ofensiva, retomou o poder sobre a PDVSA. Mais de 5 mil funcionários foram demitidos até o final de janeiro de 2003 sob a acusação de "sabotadores", incluindo a diretoria da empresa. No total, segundo Maringoni, foram demitidos 18 mil funcionários, entre grevistas e funcionários considerados supérfluos (Maringoni, 2004:189).

Todo esse clima de tensão culminou, então, na convocação de um referendo revogatório, que acabou sendo realizado em 2004, no qual Chávez, debilitado, se viu ameaçado de perder o cargo de presidente. Foi então, a partir desse momento, contando agora com os recursos advindos da PDVSA e com intuito de fortalecer suas bases de apoio, que o governo voltou-se, finalmente, para os programas sociais, os quais tiveram uma importante expressão nas chamadas *misiones sociales*. Desse modo, imprime-se um novo sentido à redistribuição dos recursos advindos do petróleo, agora voltados para a diminuição das desigualdades sociais e para a melhoria das condições de vida das classes populares. Mas, apesar de algumas mudanças, muitas das vulnerabilidades presentes no regime de Punto Fijo permanecem como vulnerabilidades do novo regime bolivariano.

Uma delas é que o governo continua dependente das rendas do petróleo para avançar com seu processo transformador. Algumas medidas mais radicais foram tentadas, por exemplo, com a proposta da Reforma Constitucional de 2007, derrotada na Assembleia Nacional. Na ocasião, previa-se, entre outras coisas, a institucionalização de outros tipos de propriedade, para além da propriedade privada — como as *propriedades comunales* —, o fim da autonomia do Banco Central, a proibição dos latifúndios e monopólios, a redução da jornada de trabalho para seis horas, a extensão da aposentadoria social aos trabalhadores informais e a autonomia das universidades. Porém, alguns pontos polêmicos da reforma, como os referentes às reeleições consecutivas, à concentração de superpoderes nas mãos do presidente da República, incluindo o direito de decretar estado de exceção sem necessitar da aprovação do Superior Tribunal de Justiça, entre outros, contribuíram para que perdesse no referendo ao qual foi submetida.

Posteriormente, o governo acabou conseguindo aprovar algumas dessas medidas em um novo referendo, não mais em bloco, e a questão da reeleição indefinida foi aprovada, em 2009 — razão de críticas nas mídias devido ao fato de considerarem que isso representava uma escalada autoritária do governo.

Gradativamente, as mídias constituem-se como os principais espaços da batalha política, o que pode representar, mais uma vez, um enfraquecimento suplementar das instituições políticas. Não há diálogos entre governo e oposição. Cada um reproduz apenas um lado da história e o outro é demonizado. Ao invés de argumentos, há acusações. Em momentos críticos como os referendos — que geralmente são baseados numa resposta "sim" ou "não" — a sociedade se divide de maneira bipolar e o enfrentamento nas ruas é comum, com passeatas reunindo milhares de cidadãos de ambos os lados.

O Executivo torna-se cada vez mais forte e personalizado — sobretudo depois da aprovação da reeleição indefinida — e o povo é conclamado cada vez mais a se posicionar e a participar de alguma forma da construção desse socialismo do século XXI. Os ganhos sociais aumentam significativamente, mas a economia continua presa ao petróleo, e muitos problemas estruturais da sociedade venezuelana persistem.[68]

Um dos maiores diferenciais do governo bolivariano tem sido, em grande medida, o incentivo à participação popular propriamente dita. Além dos dispositivos constitucionais que visam fomentar a participação nas instituições políticas, a participação popular tem sido determinante nos momentos mais críticos: nos referendos, durante as greves convocadas pela oposição, na reversão do golpe de Estado de 2002 e nos comícios, passeatas e manifestações públicas das mais variadas.

É sobre este aspecto, em particular, que vamos nos debruçar com maior profundidade, isto é, a participação popular — que nos últimos anos vem ganhando o contorno de uma "democracia participativa e protagônica". Como já tivemos a oportunidade de mencionar, o objetivo é observar como esse processo se manifesta na prática a partir do estudo de caso de um bairro de Caracas. Desse modo, antes de aprofundar uma reflexão sobre essa experiência em particular, acreditamos ser necessária e interessante uma viagem pela história da *parroquia* 23 de Enero, para compreendermos um pouco mais as tradições que antecedem a chegada de Chávez ao poder e, com isso, observarmos, por outra perspectiva, os sentidos que esse novo governo e que esse projeto foram adquirindo no território em análise — palco de intensas lutas sociais e hoje considerado um dos grandes bastiões do governo.

---

[68] A violência é um deles. Caracas se mantém como uma das capitais mais violentas do mundo. Além disso, o preço irrisório do combustível, que sustenta o consumo perdulário; a crise de abastecimento alimentar; o confronto com a mídia — sendo o governo acusado de programar censuras e perseguições; a denúncia de haver presos políticos, entre outros.

Capítulo 2

Parroquia 23 de Enero: história das lutas sociais em um bairro de Caracas

Prazer, 23 de Enero

Durante a pesquisa para nossa monografia de conclusão de curso sobre as *misiones sociales* na Venezuela, um dado chamou a atenção: a significativa incidência desse projeto numa *parroquia* chamada 23 de Enero, localizada no município Libertador, na Zona Oeste da Região Metropolitana de Caracas.[69]

Como as *misiones sociales* estão fortemente atreladas à organização popular, era possível deduzir que se tratava de uma região que contava com algum tipo de organização local. Outra evidência desse aspecto é que essa mesma *parroquia* já foi tema de vários documentários, entre eles, *Outra maneira é possível... na Venezuela* (2002) de Elisabetta Andreoli, Gabriele Muzio e Max Pugh, no qual foram feitas várias entrevistas com lideranças da região, além de um passeio pela comunidade; *Venezuela rising: a lesson in participatory democracy* (2006), dirigido por Jennifer Wager, que tem a *parroquia* como objeto central para analisar a mobilização

---

[69] Caracas está localizada no município Libertador (Distrito Capital), porém a chamada Zona Metropolitana de Caracas (grande Caracas) abarca também os municípios de Baruta, Chacao, El Hatillo e Sucre. O palácio Miraflores está localizado na *parroquia* Catedral. No município de Chacao estão algumas das *parroquias* mais ricas de Caracas, como Altamira e Chacao. A *parroquia* 23 de Enero faz fronteira ao leste com a *p*arroquia Catedral, ao norte com a *parroquia* La Pastora, ao sul com a *parroquia* San Juan e a oeste com a *parroquia* Sucre (figura 3).

popular em favor de Chávez no contexto do referendo revogatório de 2004; e o documentário *Fuegos bajo el agua* (2009), de Lenin Brea e Nuria Vila, que fala sobre a história da *parroquia*, conhecida como *zona vermelha* pelos organismos de segurança do Estado por ser marcada por diversas lutas sociais. Chávez, em uma das aberturas de seu programa dominical *Aló Presidente*, assim classificou o bairro: "Aqui vive o espírito rebelde de um povo, o espírito rebelde e eterno; a rebeldia perene, poderíamos dizer que radica, que vive nestas montanhas, nestas comunidades populares do 23" (Chávez, 2010a:1).

Figura 3 | Mapa dos municípios e *parroquias* de Caracas

1. Altagracia
2. San José
3. San Bernardino
4. Catedral
5. Candelaria
6. Santa Teresa
7. San Agustín

Fonte: <www.fonisol.com/es/venezuela/>. Acesso em: 18 maio 2011.

Como nossa intenção é fazer uma discussão sobre poder popular e a "democracia participativa e protagônica" no contexto do chavismo, a *parroquia* 23 de Enero nos pareceu um espaço interessante para fazer um estudo de caso. Ao investigar sobre a região na internet, deparamo-nos com uma página chamada El 23, no endereço <www.el23.net>, idealizada e gerenciada por Gustavo Borges, que define o sítio como "coletivo de comunicação visual e social nascido nas entranhas de uma favela da capital venezuelana, que encontrou na união dessas duas ferramentas a chave para explicar a 'retrospectiva de uma favela latino-americana'" (Borges, 2009). Nesse local, encontramos um pouco da história da *parroquia* e um rico conteúdo jornalístico sobre um conjunto de atividades políticas e comunitárias desenvolvidas pela comunidade, o que permitiu que tivéssemos acesso a um conjunto maior de informações sobre o bairro.

De igual forma, não faltam relatos de viajantes de todo o mundo — EUA, México, Argentina, Espanha, Noruega — falando sobre suas experiências no 23 de Enero com grande destaque para a organização popular existente e seus murais políticos, que fazem referência às lutas revolucionárias e ao "espírito do 23" — data na qual o ditador Marcos Pérez Jiménez (1952-1958) foi derrubado depois de ampla mobilização popular. Che Guevara, Simón Bolívar, Simón Rodríguez, o movimento de Chiapas, Ali Primera e os chamados *"combatientes del 23"* (aqueles que morreram nas lutas sociais travadas na *parroquia*), compõem os vários painéis distribuídos por toda a região.

Além disso, o 23 é conhecido também por seu perfil arquitetônico. Os grandes blocos de edifícios, ou blocos, idealizados por Carlos Raúl Villanueva nos anos 1950, durante a ditadura do próprio Pérez Jiménez, chamam a atenção de qualquer viajante que chega a Caracas e podem ser vistos de diferentes pontos da cidade. Os terraços e as centenas de apartamentos foram espaços profícuos para a atuação da luta armada ao longo da segunda metade do século XX.

Localizada na interseção do Centro com a Zona Oeste, próxima ao palácio Miraflores, a *parroquia* 23 de Enero foi palco de intensos conflitos. Durante o período da IV República (1958-1998), era conhecida como uma trincheira de resistência ao governo e, portanto, viveu anos de intensa repressão. Já nos tempos de Chávez, tornou-se um dos mais simbólicos bastiões de sustentação do governo, a ponto de o próprio presidente ter transferido sua zona eleitoral para o Liceo Manuel Palacio Fajardo, na Zona Central da *parroquia*, e de ter realizado pelo menos quatro programas *Aló Presidente* na região.[70] Reza a lenda popular

---

[70] O programa nº 179, na praça Cristo Rey, em 25/1/2004; o programa nº 227, na sede do Instituto Nacional de Capacitación y Educación (Ince), em 3/7/2005; o programa nº 359, em Monte Piedad, em 30/5/2010; e o programa nº 369, no setor Flores de Catia, em 9/1/2011. Destaque também para o programa nº 363, quando o presidente, via satélite, inaugurou uma empresa de propriedade social (Empacotadora de Açúcar El Panal 2021), na Zona Central do 23 de Enero, em 9/8/2010.

que, hoje, o 23 de Enero teria a função de proteger o presidente em seu palácio, dada a proximidade geográfica.

Figura 4 | Vista para o palácio Miraflores do setor La Piedrita, *parroquia* 23 de Enero

Fonte: arquivo pessoal da autora (jan. 2010).

A existência de coletivos políticos, organizações armadas egressas da guerrilha urbana que se desenvolveu ao longo dos anos 1960 e 70 e do combate ao narcotráfico nos anos 1980 e 90, torna a *parroquia* um dos lugares mais temidos pelo cidadão comum e, ao mesmo tempo, mais emblemático da luta popular, conforme veremos em detalhe ao longo deste capítulo.

Apesar de o último censo de 2001 afirmar que se trata de uma região com cerca de 80 mil habitantes, outras estimativas contabilizam uma população que varia de 200 mil a 500 mil pessoas.[71] Para chegarmos a esses números, podemos fazer o seguinte cálculo: os blocos (38 superblocos de 15 andares, que variam de 150, 300 e 400 apartamentos, além de 42 blocos pequenos de quatro andares) somam mais de 9 mil apartamentos construídos *originalmente* para atender a uma população aproximada

---

[71] Em 2007, havia uma estimativa de 500 mil habitantes. (Disponível em: <www.el23.net>. Acesso em: 18 maio 2011.) Já o Concejo Metropolitano de Planificación de Políticas Públicas (CMPP) estima em 200 mil. (Disponível em: <cmpp.gob.ve>. Acesso em: 18 maio 2011.)

de 60 mil habitantes. Em 1971, o Informe Nacional de Barrios da Fundacomun estimava uma população de 113.865 mil habitantes (Pacheco, Alvarez e Roman, 1987:77). Quer dizer, ao longo da segunda metade do século XX, essa população obviamente cresceu e, além disso, nas chamadas "áreas verdes" dos edifícios se multiplicaram dezenas de *barrios* — ou seja, comunidades formadas por casas construídas de maneira improvisada, unifamiliares, bifamiliares e multifamiliares. Atualmente são mais de 30 *barrios* ao redor dos blocos com centenas de moradias cada um.

A *parroquia*, portanto, tem a população de uma pequena cidade, apesar de seus 2,31 km². Entre seus principais setores, podemos destacar: no extremo leste (onde faz fronteira com a *parroquia* Catedral), Caño Amarillo, Monte Piedad (blocos 1-14) e La Planície (Cuartel Cipriano Castro). Mais a oeste, próxima à estação de metrô Agua Salud (principal acesso à *parroquia*), na avenida Sucre, onde faz fronteira com a *parroquia* La Pastora (base da montanha para onde cresceu o 23 de Enero), está uma região mais cêntrica, onde se localizam os setores *barrio* Sucre, La Cañada (blocos 15-21) e Zona Central (blocos 22-30). Para subir a montanha partindo de Agua Salud, temos duas vias principais: pela esquerda, pela rua Real La Cañada, que divide o *barrio* Sucre do setor La Cañada (à esquerda está o *barrio* e à direita estão os blocos), e pela direita, pela Zona Central. Na primeira opção, no final da rua está uma interseção (rotatória): à esquerda, segue-se para Monte Piedad; ao nordeste, para La Planície; ao noroeste, para o Observatório Cagigal; e à direita, para o setor Sierra Maestra (blocos 54-56). Este último é cortado pela rua principal Sierra Maestra, que termina em uma nova interseção. No começo desta rua, na esquina, junto à rotatória, está o setor La Libertad, um conjunto de edifícios menores construídos nos anos 1980. Se subirmos a montanha pelo leste, pela parte central, chegaremos à mesma interseção (rotatória), na qual termina a rua Sierra Maestra. Continuando na direção leste, há três ruas principais que correspondem aos blocos 37-44, e, mais no topo, Mirador (blocos 45-51), todos os três setores com saída para a *parroquia* Sucre. Finalmente, no extremo norte, está localizado o setor Observatório, que vai desde o Observatório Cagigal citado anteriormente até Mirador (onde faz fronteira com a *parroquia* San Juan).

Vale lembrar que nos setores onde estão identificados os blocos, há também a existência de dezenas de *barrios* em seu entorno. Para citarmos alguns, no setor Monte Piedad, além dos blocos, há os *barrios* El Carmen, El Descanso, El Limón,

Los Hornitos, Museo Histórico Mata Palo, El Redentor, entre outros. No setor Sierra Maestra há os *barrios* Brisas a Primavera, La Piedrita, Santa Clara, Santa Rosa, El Porvenir, Santa Eduviges, Las Veredas, Los Arbolitos, Cristo Rey e outros. Na Zona Central, há os *barrios* Camboya, El Diamante, entre outros. No setor Mirador, há o El Pueblito, La Ladera, Ladera Dos, entre outros. Na Zona E, há o *barrio* Los Higuitos. No Observatório, Las Delicias, La Piñas, El Viento, Alfredo Rojas, Andrés Eloy Blanco, Cagigal, Puerta Grande, El Cañol, e assim por diante.

A *parroquia* possui várias entradas e saídas, o que a torna ainda mais estratégica do ponto de vista das lutas sociais. Por mais que tenha sido projetada com ruas largas, por onde fosse possível transitarem veículos militares, como tanques, essa "arquitetura de controle" não foi suficiente para impedir barricadas, queimas de pneus, de lixo, de veículos durante as manifestações que ocorreram, principalmente, durante a IV República — período no qual o estado de sítio foi proclamado 21 vezes.

Já durante o governo Chávez, com seus sistemáticos incentivos à formação de instituições de base nas comunidades mais pobres a partir da defesa da construção de uma "democracia participativa e protagônica", a *parroquia* 23 de Enero acabou se revelando como uma das que melhor respondeu ao chamado do presidente, devido à sua longa trajetória de organização, o que faz da mesma um objeto interessante para refletir sobre a dinâmica *desde abajo* das lutas populares na Venezuela antes e depois de Chávez.[72]

Da história às histórias: memórias subterrâneas do 23 de Enero

Quando perguntamos a muitos moradores a respeito da origem da *parroquia* 23 de Enero, a grande maioria começou a história com o megaprojeto habitacional do ditador Marcos Pérez Jiménez (1952-1958). Talvez, o peso do nome, data na qual o ditador foi derrubado, torne imperativa uma referência à origem não daquela região em si, mas daquela região enquanto 23 de Enero propriamente dito. Outra

---

[72] Cabe destacar que a *parroquia* 23 de Enero é considerada um reduto chavista, o que não significa que todos os seus moradores apoiem o governo. Ao contrário, há muitos antichavistas também — que, no entanto, encontram poucos espaços para se expressar. Essas tensões ficarão evidentes ao longo deste e do próximo capítulo.

razão pode ser o fato de a maior parte dos entrevistados ter entre 30 e 50 anos e suas famílias terem ido viver no 23 a partir de Pérez Jiménez ou mesmo posteriormente à sua queda — portanto, um passado mais longínquo teria se perdido com a construção dos grandes blocos.

Por outro lado, as monografias às quais tivemos acesso — uma delas contando com mais de mil páginas de entrevistas transcritas feitas nos anos 1980 — e que falam sobre os "antecedentes históricos" da *parroquia* tampouco nos oferecem muitas contribuições a respeito desse passado. A maior parte das referências ao assunto é recopilação de dois capítulos de um livro de cerca de 80 páginas, organizado pela Fundación para la Cultura y las Artes de la Alcaldía de Caracas (Fundarte), fruto de um projeto sobre a história dos bairros de Caracas. Chama-se *El 23 de Enero* e não tem data de publicação, mas seu prefácio é de 1990.

Portanto, a história oficial da *parroquia* teria início a partir da construção dos blocos pelo ditador. Porém, gera certo desconforto aceitar que o nascimento do 23 de Enero tenha sido realmente por decreto, de fora, por um ditador, para construir um grandioso complexo habitacional. Ora, antes da construção dos grandes blocos de concreto, não havia ali um território desabitado, mas sim famílias, casas, ruas, lendas, cultura, histórias. Não podemos, sequer, entender o significado do seu nome sem compreendermos a história dos sujeitos que estavam à frente daquele movimento.

A própria viabilização do projeto de Pérez Jiménez foi feita com o suor de muitos moradores daquela região, conforme destaca o historiador José Roberto Duque (2010) em seu blog *El Discurso del Oeste*:

A História Oficial, incluída neste tempo, segue glorificando e escrevendo com letras douradas o nome do senhor arquiteto que copiou de Le Corbusier, mas em nenhuma parte estão escritos os nomes do senhor que colocou o cadeado no bloco 20-21, do operário que morreu ao se desprender de um andaime no bloco 9, da senhora que cozinhava o café da manhã a cada dia aos irmãos que frisaram e pintaram o bloco 50, dos homens e mulheres que organizaram a primeira Associação de Vizinhos no Sete Machos, dos fundadores da primeira linha de transporte [...]. Estes detalhes e personagens anônimos são os que dão forma à História do Povo do 23 de Enero.

Além disso, será que a remoção das moradias para a construção dos blocos não encontrou algum tipo de resistência por parte da população? Se houve, por quais razões? Quais garantias aqueles moradores tinham de que seriam realocados? E os anos de história que estavam sendo postos abaixo? Como reagiram as diversas organizações civis e políticas que já haviam se constituído naquela região?

Apesar de não contar com muitos recursos para recuperar essa história, acreditamos que ela deveria fazer parte deste capítulo, mas sem a roupagem de "antecedente histórico", e sim como parte do processo de construção da representação da *parroquia* como um terreno de lutas políticas e organização popular.

Para tanto, não basta analisarmos o desenvolvimento de seu comportamento político, mas recuperar os valores, normas, crenças, tradições, em suma, o universo cultural comum que é partilhado por esse grupo de moradores, num processo de consolidação que atravessou gerações. A partir das tradições da "descrição densa" da antropologia interpretativa de Clifford Geertz (1973) e aprimorado com as contribuições de Berstein (1998) a respeito de seu conceito de "cultura política", passamos a compreender os sentidos da organização popular e da participação política a partir de um leque mais amplo de dimensões. Nesse sentido, torna-se imprescindível o resgate atento e aprofundado do passado mais longínquo em que esses traços começaram a ser delineados, bem como seu processo de desenvolvimento, sem perder de vista a pluralidade que lhe é inerente, tanto no que diz respeito aos diferentes sujeitos envolvidos quanto no que respeita aos diversos sentidos que essa representação vai adquirindo ao longo do tempo, de acordo com as demandas do presente.

Portanto, só podemos compreender o significado do dia 23 de janeiro de 1958 — e seus desdobramentos futuros — para a *parroquia* se recorrermos a essa história prévia, quando estavam se constituindo suas tradições de organização. Afinal, a queda do ditador não foi vivida somente pelos moradores daquela região, mas contou com a participação de amplos setores da sociedade. Por que, então, teve um significado diferente para aqueles moradores do então conjunto habitacional Dos de Diciembre, a ponto de fazer com que eles mudassem seu nome para o dia da queda do ditador que, em princípio, foi o responsável pelo seu nascimento?[73]

---

[73] A mudança de nome não foi exclusiva da *parroquia* em questão. Outras regiões no país embarcaram na onda comemorativa da queda do ditador Marcos Pérez Jiménez e também mudaram seus nomes para essa data, por motivos que não cabem no presente livro. Ainda assim, a *par-*

A construção dos blocos e superblocos — processo de que falaremos mais adiante — significou, em grande medida, a remoção e a demolição de muitos "pontos de referência", para utilizarmos os termos de Maurice Halbwachs (1990) ou "lugares de memória", segundo Jacques Le Goff (1996), de muitas famílias que se instalaram naquela região à própria custa, levantando suas casas com seu suor e trabalho, construindo suas histórias, sem qualquer auxílio do Estado — um processo que teve início no final do século XIX e se estendeu até os anos 1950, quando do início das obras do projeto *perejimenista*.

Por baixo da inauguração da primeira etapa da *urbanización*[74] Dos de Diciembre, em 1955, jaziam, portanto, várias histórias que começaram muito antes da data oficial e se mantiveram vivas como "memórias subterrâneas" (Pollak, 1989, 1992) — memórias que são aspectos constituintes do processo de formação da cultura política local.[75] Michael Pollak destaca que, em momentos de crise, essas memórias subterrâneas, subalternizadas, que coexistem com a memória oficial, entram em disputa e concorrem com esta última. É provável que o dia 23 de janeiro de 1958 represente um desses momentos de crise, no qual foi possível que uma dessas memórias subalternizadas ganhasse força a ponto de apropriar-se do maior feito do ditador, convertendo-o em um símbolo de luta e combatividade que, diga-se de passagem, não nasceu nos sucessos daquele dia, mas advém de uma tradição pouco conhecida daqueles homens e mulheres, pioneiros, que deram vida àquela região no oeste da capital.

A título de ilustração, por exemplo, Leonardo Aguerrevera, habitante do setor La Libertad nos anos 1980, dizia que

> no ano de 1958, o 23 de Enero era uma das parroquias mais lutadoras de Caracas. [...] Viam-se o saque, a violência, a queima de lixo, [...] a mobilização, [...] a bomba molotov que, para essa época, era uma bomba incendiária [Pacheco, Alvarez e Roman, 1987:57].

---

roquia 23 de Enero, de Caracas, pode ser considerada a mais emblemática dessa representação, haja vista seu reconhecimento nacional e internacional como um bastião de lutas políticas e movimentos sociais.

[74] *Urbanización* é o equivalente a um conjunto habitacional.

[75] Angela de Castro Gomes (2007) tece importante contribuição ao trabalhar com o conceito de "cultura histórica" para pensar a leitura que os homens e mulheres fazem de seu passado no âmbito de determinada cultura política.

Após a queda do ditador, um novo período se iniciou, novas tensões se formularam entre a memória oficial e a memória subterrânea da *parroquia*,[76] entre a democracia *puntofijista* e a guerrilha urbana, entre o Estado e o povo. Nesse ínterim, as representações da *parroquia* ganharam novas dimensões, transformaram-se diante dos novos conflitos, mas evoluíram sem perder suas âncoras com o passado.

A intenção não é partir de um esforço teleológico que observa determinado comportamento político no presente e vai buscá-lo no começo do século, como se sempre se encontrasse ali ou estivesse fadado a acontecer. Ao contrário, trata-se de chamar a atenção para o complexo processo social que está por trás da figura de Hugo Chávez e de seu governo, um processo que não tem início em 1998, mas décadas atrás. Desse modo, podemos imprimir um novo sentido ao apoio e sustentação oferecidos ao presidente no presente, escapando de soluções simplistas que analisam essa relação pela via *populista*, da alienação e manipulação das classes populares.

Portanto, em síntese, neste capítulo buscaremos perpassar, de alguma forma, todos esses momentos, observar as tensões entre transformações e continuidades, analisar os conflitos e compreender o complexo processo de consolidação dessa representação da *parroquia* como um espaço de organização política e de lutas sociais cujos desdobramentos foram os responsáveis pela escolha desta última para fazer um estudo de caso a fim de pensar a prática social da "democracia participativa e protagônica".

Um convite

Durante os três meses em que vivemos na Venezuela fazendo trabalho de campo, tivemos de enfrentar um desconfortável silêncio a respeito da história de um lugar que é ícone de muitas lutas políticas e referência nacional e internacional de organização popular. Por essa tradição, acreditávamos que não faltariam referências ou estudos sobre a *parroquia* 23 de Enero. Ledo engano. Para muitos moradores com quem conversamos de maneira informal, esse silenciamento tem um sentido político

---

[76] Mesmo dentro da *parroquia*, são várias as memórias que coexistem em permanente tensão.

claro e tem a ver com a relação estabelecida entre a *parroquia* e os governos que sucederam a ditadura de Pérez Jiménez, num processo que trataremos mais à frente.

É interessante notar que, conforme destaca Pollak, o silêncio ocupa um papel central na construção da memória e de maneira alguma é ingênuo. O não dito é produto de um processo de seleção — consciente ou inconsciente — daquilo que vai representar determinado grupo ou nação e responde fundamentalmente ao contexto no qual está imerso (Pollak, 1992). Nos tempos de democracia *puntofijista*, o interesse dos estudos do meio acadêmico sobre a *parroquia* residia, sobretudo, na temática sobre a violência, epíteto da mesma durante esses tempos.[77]

Por outro lado, com a crise do Pacto de Punto Fijo, o início da V República, a construção de novas universidades (as chamadas universidades bolivarianas) e o apoio do governo a projetos voltados para a historia dos *barrios* e das lutas sociais, houve uma inversão no sentido de uma busca por tornar as memórias subterrâneas em oficiais. Sobre este último aspecto, destacamos, por exemplo, a *misión* Cultura, vinculada ao Ministerio del Poder Popular para la Cultura, que recentemente esteve engajada em um projeto de histórias locais, baseado em depoimentos de moradores de uma dada região, com intuito de resgatar uma história até então não oficial e contribuir para a construção de uma identidade local. Na *parroquia* 23 de Enero, houve também outro projeto apoiado pela Fundarte, coordenado por Gustavo Borges e José Roberto Duque, no qual foram feitas, e registradas em arquivos audiovisuais, várias entrevistas com os moradores. O acesso a esse material ainda é limitado, porém abre uma importante brecha para discutir as outras histórias que fazem parte da grande história da *parroquia* sobre as mais variadas dimensões da região, com destaque para suas organizações de base e produções artísticas (em especial, os murais políticos pintados nas paredes dos edifícios).

O curto espaço de tempo de pesquisa na Venezuela e o fato de o cerne deste livro ser o de analisar, em particular, a experiência dos *consejos comunales*, nos impediram de debruçarmos-nos de maneira mais aprofundada no resgate dessa

---

[77] Na Universidad Central de Venezuela (UCV), por exemplo, persiste até hoje um distanciamento dos estudantes em relação às temáticas relacionadas aos movimentos sociais. Inclusive, os estudantes universitários dos centros tradicionais de ensino (UCV, Universidad Catolica Andrés Bello e outras) são um dos mais importantes segmentos de oposição ao governo — questão que merece uma discussão mais aprofundada, mas que, para este livro, é tocada apenas superficialmente no capítulo seguinte.

história que pouco a pouco começa a ser contada, em especial, aquela que antecede a ditadura de Pérez Jiménez — um caminho que poderia ser trilhado a partir da análise de cronistas de época, da história oral e da consulta a jornais. Esse é um trabalho que ainda precisa e merece ser feito. Lançamos aqui mais uma sistematização em relação ao que já foi escrito, com a expectativa de que a provocação surta efeitos e contribua para o desenvolvimento dessa pesquisa em momentos seguintes.

O passado presente

O território que atualmente corresponde à *parroquia* 23 de Enero fez parte, até os anos 1960, da *parroquia* Catedral e da *parroquia* Sucre e era composto, inicialmente, pelos *barrios* Monte Piedad, Colombia, Canarias, La Cañada, La Planicie, Cerro de Belén, Las Flores e Puerto Rico (Barreto, 1990:16).

Monte Piedad foi uma das primeiras *barriadas*[78] construídas ao final do século XIX, durante o governo do presidente Joaquin Crespo (1892-1898), nas margens da ferrovia Caracas-La Guaira.[79] Segundo autores,

> suas ruas eram de terra e as moradias escassas, algumas delas eram utilizadas como pensões e prostíbulos. As paredes das casas eram de juncos e barro, seus pisos de ladrilho e a base de cimento, e rodeadas por grandes extensões de terra que eram utilizadas para a criação de animais [Pacheco, Alvarez e Roman, 1987:9; Mir; Torres e Valor, 2000:56].

A região ficava próxima à colina de El Calvário, localizada no extremo leste da montanha de Los Teques, famoso reduto religioso. Nas quartas e sextas-feiras, a população costumava subir, com velas acesas, a colina do El Calvário, onde havia

---

[78] Lembramos que, em Caracas, conforme já fizemos referência, *barrios* são o equivalente às favelas brasileiras, isto é, casas improvisadas construídas por seus próprios moradores.

[79] A ferrovia Caracas-La Guaira foi construída durante os governos do general Antonio Guzmán Blanco (1870-1877; 1879-1884; 1886-1887), responsável pelos primeiros esforços no sentido de transformar a capital, provinciana e clerical, em uma cidade moderna — tendo como modelo as grandes cidades europeias, particularmente Paris (Mir, Torres e Valor, 2000:16).

três cruzes para reverências. A região de La Cañada de la Iglesia também está bastante vinculada a crenças religiosas.

Toda essa região se localiza na Zona Oeste da cidade de Caracas, mais especificamente no setor de Catia, onde as condições de vida eram as mais precárias. Segundo Santiago Key Ayala, "as casas [a exemplo de Monte Piedad] perpetuam a memória de épocas tristes, tempos de miséria, em que os casebres dos pobres escalavam as áridas colinas do oeste com os tristes recursos das casas de empenho" (Ayala, 1949 apud Barreto, 1990:12). As casas eram construídas a partir dos exclusivos esforços daqueles homens e mulheres que chegavam à cidade em busca de uma vida melhor.

Já no leste da cidade, a ocupação foi sendo feita a cargo de construções de empresas privadas — com o apoio do Estado —, destinadas a pessoas com recursos. Foram construídas em territórios relativamente distantes do centro da capital, mas ligados pelas grandes avenidas construídas durante a ditadura de Juan Vicente Gómez (1908-1935). O advento do automóvel contribuiu para tornar as áreas do leste da cidade cada vez mais elitizadas (Mir, Torres e Valor. 2000:19-20). Portanto, há uma expressiva polarização entre um leste mais rico e um oeste mais pobre.

O processo de ocupação das áreas mais pobres foi sendo feito sem o apoio do Estado nos primeiros anos; as relações de vizinhança eram de fundamental importância para a instalação e sobrevivência daquelas pessoas que chegavam de diferentes partes da cidade (e de fora). Em seguida, aconteceram os primeiros esforços no sentido de urbanizar a região por parte do Estado, com apoio de empresas privadas. Em fins do século XIX, por exemplo, houve a urbanização da antiga fazenda El Paraíso pela Compañia Tranvía de Caracas, que tinha por interesse unir o Centro da cidade à Zona Oeste através do bonde elétrico (Mir, Torres e Valor, 2000:21-23). No entanto, apesar dessas iniciativas, a zona continuava associada à pobreza.

Não havia atividade econômica expressiva na região. A maior parte dos trabalhadores era empregada em pequenas empresas privadas que proliferavam no centro, tais como sapatarias, barbearias, ateliês, padarias, pensionatos, restaurantes, oficinas e tipografias, na construção civil, no comércio de roupas, na metalurgia, em vidraçarias, na fabricação de alguns móveis, nas ferrovias, nos portos, nas pequenas indústrias têxteis e, mais tarde, automobilísticas, entre outros. O dinamismo local pode ser observado, sobretudo na área alimentícia, no setor de primeiras necessidades, tais como padarias, mercados e hortifrútis. Morella Barreto (1990:13) recorda a história de "Padrino Colina", por exemplo, que trabalhou na padaria do senhor Ramela, em 1891 e era conhecido por distribuir doces para as crianças durante 50 anos. Colina foi um dos primeiros moradores de Monte Piedad, esteve à frente da construção das primeiras casas e nomeou algumas ruas.

As duras condições de vida e de trabalho desses novos trabalhadores urbanos fomentaram a construção de uma consciência coletiva — não necessariamente classista — que ganhou expressão na formação de sociedades de auxílio mútuo.[80] Os *montepíos* ou *montes de piedad*, fundados em 1855, são um exemplo disso, ou seja, eram cooperativas que funcionavam como um fundo ao qual o trabalhador poderia recorrer em casos de necessidade. Segundo Barreto (1990:12),

> eram instituições de depósito de dinheiro, realizados através de descontos feitos pelos indivíduos da cooperativa, ou também de outras contribuições dos mesmos para atender a sua aposentadoria, socorrer suas viúvas e órfãos, ou para auxiliá-los em suas necessidades médico-sanitárias.

Para a autora, muitas das casas que foram construídas nessa região contaram com os recursos da cooperativa, que se transformou em instituição de crédito mobiliário, em 1910 (Barreto, 1990:13).

A ocupação demográfica da cidade só se deu de maneira intensiva a partir dos anos 1920, com a crise dos preços dos produtos agrícolas e a ascensão da atividade petroleira, que provocou um expressivo êxodo rural para a capital. Em 1873, Catia era descrita como uma rua da *parroquia* Catedral composta por 42 casas e 225 habitantes. Em 1881, Catia possuía "66 moradias e 482 habitantes" e manteve um crescimento modesto nos anos seguintes (Barreto, 1990:16). Somente no censo de 1936 é que vamos ter o registro da "recém-formada *parroquia* Sucre", onde se

---

[80] Sobre uma reflexão mais genérica da formação da classe trabalhadora na América Latina, ver Hall e Spardin (2001). Por um prisma político-econômico e adotando elementos da história social da década de 1970, os autores fizeram um roteiro da formação da classe trabalhadora desde 1880 até a década de 1930, quer dizer, desde as sociedades de auxílio mútuo até os movimentos partidários mais organizados, fugindo de modelos pré-fabricados e observando as especificidades do caso latino-americano.

localizava parte do território que corresponde ao atual 23 de Enero e que, naquela altura, "contava com um total de 8.676 habitantes localizados nas comunidades de Monte Piedad, Colombia e Canárias (VI Censo de la Población, 1936:33) [sic]" (Vargas, 2004:34-35).

Em 1928, a fundação do Banco Obrero, instituição destinada a conceder crédito para a construção de moradias populares associada ao Ministério de Obras Públicas, evidenciava que naquele contexto já havia um problema notório nesse sentido. Através deste, foram construídos os primeiros complexos habitacionais destinados à classe operária, tais como Bella Vista, Pro-Patria, El Silencio, a *urb.* Delgado Chalbaud, Cerro Grande, Cerro Piloto, Simón Rodríguez até a própria *urbanización* Dos de Diciembre (Mir, Torres e Valor, 2000:30).

Muitos moradores dos *barrios* foram obrigados a deixar suas casas ou seus *ranchos*[81] para viverem nos blocos recém-construídos. Contudo, para muitos, essa não era a melhor opção. Os blocos de Pro-Patria e La Loma, por exemplo, os primeiros de Pérez Jiménez, não possuíam elevadores. Para Alex Casadiego, morador de 23 de Enero nos anos 1980, o Estado não instalou elevadores porque se acreditava que não era necessário, já que as pessoas dos *barrios* estavam acostumadas a subir e a descer ladeiras. Somente depois é que os elevadores teriam sido incorporados ao projeto dos blocos: "Repare que [o elevador] é uma estrutura independente do bloco", destaca Casadiego (Pacheco, Alvarez e Roman, 1987:197).

Além disso, apesar dos esforços do Estado em financiar alguns projetos habitacionais, o panorama no interior dos *barrios* ainda era extremamente desfavorável para os moradores, que continuavam sem contar com o acesso aos recursos básicos. As associações de auxílio mútuo se multiplicavam. A construção da igreja de La Cañada se deu nesse contexto, por iniciativa de moradores, motivados por uma intensificação do fervor religioso (Pacheco, Alvarez e Roman, 1987:13; Barreto, 1990:13).

Nos anos 1930, o padre Martín Odriozola construiu as primeiras igrejas no setor de Monte Piedad, como a capela El Carmen e, posteriormente, a capela de

---

[81] *Ranchos* são as casas improvisadas construídas nas áreas verdes da cidade. O nome remonta aos ranchos, habitação tipicamente rural trazida pelos ex-camponeses que haviam migrado para as cidades. Uma característica marcante de muitos *ranchos* é a presença de criação de animais nos jardins (galinhas, porcos, cabras e outros). Assim como os *barrios*, também podemos associá-los às favelas brasileiras.

Cristo Rey, localizada no atual setor de Sierra Maestra. A região do 23 de Enero possui um caráter bastante religioso, evidenciado numa das principais manifestações culturais da *parroquia* que se mantém viva até hoje: a Festa dos Três Reis Magos, no dia 6 de janeiro (Barreto, 1990:13).

Ao longo dos anos 1930 e 40, começaram a surgir agrupamentos políticos mais explícitos, células do Partido Comunista e outras correntes, num contexto classificado por Pacheco, Alvarez e Roman (1987:13) de conflitivo. Segundo Mir, Torres e Valor (2000:59-60):

> Surgiram numerosas agrupações políticas, cujo objetivo principal era o de empreender diversos tipos de lutas; essas atividades de lutas e protestos existentes na *parroquia* a converteram na mais conflitiva de todas as *parroquias* da capital, atividade que vai se estender até nossos dias, tendo nas décadas de 1950 e 1960 o seu clímax ou efervescência política mais acentuada.

Esse ambiente conflitivo e combatente, peculiar à *parroquia*, pode estar relacionado também à sua posição geográfica estratégica: na interseção entre o centro e o oeste da cidade, próximo à avenida Sucre, a principal, que liga as duas zonas; porta de entrada da capital;[82] na margem esquerda do rio Caroata;[83] em frente ao Palácio Miraflores, residência presidencial oficial desde 1900; e aos pés do antigo Ministério da Defesa (Barreto, 1990:10). Este último ficava alocado no Cuartel Cipriano Castro, na região La Planície. O projeto desse quartel foi desenhado por Alejandro Chataing e Jesús María Rosales Boque, e executado, entre 1903 e 1906, a mando do presidente Cipriano Castro, com o objetivo de criar as condições necessárias para abrigar ali a Escuela Militar de Venezuela. Junto ao quartel, também foram reformadas as vias de acesso a ele. O projeto de escola militar só seria posto em prática durante a ditadura de Juan Vicente Gomes. Dois presidentes (na verdade,

---

[82] Vindo do aeroporto Simón Bolívar em direção ao Centro, a Zona Oeste é uma das primeiras que surgem na paisagem junto com os grandes edifícios do 23 de Enero.

[83] O *rio Caroata* nasce nos pés do "Topo Las Piñas" e percorre toda a Zona Oeste até a colina de El Calvário, desembocando no rio Guaire, na altura de El Paraíso. Os presos políticos, à época da ditadura gomezista, foram obrigados a construir uma ponte sobre o rio, ligando aquela região localizada na margem esquerda da avenida Sucre. Recentemente, a ponte foi demolida para a construção do metrô de Caracas, na altura da estação de Agua Salud (Barreto, 1990:16).

um presidente e um ditador) passaram por lá: o general Medina Angarita e o general Marcos Pérez Jiménez. A escola funcionou até 26 de março de 1950, quando o quartel passou a ser sede do Ministério da Defesa e tornou-se Museu Histórico Militar em 1981 (Barreto, 1990:26-27).

A região do 23 de Enero conta também, desde 1888, com a presença do Observatório Astronómico y Meteorológico Naves Cajigal, construído durante o breve governo do presidente Juan Pablo Rojas Paúl (1888-1890). Fica localizado na antiga colina Quintana, hoje conhecida como colina del Observatório ou colina Cagigal — em homenagem ao matemático Juan Manuel Cagigal, fundador da Academia de Matemática de Caracas —, a oeste da colina de El Calvário.

As crises políticas vivenciadas pela república provocavam duras consequências no interior daquela região e influenciaram seus rumos. Durante o golpe de Estado de 18 de outubro de 1945 sofrido por Medina Angarita, "a Polícia Metropolitana disparava sobre Miraflores, ao mesmo tempo que atacava a Escola Militar" (Pacheco, Alvarez e Roman, 1987:15), e a população que ali vivia foi submetida a dura repressão, com toques de recolher, tiros e invasões.

Nesse contexto, houve a formação do *barrio* 18 de Octubre, conforme lembra Luis Alberto Dugarte Gil, cujo pai construiu uma casa na região:

> Esta comunidade 18 de Octubre foi ocupada pela gente na raíz da "Revolução de Outubro" [...]. Lembro-me muito bem desses três dias de revolução que houve por aqui. Isso foi quando o Presidente Medina Angarita foi derrubado e se formou a revolução entre os que apoiavam o Presidente Medina Angarita e os que queriam derrubá-lo, então, entre eles mesmos, o povo e a polícia, houve uma revolução. Uma vez culminada a revolução, essas pessoas se apossaram desta zona e construíram suas casas e seus ranchos [Gil apud Pacheco, Alvarez e Roman, 1987:475-476].

Na medida em que sucessivos golpes não permitiam o retorno à estabilidade política, o grau de violência aumentava. As ações da Seguridad Nacional serviram para alimentar a articulação entre os grupos de vizinhos no âmbito de uma resistência coletiva aos acontecimentos e aumentar a combatividade que crescia em alguns setores:

A ação clandestina se faz sentir tal como disse Domingos Ponte; muitas das moradias serviram de "abrigo" tanto para a gente do Partido Comunista como para a Juventude da AD, organização que estava integrada em boa parte das residências desse setor [Pacheco, Alvarez e Roman, 1987:20].

A década de 1940 se encerra com um aumento das tensões sociais e políticas, além também de um incremento ainda maior na explosão demográfica na capital devido ao êxodo rural e, com isso, a proliferação de *barrios*, com a ocupação das áreas verdes, e a formação de um grande exército de mão de obra barata a ser utilizado pelas empresas privadas. Segundo a Corporación Venezolana de Fomento, a população quase dobrou entre 1941 e 1950 (Mir, Torres e Valor, 2000:51). Quando tem início a ditadura de Marcos Pérez Jiménez (1952-1958), o déficit de moradia alcançava cerca de 300 mil pessoas, aproximadamente 40% da população de Caracas (López, 1990:44).

O Plano Nacional de Moradias e o projeto Dos de Diciembre

Já falamos, em outro capítulo, a respeito da ditadura de Jiménez e do novo ideal nacional. Neste capítulo, gostaríamos de chamar a atenção para o Plano Nacional de Moradias em particular, pois está diretamente relacionado à história da *parroquia* 23 de Enero. A ideia de construir um enorme complexo habitacional tinha por objetivo suprir o déficit de moradias que assolava a capital do país havia vários anos e que, na última década, havia se transformado num problema crítico com o aumento expressivo do êxodo rural e de movimentos políticos na capital.

O ditador almejava modernizar o perfil da cidade, erradicando os *ranchos* ou as *barriadas* e garantindo a paz social, leia-se, contendo os movimentos sociais. As responsáveis pela execução das obras foram empresas privadas, as quais receberam a maior parte desses recursos. Com as rendas do petróleo[84] foi possível finan-

---

[84] Conforme mencionamos no capítulo anterior, a década de 1950 foi de expressiva bonança petroleira, haja vista que eventos internacionais — tais como a Guerra da Coreia, em 1950-1953, e o fechamento do canal de Suez no Egito, em 1956 — provocaram um aumento dos preços dos barris, e a Venezuela, que vivia um período de certa estabilidade, se tornou alvo de muitos investidores (Mir, Torres e Valor, 2000:79).

ciar o projeto, que envolvia grandes obras públicas,[85] as quais corresponderam a um terço dos gastos públicos. Segundo Manuel López (1990:32):

> O processo de acumulação se desenvolve a ritmos inusitados devido à satisfação, por parte da ditadura, das demandas do empresariado quanto ao financiamento da indústria da construção civil em favoráveis condições e custos de produção, às isenções fiscais e incremento das taxas de benefício, à fixação de sistemas administrativos e de licitação de obras favoráveis às grandes empresas e, particularmente, a uma política trabalhista que garante a disponibilidade da força de trabalho e a "paz social".

A articulação entre o empresariado e o Estado, por um lado, permitiu que a maior parte das obras fosse concluída num curto espaço de tempo; por outro, para arcar com os custos cada vez mais suntuosos, o governo foi obrigado a outorgar novas concessões para a exploração do petróleo, gerando inflação no gasto público, o que contribuiu para a queda do ditador em 1958[86] (López, 1990:34).

A ideia dos grandes blocos habitacionais foi inspirada no Unité d'Habitation do suíço Le Corbusier. Durante a reconstrução da Europa depois da II Guerra Mundial, o arquiteto projetou um edifício que fosse capaz de atender a uma quantidade significativa de famílias com acesso a todos os serviços públicos necessários (creches, armazéns, quadras poliesportivas, escolas, academias de ginástica, bibliotecas, farmácias etc.). Tratava-se de levar a dinâmica urbana para dentro das unidades residenciais, preservando, assim, o meio ambiente. O projeto, de raiz modernista e racionalista, foi realizado primeiramente em Marselha, na França, entre 1947 e 1953, e contava com 337 apartamentos para 1.600 habitantes.

Vários arquitetos de outras partes do mundo tentaram reproduzir o modelo de Le Corbusier. Para citarmos alguns mais importantes na América Latina, Eduardo Cata-

---

[85] Além dos programas habitacionais, o governo de Pérez Jiménez investiu maciçamente também na construção de avenidas (em Caracas: Fuerzas Armadas, Urdaneta, Francisco de Miranda etc.), rodovias (Panamericana, que ligava a Santo Antonio de Táchira), ferrovias (Puerto Cabello-Barquisimeto), sistema de teleféricos (em Mérida e em Caracas), além da criação de uma rede hoteleira cuja maior expressão foi o Hotel Humboldt, e a Cidade Universitária, projetada por Villanueva e declarada Patrimônio da Humanidade pela Unesco, em 2000.

[86] No capítulo 1 deste livro analisamos outros elementos que contribuíram para a queda do ditador Marcos Pérez Jiménez.

lano construiu o Bloque Río de la Plata, na Argentina, em 1949; Mario Pani construiu, na cidade do México, o complexo "multifamiliar" Presidente Juárez, em 1950; e Oscar Niemeyer projetou o Hotel Quitandinha de Petrópolis, em 1950 (López, 1990:41).

Na Venezuela, o grupo de arquitetos que estava à frente do Taller de Arquitectura del Banco Obrero (Tabo), como Carlos Raul Villanueva, seguiu pelo mesmo caminho. A solução de complexos habitacionais verticais atendia também a um aspecto fundamental da geofísica da capital: a falta de espaço para tamanha densidade demográfica. A primeira investida nesse sentido foi ainda antes da ditadura de Pérez Jiménez, no governo do general Medina Angarita, quando foi construída a Reurbanización El Silencio, composta por 813 apartamentos, 406 locais comerciais e a praça General Urdaneta — atualmente, praça O'Leary — no centro (Mir, Torres e Valor, 2000:48). O caso de El Silencio é emblemático para pensarmos a história do Dos de Diciembre: chamava-se reurbanização porque a zona na qual foi construído era densamente habitada[87] e tudo teve que ir abaixo para começar do zero.

O processo de desalojamento de muitas famílias para o início das obras da *urb*. Dos de Diciembre não foi encarado por todos como a redenção para um futuro melhor. Ao contrário, provocou resistências.

Segundo Frederico Pernia, em entrevista nos anos 1980, "às pessoas que se opunham, lhes derrubavam a casa e cortavam a água, a luz, quando não iam com o trator e derrubavam a casa. Vimos várias pessoas que acabaram vivendo essa situação" (Pernia apud Pacheco, Alvarez e Roman, 1987:760).

O intervalo de tempo entre a derrubada dos *barrios* e a construção dos blocos gerou difíceis condições de vida para os moradores desalojados, já que tudo era improvisado. Anibal Viloria, também morador do 23 de Enero nos anos 1980, ratifica: "O despejo ou o deslocamento das pessoas das moradias feitas por elas mesmas não foi voluntário; e não foi, a princípio, aceito pela maioria das pessoas" (Viloria apud Pacheco, Alvarez e Roman, 1987:84).

---

[87] Segundo Manuel Mir e colaboradores, com base em informações coletadas na Corporación Venezolana de Fomento, havia ali "331 casas, das quais 42 eram prostítublos, 49 casas de vizinhança, 32 botequins, 9 hospedagens e 199 imóveis destinados a diversos fins" (Mir, Torres e Valor, 2000:49, tradução nossa). Tudo isso num ambiente sujo e desordenado, sem qualquer saneamento ou infraestrutura.

Ramon Delgado, outro morador, em entrevista, lamenta a execução do projeto, pois, para ele, destruiu tudo aquilo que havia sido construído segundo os próprios esforços dos moradores da região: "A *parroquia* em seu nascimento tinha um parque, mas depois da ditadura começaram a deixar perder tudo isso, a derrubar o que tínhamos feito, começaram a destruir tudo o que havia sido melhorado" (Delgado apud Pacheco, Alvarez e Roman, 1987:381-382). Ou então podemos analisar o caso de Frederico Pernia que teve sua casa, seu *rancho*, trocado por um apartamento. Segundo Pernia, outro problema era que muitas pessoas não conseguiram se adaptar à vida nos apartamentos. Ao contrário,

> muitas pessoas não estavam de acordo com isso, ou seja, não se adaptaram, não se acostumaram a viver daquela forma, porque muitas das moradias que foram demolidas eram duplas. Duplas não somente no sentido da construção, mas das famílias que habitavam nesses setores como era em Plano de San Luis, La Cañada de la Iglesia, El Cerro de Belén e La Yerbera [Pernia apud Pacheco, Alvarez e Roman, 1987:756].

Todos os protestos foram reprimidos com violência. Não havia espaço para diálogo. O projeto não foi discutido com a população. Esta última era avisada de que deveria sair de suas casas num prazo previsto pelo Banco Obrero. "A ideia era destruir, derrubar e construir", recorda Viloria, que viu todo o *barrio* Los Eucaliptos vir abaixo (Viloria apud Pacheco, Alvarez e Roman, 1987:32).

À população dos *barrios* só restava aceitar as quantias oferecidas pelo Banco Obrero pelo imóvel, sem qualquer garantia que seriam realocadas nos blocos. Desse modo, por mais que não concordassem, não tinham outra opção, pois não detinham a propriedade da terra. Aqueles que não aceitavam sair eram expulsos à força. O Estado não assumiu qualquer compromisso formal com o futuro das famílias desalojadas. Elas deveriam encontrar uma solução por elas mesmas: fosse construindo novos *barrios* em outros lugares, fosse voltando para o interior.

Antes do Dos de Diciembre, Pérez Jiménez investiu no Plano Cerro Piloto, em La Vega, na *parroquia* El Valle. O curto prazo exigido para o cumprimento das obras e as limitações técnicas e geográficas da região exigiram algumas adaptações em relação ao projeto original do Unité d'Habitation de Le Corbusier. O projeto inicial de Cerro Piloto era um edifício de 15 andares, com *pilots* no primeiro e serviços coletivos no quinto, os quais projetavam ligar, mediante uma passarela, às áreas verdes da colina que tapam o superbloco. Outros serviços comunitários para seus 900 habitantes se localizam no teto-jardim e em uma edificação independente construída posteriormente; a estrutura de pórticos de concreto, com vigas em cantiléver e marcos rígidos de duas pernas em sentido transversal, serve de suporte aos 144 apartamentos dúplex e simplex, com o dobro de exposição norte-sul, aos quais servem duas torres de circulação vertical independentes do edifício [López, 1990:42].

No final, os *pilotis*, os apartamentos dúplex e suas *loggias*, os serviços coletivos e as torres de circulação vertical (na maior parte dos prédios) haviam sido deixados de lado — em muitos casos, o acesso aos apartamentos seria feito por escadas auxiliares — e foram fragmentados em módulos de 27 metros de longitude (López, 1990:44).

O projeto do Dos de Diciembre teve como referência, além do Cerro Piloto, o projeto de Carlos Brando para a Unidad de Vivienda Diego de Losada, que previa um edifício de quase 80 metros de largura e 12 de altura, com uma torre de elevadores independente da estrutura principal que atendia, a cada três andares, os corredores externos de acesso aos apartamentos. Eram 10 apartamentos por andar, a maioria com três quartos, e o acesso aos andares inferiores e superiores se dava por escadas internas. Nesse momento foi concluída a redução do modelo corbusieriano, convertido em "superblocos" de moradias e pronto para sua aplicação massiva (López, 1990:42).

No Dos de Diciembre foram construídos prédios de 15 (superblocos), quatro e três andares. Havia três tipos de superblocos: o de 100 apartamentos, o de 300 e o de 450. Já os blocos pequenos contavam com 24 apartamentos e ficavam ao lado dos superblocos. As áreas de convívio social, tais como igrejas, escolas, centros médicos, farmácias, creches, quadras poliesportivas, jardins, áreas verdes, parquinhos, armazéns, padarias, centros comerciais, entre outros, ficaram localizadas no centro de um conjunto de superblocos e blocos pequenos (Pacheco, Alvarez e Roman, 1987:40-41). Dessa forma, os moradores dos blocos não precisavam sair de sua região para ter acesso aos serviços, somente para trabalhar.

Parroquia 23 de Enero

Figura 5 | Complexo de superblocos, blocos pequenos e espaço para serviços inaugurado na segunda etapa do projeto habitacional Dos de Diciembre (1956)

Fonte: arquivo do Banco Obrero/Instituto Nacional de Vivienda (Inavi).

Em apenas seis meses foi inaugurada a primeira fase do projeto Dos de Diciembre, considerado modelo para Pérez Jiménez ou, segundo Mir, Torres e Valor (2000:4), a "coluna vertebral" do projeto de erradicação dos *ranchos*. Os primeiros *barrios* demolidos foram os Cerro de Belén, Monte Piedad e La Yerbera, localizados em frente ao palácio presidencial, no plano de 1955.

A segunda etapa terminou logo depois, em 1956, e a terceira, em 1957.

Na primeira etapa foram construídos 39 blocos entre superblocos de 15 andares com 150 apartamentos e edifícios de 4 andares com um total de 2.366 moradias. [...] A segunda fase da obra compreendeu o setor central (plano ano 1956). As obras dessa etapa estão localizadas nos setores conhecidos como La Cañada de la Iglesia e Cerro San Luis. Em um total se construíram 55 edificações, das quais 22 são blocos de unidades habitacionais que compreendem 2.688 apartamentos, com uma capacidade de abrigar aproximadamente 18.000 a 19.000 pessoas. Além disso, 3 superblocos de 15 andares com 300 apartamentos cada um; 9 edifícios de 15 andares com 32 apartamentos cada um; além de outras obras comunitárias, educativas, médicas, policiais, de serviços e outras. [...] A terceira e última etapa compreendeu o setor Oeste, plano 1957, o qual ocupou o espaço geográfico dos antigos *barrios* 18 de Octubre, Barrio Nuevo, Las Flores confinando o Barrio Nuevo. No mesmo plano, construíram-se 11 superblocos de 15 andares e 7 edifícios de 4 andares, o que resultou em um total de 4.122 moradias operárias [Mir, Torres e Valor, 2000:97-98].

É importante registrar que nem todos os apartamentos foram destinados às classes populares que haviam sido desalojadas. Houve participação das classes médias na distribuição e compra de apartamentos. Inclusive, de acordo com muitos relatos, o público-alvo para a distribuição dos apartamentos seriam a própria classe média e os militares. Ora, os apartamentos foram projetados com três e quatro quartos, sala ampla e cozinha bem equipada, conforme destaca a moradora Maureen Cobo (2010), em entrevista: "Este complexo habitacional foi criado especificamente para as classes médias e profissionais. Por isso é que as edificações são tão completas e os apartamentos são tão grandes e bem-feitos: com três ou quatro quartos".

Figura 6 | Primeira etapa da *urbanización* Dos de Diciembre (1955)

Fonte: arquivo do Banco Obrero/Instituto Nacional de Vivienda (Inavi).

Para Manuel Mir (2010), foram a queda de Pérez Jiménez e a tomada dos blocos pelos moradores dos *barrios* e pelas pessoas que chegavam das migrações internas que mudaram os rumos das coisas:

> Pensava-se que esses blocos eram para os militares, um setor ou era para a classe média venezuelana da época. Contudo, bom, com a queda de Pérez Jimenez, foram tomados pela mesma comunidade e pela gente que vinha das migrações internas do campo à cidade buscando melhores condições de vida.

De todo modo, nos primeiros anos, os únicos apartamentos que foram efetivamente vendidos foram os dos blocos pequenos. Nos blocos foram alocadas algumas das pessoas que haviam perdido suas moradias, mas ficaram na qualidade de inquilinos, o que representava uma profunda transformação no estilo de vida de muitos daqueles que haviam perdido suas casas e que jamais haviam tido qualquer compromisso com pagamento de impostos ou taxas para viver (Pacheco, Alvarez e Roman, 1987:46-47).

O conjunto de serviços que deveria ser oferecido nos espaços de sociabilidade dos blocos foi ganhando vida simultaneamente à entrega dos apartamentos, sob a supervisão do Banco Obrero.

Durante o processo de construção dos blocos, o ideário da *paz social* defendido por Pérez Jiménez se manifestava na prática em duras perseguições aos movimentos sociais organizados e a qualquer iniciativa de revolta diante das obras. Segundo Pacheco e colaboradores, os principais partidos da época que haviam se organizado na Junta Patriótica de oposição à ditadura — Partido Comunista de Venezuela, Union Republicana Democrática, Acción Democrática e Comitê de Organização Política Eleitoral Independiente — atuavam dentro da *urbanización* Dos de Diciembre e participaram da resistência à derrubada de muitos *barrios* — especialmente na região de La Cañada de la Iglesia:

> Desde o momento das desocupações, as pessoas viram a necessidade de se unirem e se organizarem em função da defesa de seus direitos, assumindo uma posição política. Entre a população, circulavam manifestos, volantes, comunicados clandestinos dos partidos AD, URD e PCV. Começa nessa época a prática de atirar pedras, ainda que timidamente [Pacheco, Alvarez e Roman, 1987:51-52].

Gradativamente, a região foi-se tornando um poderoso foco de resistência à ditadura. Estudantes e partidos refugiavam-se ali para realizar suas atividades subversivas. Murais de "abaixo a ditadura" ou "abaixo Pérez Jiménez" eram pintados durante a madrugada. Da mesma maneira, a repressão tornava-se cada vez mais aberta, até a tomada quase completa da região pela Seguridad Nacional e Polícia Metropolitana — inclusive, muitos quadros dessas instituições ganharam apartamentos nos blocos.

Ainda assim, as ações clandestinas sobreviviam e atendiam ao chamado da Junta Patriótica, divulgando seus manifestos, apoiando as greves e outras medidas. Em 23 de janeiro de 1958, Pérez Jiménez foi, finalmente, derrubado depois de amplas manifestações de rua. Segundo o historiador Augustín Blanco Muñoz, "foram os *barrios* caraquenhos os que acabaram com a ditadura perejimenista e, de imediato, o povo começou a viver uma grande festa porque havia derrubado Pérez Jiménez" (Muñoz, 1983:19-20 apud Pacheco, Alvarez e Roman, 1987:57).[88]

Ao fim e ao cabo, apesar de ambicioso, o projeto habitacional de Pérez Jiménez não conseguiu suprir o déficit de moradias na capital. Com as construções e as oportunidades de emprego oferecidas, o êxodo se tornou ainda maior e a quantidade de apartamentos não foi suficiente — até mesmo para os que já habitavam a região havia longo tempo. Desse modo, o objetivo de eliminar os *ranchos* não foi bem-sucedido, pois eles continuavam a se multiplicar nas áreas verdes, destinadas a espaços de lazer dos blocos.

Portanto, o alto investimento não recebeu a contrapartida esperada, o que levou ao abandono do projeto nos anos seguintes à queda do ditador.

No final, os 55 blocos acabaram distribuídos nas seguintes zonas (considerando a conclusão das etapas ainda no período *perejimenista* e também algumas finalizações em anos posteriores):

Zona de Monte Piedad Alta — constituída por 5 blocos tipo A [15 andares/150 apartamentos]: 1, 2, 5, 6 e 7; e um superbloco tipo B [duplo/300 apartamentos]: 3-4;
Zona de Monte Piedad Baixa — constituída por 6 superblocos tipo A: 9, 10, 11, 12, 13 e 14;

---

[88] Para mais detalhes sobre a queda de Marcos Pérez Jiménez, ver capítulo 1 deste livro.

Zona La Cañada — constituída por 5 superblocos tipo A: 15, 16, 17, 18 e 19; e um superbloco tipo B: 20-21;

Zona Central — constituída por 5 superblocos tipo A: 26, 27, 28, 29 e 30; e dois superblocos tipo B: 22-23 (conhecido como Sete Machos) [91] e o 24-25;

Zona E — constituída por um superbloco tipo A: 31; um superbloco tipo B: 32-33; e um superbloco tipo C [triplo/450 apartamentos]: 34-35-36;

Zona F — constituída por 3 superblocos tipo A: 37, 40 e 41; um superbloco tipo B: 38-39; e um superbloco tipo C: 42-43-44;

Zona de El Mirador — constituída por 2 superblocos tipo B: 48-49 e 50-51; e um superbloco tipo C: 45-46-47;

Zona da Sierra Maestra —[89] constituída por um superbloco tipo B: 52-53 (conhecido como o Bloco Azul); um superbloco tipo C: 54-55-56 [Contreras, 2000: 50].

Havia também os 42 blocos pequenos a que já nos referimos (de quatro andares e 24 apartamentos, construídos ao lado dos blocos) e, posteriormente, foram incorporados os blocos 1, 2 e 3 de La Silsa, que se localizavam na *parroquia* Sucre e o conjunto de edifícios La Libertad, construído em frente ao bloco 7, mais recentemente.

É interessante notar que, apesar de a numeração dos grandes blocos ir até o número 56, trata-se de 55, pois não há o bloco 8. Este último foi dado de presente ao ditador colombiano Gustavo Rojas Pinilla (1953-1957) pelo próprio Peréz Jiménez, em razão da catástrofe gerada pela explosão de 7 de agosto de 1956,[90] ocorrida na cidade de Santiago de Cali, capital do estado Valle de Cauca, localizado

---

[89] Os blocos da zona da Sierra Maestra foram construídos depois da queda de Pérez Jiménez, em 1958, durante o governo de Larrázabal à frente da Junta de Gobierno, por uma empresa que possuía um contrato para terminar as obras. A nomenclatura da zona foi resultado das pressões populares a favor de uma homenagem à luta que Fidel Castro e os guerrilheiros cubanos travavam em Sierra Maestra. Diogenes Cavallero, liderança comunitária da *parroquia* na época da queda de Pérez Jiménez, fala que se chegou a levantar um fundo de contribuição à guerrilha cubana, onde cada morador deveria colaborar com Bs 1,00 (Cavallero apud Pacheco, Alvarez e Roman, 1987:252).

[90] Segundo o Museu Nacional da Colômbia ("Cali, la explosión de 1956: catástrofe histórica"), na madrugada de 7 de agosto de 1956, seis caminhões do Exército Nacional, carregados com 42 toneladas de dinamite, explodiram misteriosamente, provocando um grande desastre. Além de milhares de mortos e feridos, a explosão destruiu oito blocos de um complexo residencial e comercial que havia nas redondezas (conhecido como "Zona Negra"), razão pela qual Pérez Jiménez contribuiu com a construção de um novo bloco, que ficou conhecido como "El Venezolano". Disponível em: <www.museonacional.gov.co>. Acesso em: 20 maio 2011.

no oeste da Colômbia. Juan Contreras, em entrevista, ao contar a história desse bloco, destaca o fato de as primeiras células que fundariam o Ejército de Liberación Nacional (ELN), da Colômbia, terem nascido ali, associando o bloco às lutas características que ganharam vida em seus pares de Caracas:

> Não existe o Bloco 8, porém, não existe aqui, mas, sim, foi edificado, foi construído na cidade de Cali, na Colômbia. Ali está e se chama "El Venezolano", não se chama Bloco 8. É uma réplica igualzinha. Contudo, além disso, há uma semelhança [...] os primeiros núcleos que dariam na formação do ELN, Exército de Libertação Nacional, saíram desse edifício. E no 23 de Enero, desde seu nascimento — sempre houve rebeldes, aqui teve guerrilha, temos uma conduta rebelde, de luta — é um bairro de resistência, como eu costumo dizer [Contreras, 2010].

A ocupação dos blocos

Com a queda de Pérez Jiménez, houve um movimento expressivo por parte da população que habitava os *barrios* nos arredores do Dos de Diciembre — e de gente que chegava do interior — ouvindo os chamados de que os apartamentos estavam sendo distribuídos pelo governo, no sentido da ocupação dos blocos que ainda não estavam habitados. Segundo Juan Contreras (2000:44), no ano de 1959, cerca de 4 mil apartamentos já se encontravam ocupados.

Diante desse quadro, seria complicado desalojar todas essas pessoas. Além do mais, havia um movimento organizado por parte daqueles novos moradores para defenderem tal ocupação.

Ao largo das invasões, o Banco Obrero também distribuía as chaves de muitos apartamentos a preços irrisórios em escritórios improvisados, conforme destaca a moradora da Zona Central, Grisel Marín (2010), em entrevista:

> Onde eu vivo [Zona Central], todos [os apartamentos] foram concedidos aos proprietários. Há um morro que se localiza ao oeste, próximo da Zona E. Ali improvisaram um escritório, vinha um funcionário do Banco Obrero a distribuir as chaves

e as colocava em uma tampa que havia ali, tudo improvisado, e "tome seu apartamento", e as pessoas, honestamente, levavam uma [chave]. Mas isso não ocorreu em outros edifícios, onde vimos uma avalanche de gente e ocuparam os edifícios espontaneamente assim. Por isso é que, em alguns blocos, estão famílias inteiras: no quarto andar, a tia, no segundo, a sogra etc.

O Banco Obrero tinha uma sede central em El Silencio. Segundo Barreto, nesta, o banco contou com a ajuda de estudantes da Universidade Central de Venezuela. Sob a liderança de Francisco José Ferrer, eles conseguiram registrar cerca de 20 mil solicitações de contrato dos novos moradores dos blocos:

> Em 24 de janeiro, segundo conta o mesmo Ferrer, mais de dezoito mil pessoas, com as chaves ou sem elas, encheram o Estádio Nacional e, em "oitenta cadernos e outros tantos lápis para efetuar anotações respectivas, em três horas, esses oitenta cadernos foram preenchidos e foram restituídas umas mil e seiscentas chaves que — assim como os cadernos — entreguei aos funcionários do Banco Obrero, de acordo com os recibos em meu poder. Aí, nós pudemos nos inteirar que haviam pagado pelas chaves desde 30 a 500 bolívares; mas nada pudemos fazer nem para restituir o dinheiro que muitos pagaram pelas chaves, nem para desalojar os que haviam se instalado" [Barreto, 1990:11].

A situação, no entanto, era incontrolável, pois muitos continuavam invadindo com ou sem o aval do Banco Obrero. Num quadro geral, as ocupações ocorreram, principalmente, na Zona Oeste da *parroquia*, isto é, Mirador, Zona F e Zona E, já que na Zona Central, em Monte Piedad e em La Cañada, a esta altura, os apartamentos já tinham sido quase todos adjudicados (Pacheco, Alvarez e Roman, 1987:62).

A tomada dos blocos não representou imediatamente uma melhoria radical nas condições de vida, pois, como a maior parte deles estava recém-construída ou mesmo sequer finalizada, havia muitos problemas, como a ausência de portas, de instalações sanitárias e elétricas (Casadiego apud Pacheco, Alvarez e Roman, 1987:199). Além disso, os elevadores não funcionavam e havia uma carência de serviços (luz, água, gás etc.).

Nesse ínterim, começou a surgir uma série de organizações comunitárias com o objetivo de defender as ocupações e resolver um conjunto de problemas que afligiam os novos moradores.

Diógenes Cavallero, líder comunitário, conhecido como "o homem da jaqueta negra", foi um dos fundadores da Junta Representativa do 23 de Enero. Esta última foi construída, a princípio, com o objetivo de canalizar a explosão popular daqueles dias que antecederam a queda do ditador e pressionar a junta de governo que assumiu o poder, pois, a seu ver, estava composta por indivíduos identificados ainda com o *perejimenismo*. A organização liderada por Cavallero acabou refugiando-se na então *urb*. Dos de Diciembre, onde se dedicou a expurgar da comunidade muitos moradores que estavam vinculados de alguma forma aos órgãos repressivos da ditadura, tais como o corpo da Seguridad Nacional, da Polícia Judicial e do Servício de Información de las Fuerzas Armadas (Sifa):

> Depois que fizemos esse protesto [contra a composição da junta de governo que assumiu depois de Pérez Jiménez] em Miraflores (éramos um grupo bastante grande daqui da *parroquia* 23 de Enero, eu vivia em Monte Piedad), nos dirigimos para aqui, ao 23 de Enero, e a finalidade do nosso trabalho foi a de deter um bocado de membros da Seguridad Nacional, da [Polícia] Judicial e da Sifa [...] vínhamos a caçar esbirros, essa era a palavra [Cavallero apud Pacheco, Alvarez e Roman, 1987:246-247].

A Junta Representativa do 23 de Enero nasceu objetivamente na raiz da tomada dos blocos 48 e 49, do setor Mirador. É importante considerarmos que, para aquelas pessoas, "a invasão era considerada um ato de reivindicação popular" (Cavallero apud Pacheco, Alvarez e Roman, 1987:250). Ainda segundo o relato de Cavallero, a partir dali, foram tomados outros blocos pela junta: do 31 ao 53, além dos blocos pequenos — praticamente, todo o setor oeste da urbanização até La Silsa — e, depois, foram ocupados também os apartamentos vazios de outros setores, como Monte Piedad e La Cañada.

A junta procurou, de alguma forma, organizar a tomada dos apartamentos, mas nos primeiros dias houve muita confusão, indivíduos inescrupulosos, vagabundos. Houve alguns que chegaram a tomar 10 a 20 apartamentos, em cada um deles metiam um familiar ou amigo [...]. Esse foi um dos problemas que enfrentamos aqui, expulsar essas pessoas desses apartamentos para dá-los às famílias que verdadeiramente víamos que necessitavam e chegavam, inclusive, com a mudança. A muitos facilitamos caminhões de mudança. Eu mandei buscar muitos caminhões para que as pessoas trouxessem suas trouxas e ocupassem logo de uma vez. Sobretudo quando chegou a mim um rumor de que o Banco Obrero havia pedido ao Almirante Larrázabal [presidente da junta de governo] a desocupação dos blocos, ali foi onde nós não estivemos de acordo e nos declaramos em rebeldia, não acatamos a ordem [Cavallero apud Pacheco, Alvarez e Roman, 1987:1989:255].

Muitos membros da junta estavam armados, prontos para um confronto, se necessário. O clima era de tensão, pois demorou até que o Estado reconhecesse que se tratava de uma situação irreversível. Os blocos serviam de esconderijo e posição estratégica para atacar as forças policiais do Estado. Os rebeldes subiam no terraço dos blocos e jogavam bombas, pedras e atiravam. Ainda nas vésperas da derrubada de Pérez Jiménez, Cavallero conta como eram as ações nos blocos:

Não éramos muitos, mais ou menos 30. Tínhamos armas curtas, revólveres, pistolas. Então, quando nós víamos que vinham as patrulhas, que vinha a Seguridad Nacional, desde os terraços, atirávamos bala e pedra sobre eles. Para os que não tinham armas, havia pedras e bomba molotov. Havia vários que sabiam fabricar bombas molotov: tirávamos a gasolina dos carros e as fabricávamos. Logo no dia 23 de janeiro, se estenderam para outros blocos e foram se incorporando novas pessoas. A maioria jovens, e as mulheres também colaboraram. Havia mulheres que nos traziam sanduíches, cigarros, que iam buscar a gasolina, conseguiam garrafas, compravam garrafas de Pepsi, bebiam-nas e nos davam vazias para as bombas Molotov. [...] isso era, às vezes, 1, 2, 3 horas de bala contínua [Cavallero apud Pacheco, Alvarez e Roman, 1987:288].

Voltando à junta, esta ganhou força e expandiu suas brigadas para além das fronteiras da então *urbanización* Dos de Diciembre, chegando a ser considerada um poder paralelo que ameaçava o novo governo.

> Chegou um momento no qual as nossas brigadas tinham mais de 5.000 homens, estavam em toda a cidade, dirigindo o tráfego em Petare, La Pastora, por todas as partes, perseguindo ladrões, caçando esbirros, prestando toda a classe de serviços. [...] Dizia-se que havia dois governos: o de Larrázabal e o meu [Cavallero apud Pacheco, Alvarez e Roman, 1987:257].

Em meio à dura repressão que se seguiu às principais lideranças da junta, foram organizados, também nos blocos, comitês de autodefesa e outras associações civis.

A junta acabou dissolvida devido a uma série de problemas, entre eles o desgaste de suas lideranças, como o próprio Diógenes Cavallero, acusado de vender apartamentos a altos preços e por seus enfrentamentos com os estrangeiros (colombianos, bolivianos, peruanos etc.) que eram proibidos de se mudar para a região, além da própria questão da repressão do Estado, que acabou prendendo Cavallero por motivos políticos. Porém, antes de se dissolver, a junta mudou o nome da então *urbanización* Dos de Diciembre para 23 de Enero, condição que, no entanto, só seria oficializada pelo Conselho Municipal em 1967, depois de várias tentativas de abaixo-assinados.

> [...] recolhemos 5.700 assinaturas entre 1958 e 1959 [...] Fomos os primeiros que utilizamos esse nome para a *parroquia*. Utilizamos e insistimos que deveria se chamar assim: "23 de Enero" perante os organismos oficiais e perante a comunidade em geral [Cavallero apud Pacheco, Alvarez e Roman, 1987:264-265].

É interessante notar que o fato de aqueles moradores terem reivindicado a data da queda do ditador para nomear sua *parroquia* é repleto de significado. Nas entrevistas por nós realizadas, quando perguntados sobre o sentido do *23 de enero*, foi recorrente observar nas respostas uma associação do nome a um sentimento de rebeldia, de combatividade, de resistência. O dia 23 de janeiro é a data em que um ditador foi derrubado pelas pressões populares. Portanto, entre os entrevistados, esse resgate tem o sentido de colocar em evidência o protagonismo popular — que se manifestou no combate à ditadura, no combate ao caráter exclusivista da democracia *puntofijista* e, atualmente, na sustentação da V República.

Para Juan Contreras (2010), liderança histórica da *parroquia*, que atuou na guerrilha urbana dos anos 1980, a data tem o seguinte sentido:

O 23 de janeiro, desde o ponto de vista histórico, significa a ruptura com um sistema, com o sistema da ditadura, e significa o nascimento do sistema democrático na Venezuela que, por certo, essas esperanças de sonhos, de liberdade, de democracia, rapidamente, foram sequestradas por uma elite que compactuou com o governo dos EUA [...]. O 23 de janeiro é isso... uma data histórica, é a queda da ditadura, é a entrada em vigência de um sistema que não satisfaz desde o princípio as necessidades e sequestra esse espírito de rebeldia, esse espírito de liberdade que buscava essa geração do 23 de janeiro, que lutou para derrubar a ditadura.

Ao falar sobre o sentido do 23 de janeiro, César Rivas, outro morador da *parroquia* que também atuou (e atua) na militância comunitária (sobretudo à frente de grupos culturais), ressaltou, em sua entrevista, o fato de que o povo derrubou o ditador, porém sua queda deu início a uma democracia representativa e repressora, responsável por sistemáticas perseguições, assassinatos e desaparecimentos. Para ele, durante o regime *puntofijista*, a *parroquia* 23 de Enero se tornou um espaço onde teria sobrevivido o espírito de rebeldia que marcou aquele dia de 1958.

[O 23 de janeiro] foi uma data muito importante porque deu pé para que nascesse uma nova democracia entre aspas, que não foi tanto isso [...] logo depois dessa data nasce essa fulana democracia que não foi outra coisa que a perseguição à esquerda [...]. Isso gera, claro, o fato de que esta *parroquia* tenha assumido um papel muito importante porque aqui foi um bastião guerrilheiro. Aqui se deu a luta, produto dessa perseguição... [...]. Eu penso que esse bastião era forte, de esquerda, havia muitos líderes, havia gente que era muito crítica ao sistema — sistema que não era outra coisa que um sistema democrático entre aspas que o que fazia, bom, era reprimir selvagemente [Rivas, 2010].

O sentido da representação da *parroquia* varia ao longo do tempo, respondendo sempre às demandas do tempo presente. Nesse aspecto, as entrevistas estão inseridas em um contexto no qual existe um governo que é entendido como uma vitória de todo esse "espírito de luta", de combatividade, de militância e, portanto, esses são adjetivos bastante ressaltados tanto pelo próprio governo quanto por suas bases sociais.

Já durante a democracia *puntofijista*, outros elementos ganharam maior destaque: se para muitos moradores havia uma perspectiva do 23 Enero como uma região rebelde e combatente, na mídia e no senso comum prevaleceu uma representação associada também a violência, drogas, mortes, desaparecimentos — mas esse viés analisaremos melhor adiante.

Voltando à Junta Representativa do 23 de Enero, esta, ao se dissolver, cedeu lugar à Junta Pro-Vivienda del 23 de Enero, que Cavallero também presidiu. Segundo ele, um dos objetivos da organização era obter a adjudicação legal dos apartamentos porque havia uma ocupação de fato, mas não de direito, e havia grande resistência por parte do governo em reconhecer aquele *status quo* (Cavallero apud Pacheco, Alvarez e Roman, 1987:248). Por fim, o governo acabou obrigado a institucionalizar a situação, regulamentando os aluguéis e encaminhando procedimentos de compra. De acordo com o Proyecto de Evaluación de los Superblocos, a ideia era definir cotas condizentes com as condições de vida daquela população que então passara a viver nos blocos. Segundo Maureen Cobo (2011),

> Quando caiu a ditadura de Pérez Jiménez [...] as pessoas invadiram os edifícios, mas logo o Inavi [Instituto Nacional de la Vivenda] impôs o direito de todo mundo pagar suas quotas. Pagavam-se umas quotas muito baixas porque naquele período 100 bolívares era muito dinheiro; era, muitas vezes, o que ganhava um trabalhador: 50, 100, 20... Então, as quotas para os apartamentos eram muito baixas. Os apartamentos custavam 17 bolívares [...] pagavam cinco bolívares mensais pelo apartamento.

Os contratos foram entregues ao longo dos anos 1960.

Outro objetivo da junta era recuperar as áreas verdes do processo de *ranchificación*, ou seja, da ocupação das mesmas por moradias improvisadas feitas por novos imigrantes. Nesse sentido, é interessante aprofundarmo-nos um pouco mais nas tensões sociais existentes entre os moradores dos blocos e os moradores dos *barrios* (e dos *ranchos*), que ilustram as pluralidades existentes no interior da *parroquia* — tema que será analisado na sequência.

Os blocos e os *barrios*: tensões sociais no 23 de Enero

Diante do quadro crítico que a junta de governo teve de enfrentar no momento de sua posse, isto é, crise econômica, instabilidade social e política, desemprego — devido ao fim das grandes obras públicas de Pérez Jiménez —, forte êxodo rural, entre outros fatos, foi definido um plano de emergência. Este tinha como objetivo diminuir em algum grau a insatisfação popular, evitando, assim, que o processo saísse do controle e fosse garantida uma transição pacífica para a democracia. Dessa forma, o governo investiu em obras de infraestrutura e de provisão de serviços nos *barrios*, ampliando a oferta de emprego.

Os resultados foram positivos no sentido de que houve uma melhoria das condições de vida nos *barrios*, com a construção de escadas, escolas, bombas d'água etc. Ao mesmo tempo, o plano potencializou as organizações de base que estavam sendo construídas nas comunidades, especialmente no 23 de Enero. As juntas pró--melhoras são um exemplo disso, pois a ideia era que os próprios moradores dos *barrios* orientassem os trabalhos do plano (Pacheco, Alvarez e Roman, 1987:70). Paquita Yuliani foi integrante dessas juntas. Segundo a senhora, elas também tiveram importante papel na distribuição de alguns apartamentos — especialmente os dos blocos do setor de Sierra Maestra, que ficou pronto depois da queda de Pérez Jiménez — e na promoção de diversas atividades culturais e desportivas.

As atividades dessas juntas fortaleceram um sentimento de participação e organização popular e garantiram apoio ao governo provisório. Wolfgang Larrázabal, candidato da coalizão da URD com o PCV, que estava à frente do plano como presidente da Junta de Gobierno, conseguiu milhares de votos nas eleições de dezembro de 1958, a ponto de quase ganhar o pleito do então candidato do popular Acción Democrática, Rómulo Betancourt. Segundo Pacheco e colaboradores, na região do 23 de Enero, o Partido Comunista foi o que recebeu a maior votação. Por sua parte, Cavallero lembra que houve uma forte reação do povo com a derrota de Larrázabal:

Essa noite, Caracas ardeu, essa noite. Queimaram El Silencio, a maioria dos negócios e os saquearam e voltaram a queimar a Central Madeirense (que sempre a queimavam, isso não falta, essa está no número um da lista do 23 de Enero) [Cavallero apud Pacheco, Alvarez e Roman, 1987:276].

Outra consequência do plano foi que a oferta de empregos atraiu ainda mais gente que saía do campo em direção às cidades. Por essa razão, houve uma proliferação de *barrios* em várias partes da capital, inclusive na região do 23 de Enero. Cavallero observa com muitas reservas o crescimento desse setor no 23 de Enero. Inclusive, um dos objetivos fundadores da Junta Representativa do 23 de Enero era o de preservar as áreas verdes da ocupação. Em outras palavras, trata-se de preservá-las dos chamados *rancheros*, condição que, diga-se de passagem, muitos dos novos moradores dos blocos já haviam vivido. Segundo Cavallero, se não houvesse algum tipo de precaução,

> ia chegar o dia no qual o 23 de Enero ia estar cheio de *ranchos* por todos os lados e isso [...] traz aparelhado uma série de problemas, problemas de serviços públicos, por exemplo, de transporte, de água e, efetivamente, depois se agravou tudo; aqui a água não é suficiente, nem os telefones, nem o transporte, nem nada. Além do mais, isso traz a delinquência, vive-se mal, atiram coisas pela janela, atiram, às vezes, garrafas e geladeiras [Cavallero apud Pacheco, Alvarez e Roman, 1987:279].

Portanto, percebe-se uma associação direta dos *ranchos* a um elemento estranho, que não deveria estar ali e cuja presença só traria problemas.

José Roberto Duque, em entrevista, destaca o cuidado que devemos ter ao tratar da história do 23 de Enero justamente por esta estar repleta de dinâmicas diferenciadas:

> É muito difícil falar de uma história do 23 de Enero porque o 23 de Enero não é uma unidade homogênea, mas sim uma construção onde há muitas comunidades... onde há várias comunidades que têm suas particularidades, que têm suas histórias particulares e quando você junta todas essas histórias, o que tem são histórias de confrontações, de incongruências, que falam não de uma comunidade, mas de

muitas. Por exemplo, eu lembro [...] a impressão horrível que me marcou uma vez quando escutei as minhas tias, que viviam nos blocos, que viviam nos edifícios, referirem-se às pessoas que viviam nos *ranchos* — as casinhas informais —, como "os rancheiros"... Este sim é um termo depreciativo muito forte: "Saiam, seus rancheiros!" [Duque, 2011].

Por outro lado, soluções inusitadas foram encontradas para resolver esse tipo de problema. Duque (2011) destaca o caso do conflito que havia entre os jovens do *barrio* Los Arbolitos e do bloco 7, que, apesar de frequentarem a mesma escola, viviam em um permanente estado de tensão que se desdobrava em brigas frequentes:

O *barrio* que se chama Los Arbolitos, fica próximo à rotatória do bloco 7. Porém, os rapazes de Los Arbolitos tinham uma rixa, uma zona de confrontação, com os do bloco 7 [...]. Todos iam à mesma escola, mas se identificavam como membros de paradas distintas e assim se passava... caíam em golpes, pedradas... Então, um dia, ocorreu a alguém de Los Arbolitos aproximar-se de alguém do bloco 7 e lhe dizer: "Olha, vamos fazer uma parada, cara, vamos fazer um jogo de beisebol... vamos fazer um jogo de beisebol entre Los Arbolitos e o bloco 7 e matamos essa parada, fazemos um *sancocho* e resolvemos essas diferenças". E isso foi criando uma unidade.

Jogos de vários esportes opondo *barrios* de um lado e blocos de outro são muito comuns até hoje no 23 de Enero.

Apesar dos vários esforços e de as relações já terem melhorado significativamente ao longo dos anos, atualmente ainda é possível encontrar certo ressentimento em relação aos *barrios* e a seu processo de ocupação, levando em consideração que eles provocaram mudanças nas condições de vida dos moradores dos blocos. É o caso do relato de Maureen Cobo (2011). A moradora do bloco 52-53 de Sierra Maestra lembra que:

A vida aqui era saborosa. Aqui havia muita neblina. Pelas tardes, já depois das 2, das 3 da tarde, era saboroso porque o clima era muito frio. Havia muitas plantas de eucalipto. Então, sempre pela tarde, nós colocávamos suéteres... depois, foram invadindo e ao invadirem desmatavam... e ao desmatar, o clima muda... já não é a mesma neblina das tardes... já não tomamos mais os chocolates pelas tardes porque não vale a pena... porque não há... esse friozinho da tarde que era tão saboroso.

Para Cobo (2011), apesar de as pessoas dos *barrios* afirmarem que os moradores dos blocos vivem em melhores condições, hoje seriam os moradores dos *barrios* que teriam melhor infraestrutura:

> As pessoas que vinham e invadiam, diziam que os que viviam nos blocos tinham dinheiro e, até hoje, ainda dizem que as pessoas dos blocos têm dinheiro. Contudo, essas invasões agora se converteram em umas casas muito bem-feitas, com pisos e tudo mais que, muitas vezes, está melhor, desde o ponto de vista imobiliário, que o melhor apartamento.

Mesmo quando observamos, em alguns relatos, uma preocupação maior em destacar que há solidariedade e harmonia entre os *barrios* e os blocos, como foi o caso da entrevista de Grisel Marín, dois elementos podem ser considerados certa hierarquização na relação entre ambos: primeiro, em seu discurso, Marín fala que os moradores dos blocos receberam os moradores dos *barrios* (como se a propriedade da região, na verdade, fosse originalmente deles e os últimos estivessem ali por uma *concessão*, um *gesto de solidariedade*). Nessa linha, no relato, Marín diz que, no começo, *deixaram* certo vizinho permanecer vivendo numa casinha próxima ao bloco que, por sua vez, teria dado origem ao *barrio* Camboya:

> Bem, aqui no Setor Central, tudo começou com um senhor que morou ao lado do bloco 28. [Quando] começaram a adjudicar os apartamentos, ele, por certo, ficou de fora. Então, as pessoas, organizando-se desde então para administrar o edifício, sob a figura do condomínio, *decidiram deixá-lo ali*, porque o estimavam, era um vizinho... *teriam deixado ali um senhor por solidariedade* também... é o nascimento do *barrio* Camboya. Nosso querido *barrio* Camboya onde há uma vida cultural multicolor. Então, bem... temos aprendido a conviver com eles e eles conosco. *Recebemos eles e eles são nossos irmãos*. Atrás está Santa Rosa... igualmente... a mesma gênese... e há Santa Clara... e o *barrio* Observatorio [Marín, 2010, grifos meus].

Um segundo aspecto é o destaque dado pela entrevistada na caracterização dos *barrios* como *ranchos*, que pode ser interpretado também como certo preconceito naturalizado — conforme explicaremos melhor adiante —, muito comum entre os moradores dos blocos.

Associo esse conteúdo pejorativo ao termo *rancho* ou, sobretudo, *ranchero* — que apareceu também em outras falas — porque ele não é utilizado com a mesma naturalidade por um habitante de um *barrio*. César Rivas, por exemplo, quando fala da fundação do *barrio* Sucre, diz que foi difícil nos primeiros anos, pois os moradores dos blocos os viam como *"invasores"* e *"rancheros"* (termos que lhe causam certo desconforto). Para Rivas (2010), é importante considerar que a proliferação de *barrios* não pode ser resumida a um problema de devastação de áreas verdes, quando, na verdade, se tratava da necessidade daquelas pessoas, que saíam do campo para as cidades, de conseguirem um lugar para viver:

> *Barrio* Sucre nasce quando se ocupa uma área verde em 1958, 57. [...] Essa área foi, bem, dizem "invadida" [...] Porém, mais do que invadida, eram as necessidades que as pessoas tinham de possuir uma moradia. O êxodo de gente do interior à cidade foi muito grande nesses tempos e havia que viver em algum lugar. A moradia era muito caótica, não existia e, bom, foram tomando áreas. Isso traz como consequência um aspecto contraproducente com os blocos porque havia ressentimento, né? Nós éramos os fundadores da rua Miranda, um setor do *barrio* Sucre. Mas, éramos invasores para os habitantes dos blocos, quando diziam rancheiros também. [...] Fomos golpeados muitas vezes... atacados... porque para os blocos essas eram áreas verdes e que não tinham que ter sido invadidas, mas como te digo, em muitas das áreas daqui de Caracas, a cidade já começava a ser habitada dessa maneira e o *barrio* Sucre não escapou disso...

De todo modo, esses relatos nos ajudam a refletir sobre os cuidados que devemos ter ao tratar da história do 23 de Enero e, por conseguinte, de suas representações. Conforme Duque já havia alertado, são muitas as histórias e dinâmicas que subjazem aos blocos e aos *barrios* e, diríamos mais, não apenas entre estes últimos, mas em cada bloco, em cada *barrio*, de cada setor. A dinâmica de vida do setor Mirador é bastante diferente daquela do setor de La Cañada, por exemplo, já que este último conviveu por muito tempo com um Módulo da Polícia Metropolitana na vizinhança e se trata de uma região central. Porém, isso não significa que deveríamos nos abster de buscar traçar uma história que englobe todas essas diferenças e que busque compreender de que maneira foi-se constituindo essa representação geral da *parroquia* como um espaço de lutas políticas e organização popular. Este, inclusive, é um dos maiores desafios do ofício do historiador: escrever uma história de caráter mais geral, sem perder de vista a pluralidade e o dinamismo local.

Poderíamos indagar agora: quais elementos poderiam unir de alguma maneira esses diferentes espaços e moradores do 23 de Enero? Ora, vivendo nos *barrios* ou vivendo nos blocos, em qualquer setor do 23 — sendo, é claro, em alguns lugares com mais intensidade, noutros com menos — uma coisa é certa: a convivência com a luta armada e com a repressão foi experiência que, de alguma forma, marcou a vida de todas aquelas pessoas — direta ou indiretamente — e é de fundamental importância para compreendermos a elevação da *parroquia* a essa condição de ícone de combatividade e de violência pela qual ficou conhecida, e nos ajuda a imprimir um novo sentido aos áureos tempos de democracia *puntofijista* que se seguiram à queda de Pérez Jiménez.

Democracia? Luta armada, repressão e movimentos sociais no 23 de Enero

Avenida Sur 2, esquina de Pajaritos, em frente às torres do Centro Simón Bolívar, centro de Caracas, março de 2010, por volta das 17h. Estava na companhia de Grisel Marín, nossa entrevistada, e saíamos do centro em direção ao 23 de Enero. Íamos pegar um táxi. Quando o primeiro carro parou, o motorista nos perguntou o destino. Ao respondermos "23 de Enero", o homem pensou e exigiu uma quantia exorbitante para o equivalente à corrida, cerca de Bs 40. Marín, incrédula, criticou a quantia estipulada pelo motorista, alegando preconceito pelo fato de o destino ser o 23 de Enero — considerado até hoje uma zona de risco. O motorista se manteve irredutível. Tivemos de aguardar por outro táxi, até aparecer um senhor que não conhecia muito bem a região e aceitar fazer a corrida pelo valor normal de Bs 20.

Para os moradores do 23 de Enero, até hoje, a vida é um pouco mais complicada que a dos moradores de outras regiões da capital. Ouvi recorrentes histórias de estágios e ofertas de emprego que eram negadas ou comprometidas no momento em que se apresentava o comprovante de residência. Muitos moradores se viam obrigados a mentir sobre o lugar onde viviam.

Peggy Brieva, por exemplo, vivia em Petare antes de ir morar no 23 de Enero, nos anos 1980. Em entrevista, ela nos conta sobre o medo que tinha do 23, pois sua imagem estava associada à violência, mortes, desaparecimentos, sem saber exatamente o porquê. Ouvia-se falar dos encapuzados, da luta armada, mas seus fundamentos e objetivos eram obscurecidos pelos enfrentamentos com a polícia. O 23 de Enero, em síntese, ainda é um símbolo de perigo, e poucas pessoas têm a coragem de atravessar suas fronteiras:

> Muitas vezes escutava sobre o 23 de Enero, mas escutava que matavam as pessoas... Dava-me medo. Estava vivendo lá em Petare... O que escutava [do 23] era tiro [...] Uma vez fui de férias para Maracaibo e me deram uma carta para trazê-la aqui mesmo ao bloco 17, onde estava o módulo da PM, e eu não me atrevi a sequer me meter por lá por conta dos comentários que falavam sobre o 23 de Enero [Brieva, 2010].

Duque também, ao chegar no 23 de Enero, depois de emigrar de uma pequena cidade do interior do estado de Lara, ficou impressionado com a violência protagonizada por jovens que, naquela época, tinham sua idade:

> No ano de 81, então, eu tenho 16 anos e vim a Caracas para estudar... [...] Eu saí de um povoado onde raras vezes se escutava uma explosão para uma parroquia onde os rapazes andavam com armas de fogo [...]. Um dos meus primeiros encontros com a violência política teve lugar, seguramente, umas poucas semanas ou meses ao chegar no 23 de Enero. Lembro que havia uma manifestação que tinha a ver, seguramente, com o transporte ou com a água e havia uma quantidade de rapazes colocando barricadas na rua, levantando bueiros, colocando paus na via, jogando lixo na rua e queimando [...]. Essa foi a primeira cena que eu vi de ativismo relacionado com a violência política. Eram rapazes muito jovens. Quer dizer, depois me inteirei que havia uma

herança política e de luta armada no 23 de Enero, mas ver rapazes da minha idade fazendo esse tipo de ativismo foi uma coisa que me impressionou muito [Duque, entrevista, 2011].

Esse tipo de caracterização do 23 de Enero é muito comum não apenas nas entrevistas, mas na escassa produção bibliográfica sobre a história da *parroquia*. Quando avançamos um pouco mais no tempo, a temática da luta armada, ou basicamente sobre a violência, ganha um espaço maior. É certo que a violência política é o alvo da maior parte dos estudos, embora a violência comum de pequenos delitos, furtos, roubos também fizesse parte dessa realidade — como em todas as regiões onde predomina um quadro socioeconômico marcado por profundas carências.[91] Nos anos 1980, conforme veremos adiante, essa violência comum vai ganhar uma proporção maior devido à disseminação das drogas no 23 de Enero, convertido em um dos principais fornecedores de Caracas.

No que diz respeito à violência política, em primeiro lugar, é importante destacar o crescimento das organizações políticas na região. Estas últimas protagonizaram a luta armada na *parroquia* ao mesmo tempo que surgiu e se consolidou um conjunto de associações de vizinhos, grupos culturais, desportivos, religiosos, sob iniciativa de outros moradores e, muitas vezes, em articulação com os partidos hegemônicos *puntofijistas*, AD e Copei.

A opção de muitas dessas organizações pela luta armada não é uma especificidade da Venezuela ou do 23 de Enero. Nos anos 1960, em particular, sob a influência da vitoriosa Revolução Cubana, milhares de homens e mulheres, em vários países latino-americanos, tentaram reproduzir a fórmula que havia tido sucesso naquela pequena ilha do Caribe: a guerrilha urbana e rural. Apesar de o contexto na Venezuela ser relativamente peculiar, pois à diferença de seus pares de Nuestra

---

[91] Nos anos 1980, Rómulo Guédez (1998:40-41), em sua monografia sobre a violência no 23 de Enero, destacou que a violência delitiva era inferior no 23 em relação às demais *parroquias* de perfil equivalente, embora bastante significativa: numa progressão dos anos 1970 aos anos 1980, fornecida pelo Ministério da Justiça e utilizada pelo autor, podemos perceber um aumento dos índices de delitos no 23 (de 832, em 1977, para 1.074, em 1981), porém isso se deu no nível do Distrito Capital. A *parroquia* La Vega, por exemplo, subiu de 1.047 delitos, em 1971, para 1.747, em 1981, e a *parroquia* El Valle, de 2.649 para 2.956. Isso para não mencionarmos *parroquias* com maior densidade demográfica, onde se percebem índices ainda maiores de progressão de delitos.

América, que estavam imersos em ditaduras civil-militares, ali se vivia uma democracia. Considerada por muitos um modelo para as Américas, essa democracia, consagrada pelo regime *puntofijista*, tinha uma face obscura e repressora, a qual muitos moradores do 23 de Enero conheceram de perto. Juan Contreras, militante da luta armada na *parroquia* e líder comunitário até os dias atuais, ilustra essa influência da Revolução Cubana naqueles jovens, nos anos 1960:

> Se dá em 1º de janeiro do ano de 1959, o triunfo da Revolução Cubana, que impacta toda a América Latina por igual, e esse processo revolucionário deixa, em toda essa juventude que está se formando na América Latina e na Venezuela, esse espírito de rebeldia. E muita gente pensou que deixar crescer a barba, ir às montanhas, pegar um fuzil, para lutar por justiça social, e o socialismo era sinônimo de triunfo como havia ocorrido em Cuba [Contreras, 2010].

Rómulo Betancourt foi o primeiro presidente venezuelano do período democrático. Suas políticas voltadas para as comunidades mais pobres, como o 23 de Enero, são classificadas por Mirna Pacheco e colaboradores como "política de fome" (Pacheco, Alvarez e Roman, 1987:81), quer dizer, o novo presidente não teria cumprido suas promessas de campanha de melhorar as condições de vida da população, sobretudo dos *barrios* de Caracas, que continuavam crescendo em grandes proporções.

Para termos uma ideia, segundo o Censo Nacional de 1950, a população do Distrito Capital somava cerca de 709.600 mil habitantes, um crescimento relativo de 86,69% em relação ao último censo de 1941. Na *parroquia* Catedral, onde se localizava parte do 23 de Enero, a população cresceu de 28.798 para 40.648 habitantes (crescimento relativo de 41,15%); e na *parroquia* Sucre, que correspondia à outra parte do 23 de Enero,[92] saiu de 33.607 para 112.758 habitantes (crescimento relativo de 235,52%).[93] Já o censo de 1961 fala de uma população para o Distrito

---

[92] A *parroquia* Sucre foi construída em 1936 devido aos altos índices de concentração demográfica na região oeste da cidade. Os blocos de La Silsa posteriormente vão fazer parte da *parroquia* 23 de Enero. O restante da região continuava sob a unidade territorial da *parroquia* Catedral.

[93] Para colocarmos esses dados em perspectiva, o crescimento de que estamos tratando nem se compara ao equivalente do censo de 1936 para o de 1941: a *parroquia* Catedral havia crescido de 24.199 para os 28.798 habitantes já citados (crescimento relativo de 19%); a *parroquia* Sucre, de

Capital de 1.257.515, para a *parroquia* Catedral de 76.837 e para a *parroquia* Sucre de 202.990 habitantes.

A inexistência de um programa de políticas públicas por parte do governo para solucionar os problemas mais imediatos da população, somada ao desemprego — aprofundado com o fim das obras do Plano de Emergencia — e à recessão econômica que vivia o país — ainda se recuperando dos efeitos da queda dos preços do petróleo no final dos anos 1950 — compuseram um quadro ainda mais crítico para a consolidação da transição democrática. Esta última seria assegurada com ampla repressão. Um dos primeiros alvos foi o PCV, que, apesar de ter assumido um papel protagônico na derrubada de Pérez Jiménez, foi excluído e jogado na clandestinidade. Junto aos comunistas, todos aqueles que não concordassem com as novas diretrizes do governo passaram a ser duramente reprimidos. O famoso lema "atire antes, pergunte depois" se tornou emblemático desses tempos.

No 23 de Enero, em particular, o PCV com seu braço armado — as Fuerzas Armadas de la Liberación Nacional (FALN) —, o recém-formado Movimiento de la Isquierda Revolucionária (MIR), dissidência da AD, e a URD foram os partidos de maior aceitação na região, compostos majoritariamente por jovens dos 16 aos 18 anos. Foram eles que estiveram à frente da luta armada e das primeiras investidas contra as ações repressivas do Estado e a favor de melhorias das condições de vida da *parroquia*. Apesar dos esforços do governo em silenciar essas vozes dissonantes através da violência, financiando a entrada de grupos paramilitares na região (La Cobra Negra), construindo comandos da polícia nos últimos andares de alguns blocos da zona do Mirador e incentivando desaparecimentos, torturas e assassinatos, a resistência sobrevivia, protegida pela geografia da zona, com seus blocos, *barrios*, diversas entradas e saídas para a região e pela colaboração dos vizinhos (que escondiam os rebeldes em suas casas, arranjavam-lhes comida, dinheiro, guardavam e forneciam armas ou artefatos para construir armas, como gasolina e garrafas, por exemplo, para as bombas molotov etc.) (Pacheco, Alavarez e Roman, 1987:87-90).

10.123 para os 33.607 (crescimento relativo de 231,99%); e o Distrito Capital como um todo, de 283.418 para 380.099 habitantes (crescimento relativo de 34,11%). Ver censo de 1951.

No governo de Betancourt, houve um esforço no sentido de apoiar outras organizações sociais no interior das comunidades. No 23 de Enero, por exemplo, as juntas pró-melhoras dos *barrios* se converteram em juntas pró-desenvolvimento da comunidade, com grande participação de lideranças da AD e URD.[94] Segundo Octavio Anderson, residente do setor El Porvenir, em Sierra Maestra, havia muita corrupção entre os membros das juntas pró-melhoras, pois se tratava de um pequeno grupo que recebia recursos do governo, mas que não os transferia para a comunidade (Anderson, 2011). Porém, os altos índices de votação em partidos hegemônicos do Punto Fijo na *parroquia* — aspecto que analisaremos mais adiante — não podem ser explicados somente pelo clientelismo, o que demonstra que havia também certa legitimidade dessas organizações.

Da mesma forma, nos blocos foram construídos os comitês sociais que tinham por objetivo contrabalançar a influência da esquerda radical no encaminhamento das políticas na região. O governo se dispunha a oferecer recursos através do Banco Obrero e outras instituições para financiar algumas obras necessárias. Um grupo de moradores mais mobilizados, de cinco ou 10 membros, respondia diretamente ao Estado e decidia quais obras seriam feitas (conserto de elevadores, pintura de paredes, provimento de água, gás, luz, entre outras demandas imediatas). A opção cativou, principalmente, os militantes e ativistas mais velhos (cerca de 40 anos) (Pacheco, Alvarez e Roman, 1987:93-95).

A juventude militante que atuava nas organizações armadas de vanguarda possuía restrições a essas instâncias e reivindicava seus direitos através de outros meios. Em oposição aos comitês, esses jovens do MIR e do PCV, principalmente, formaram os clubes juvenis ou comitês juvenis. Sua função era, concomitante à luta armada, promover atividades culturais na *parroquia* relacionadas a temáticas políticas, tais como dança, teatro, festas, excursões, artes plásticas etc. (Pacheco, Alvarez e Roman, 1987:96-97). Houve muita repressão a essas iniciativas, o que contribuiu para que acabassem desmanteladas nos anos seguintes. Porém isso não significou o fim da organização política da *parroquia*, que vai sobreviver ao longo dos anos, através de novas formas e com novos sujeitos à frente.

---

[94] Lembrar que houve uma ruptura na URD: parte do movimento se dedicou à luta armada, parte continuou participando do Pacto de Punto Fijo.

Portanto, os efeitos de todas essas organizações foram ambíguos no 23 de Enero. Observamos, por um lado, a persistência de uma organização rebelde armada e, por outro, a existência de outras organizações comunitárias que atuavam com o apoio dos partidos hegemônicos, ambos possuindo certo respaldo da comunidade. A questão é que se o respaldo à ordem vigente pode ser observado nos índices eleitorais, o respaldo à luta armada é mais difícil de ser medido. O que podemos inferir é que a sobrevivência dessas organizações na *parroquia* ao longo dos anos depende, em certa medida, da conivência ou mesmo do apoio dos vizinhos que não as delatavam aos órgãos de segurança e que as auxliavam de diversas formas no cotidiano.

Em termos de repressão, ela se tornou mais feroz, sobretudo durante o governo de Raul Leoni (1964-1968), sucessor de Betancourt. Kléber Ramírez Rojas, em seu livro de memórias sobre o 4 de fevereiro de 1992,[95] que reúne uma antologia de cartas e entrevistas concedidas pelo ativista político, relembra em uma oportunidade as ações da Cobra Negra e as vincula a uma política deliberada e intimidatória do Estado:

> Isso dos esquadrões da morte, as ameaças e as intimidações de grupos como a Cobra Negra é parte da política [repressiva] do Estado em um momento em que se encontra encurralado, pois havia perdido o consenso e a legitimidade. O desespero e a ausência de uma base política sólida e seu compromisso com uma política econômica e social francamente impopular, o leva a assumir [...] a repressão como último recurso. Não tem como esquecer que a política dos desaparecidos começa na América Latina com o governo de Leoni. Gonzalo Barrios[96] é o ideólogo desse tipo de operações. À diferença de Betancourt, que combatia seus inimigos de uma maneira frontal, Leoni e Barrios são os precursores desse tipo de medidas [...] intimidatórias [Rojas, 2006:213-214].

---

[95] Data do golpe de Estado, liderado por Hugo Chávez, contra o governo de Carlos Andrés Pérez. Ver capítulo 1 deste livro.

[96] Barrios assim como Rómulo Betancourt, Raúl Leoni, Luis Beltrán Prieto Figueroa, Andrés Eloy Blanco, Leonardo Ruiz Pineda e Jesús Ángel Paz Galarraga fazem parte da "Geração de 1928" — movimento de estudantes que teve importante papel na derrocada da ditadura de Juan Vicente Gomes — e são os fundadores do Acción Democrática (AD) em 1941. Barrios era ministro das Relações Interiores do governo de León.

Grisel Marín (2010) também recorda das ações desse grupo na Zona Central da *parroquia*. Segundo a moradora do bloco 30, o Cobra Negra invadia os edifícios, arrombava portas e reprimia indiscriminadamente todos os moradores:

> Lembro que uma vez entraram no Bloco 30 por conta de um distúrbio que havia aqui, estudantil, no [Liceu Manuel] Fajardo, e eles invadiram, inclusive até aqui chegaram a entrar, violando toda a imunidade deste recinto estudantil. Então, assim mesmo, entraram nos apartamentos dos edifícios, tanto o 30, quanto o 29 e se faziam chamar de A Cobra. Eram o Grupo Cobra. E foram arrebentando portas, golpeando pessoas por todo o seu caminho. Isso era algo cotidiano aqui no 23 de Enero. Depois que terminava o distúrbio no Liceu, eles terminavam nos Blocos.

Em termos de um quadro econômico-social da *parroquia*, será possível encontrar informações mais específicas da mesma a partir do censo de 1971, pois em 26 de janeiro de 1966 o Concejo Municipal a reconheceu e regulamentou como *parroquia* 23 de Enero, tornando-a uma unidade político-geográfica do Distrito Capital (*Gaceta Municipal*, mês VII, año LXIV, n. 11.806), atendendo a uma demanda de quase uma década dos moradores daquela região. Em consequência, em 1967 foi construída também a chefatura civil da *parroquia*, localizada no setor Mirador (Barreto, 1990:18).

Barreto, baseando-se no censo de 1971, fala que àquela altura havia uma população de 113.865 habitantes, uma das maiores de Caracas. Porém é curioso notar que o censo de 1981 registra um total de 86.767 habitantes, índice que vai decrescendo ao longo dos anos. O censo de 1990 registra 81.529 habitantes e o de 2001, 76.721.[97] Isso não ocorreu com outras *parroquias* ou com o próprio Distrito Capital, que viu sua população crescer ao longo desses anos, ainda que em proporções significativamente menores.[98] É provável que o aumento dos índices de violência

---

[97] É importante lembrar que, no início deste capítulo, destacamos que as cifras levantadas pelo censo não dão conta da totalidade de indivíduos residentes na *parroquia*. Referimos anteriormente que, dado o significativo aumento do número de *barrios* e das famílias residentes nos blocos, a população do 23 de Enero poderia chegar a cerca de 500 mil habitantes. Ainda assim, as cifras trazidas pelo censo podem ser interessantes para pensarmos em termos de tendências de crescimento da região.
[98] Em 1971, o Distrito Capital registrava 1.658.500 habitantes; em 1981, 1.816.901; em 1990, 1.823.222; e, em 2001, 1.836.286.

na *parroquia* tenha contribuído para construir esse quadro, pois, além dos permanentes confrontos envolvendo mortes e assassinatos, aquela região deixou de ser a opção daqueles que ainda emigravam do campo ou de outras partes do país: segundo o censo de 1981, 96,6% da população do 23 de Enero eram compostos por venezuelanos, sendo que 75,5% eram caraquenhos. Entretanto um estudo mais específico sobre as razões desse decréscimo ainda é necessário. Por outro lado, é importante destacarmos que as informações contidas no censo são bastante limitadas. As dificuldades em recensear os *barrios* que proliferaram no entorno dos edifícios, com suas moradias multifamiliares, explicam os índices conservadores apresentados.

O censo de 1981 nos fornece outros dados interessantes no que diz respeito ao perfil socioeconômico da *parroquia*.[99] Segundo Roberto Briceño León (1990:52), foram registrados 16.454 moradias, das quais 62% eram apartamentos e 31%, casas que correspondiam aos *barrios*, sendo que, destas, 3,2% eram consideradas *ranchos*, isto é, casas em condições mais precárias. A média era de 5,5 habitantes por apartamento e 5,2 habitantes por casa/rancho. Trata-se de uma população relativamente jovem — 56% dos habitantes possuíam menos de 25 anos, sendo a maior parte nascida e criada em Caracas, no próprio 23 de Enero. No aspecto educacional, havia uma taxa de 3,2% de analfabetismo (contudo, esse índice descarta os analfabetos funcionais), sendo que somente 35% terminaram os estudos do segundo grau e, destes últimos, quase a metade atingiu o ensino superior. Conforme sugere León, não havia nem muitos analfabetos, nem muitos universitários. Ou seja, tratava-se de uma população entre fins do ensino primário e início do ensino médio. O índice de desemprego estava em torno de 10% da população economicamente ativa. Dos 48% da população que se encontravam trabalhando de maneira remunerada, 54% eram empregados, provavelmente nos arredores do centro da capital. Desse índice, 30% estavam empregados no setor privado e 24% no setor público. Os operários correspondiam a 25% dessa população, tanto do setor público quanto do privado. Os trabalhadores autônomos correspondiam a 9,6%, dos quais 1% se definia como "patrão". Cerca de 46% da população trabalhavam no setor de serviços.

---

[99] O censo de 1971 contou com escassos recursos do Estado para sua realização, de sorte que o resultado final ficou bastante incompleto, fornecendo poucas informações em nível *parroquial*.

É importante insistir nessas cifras, pois existe uma difundida imagem do 23 de Enero como uma zona operária, a qual, como se vê, não é de todo verdade. É uma população que podemos chamar de "modesta classe média", composta por empregados de nível baixo ou médio na escala hierárquica das empresas privadas e escritórios públicos [...]. Em conclusão, nem patrões, nem operários, mas sim, empregados [León, 1990:53].

Esse panorama social, mais orientado a uma classe média, é fruto também dos efeitos dos áureos tempos petroleiros dos anos 1970, quando a economia do país se reergueu da crise com o aumento do preço do barril e houve uma relativa melhoria das condições de vida da população como um todo. Porém, nos anos 1980, com a crise provocada pelas reformas neoliberais, houve uma mudança desse panorama no sentido de um empobrecimento da população e do aumento do custo de vida.

Entre 1969 e 1974, depois dos duros anos do governo León, o novo presidente Rafael Caldera deu início a uma "política de pacificação". Àquela altura, muitos dos grupos políticos mais radicais que tinham vida no 23 de Enero haviam sido desmantelados (Pacheco, Alavares e Roman, 1987:102). Na metade dos anos 1960, o PCV havia entrado em crise e passou a questionar a luta armada, voltando-se para a disputa eleitoral. Um pouco depois, o MIR seguiu pelo mesmo caminho. Segundo Contreras,

> no ano de 65, 64 ou 65, o Partido Comunista entra em crise: disse que a luta armada está claudicando... e se lançam à luta aberta, a buscar a eleição através dos votos para participar do Congresso da República... outro tanto faz o MIR, no ano de 69 [Contreras, 2010].

É importante ressaltar que, nos "salões"[100] do Módulo de la Polícia Metropolitana, localizado na Zona Central da *parroquia*, muitos desapareceram e foram torturados — o que contribuiu para esse desmantelamento do PCV e do MIR.

Ainda assim, algumas organizações persistiram com a luta armada, como o Partido de la Revolución Venezolana ligado à FALN, nascido em 1966, com Douglas

---

[100] Para uma diferenciação entre os "salões" e os "porões" das forças repressivas do Estado, ver nota 52.

Bravo à frente; o Bandera Roja, com Carlos Betancourt, nos anos 1970, produto de uma divisão do MIR; e o Organización de Revolucionários (OR), com Julio Escalona, Marcos Gómez e Clemente Scotto. "Cada uma dessas organizações político--militares tinha por objetivo a tomada do poder através das armas e implantar o socialismo" (Contreras, 2010). Tais organizações tinham frentes políticas legais para desenvolver concomitantemente a luta ideológica e a organização da comunidade — como a Ruptura, do PRV-FALN, e a Liga Socialista, da OR —, através das quais se lançavam revistas de discussões e se organizavam comitês de trabalho. Contreras (2000:53) cita, por exemplo, as experiências da "Voz do Mirador", no bloco 45; a Casa de Cultura de Monte Piedad e a Frente Cultural, localizada entre La Cañada e a Zona Central.

O Bandera Roja tinha três frentes: Comitê de Luta Estudantil Revolucionária (CLER), Comitê de Lutas Populares (CLP) e Comitê de Lutas Obreiras (CLO), cujo objetivo era combinar ações dos estudantes, dos *barrios* e dos operários. Além disso, também possuía a revista *Que Hacer*.

> Todas essas organizações, que são produto dessa divisão, começam a militar em todo o país e começam a militar no 23 de Enero [...]. Esses primeiros núcleos armados de organizações político-militares, como a OR, o PRV, Bandera Roja e o Punto Cero. Punto Cero foi uma organização que recebeu o apoio de Cuba, estiveram lá em treinamento e um dos chefes deles vivia aqui no 23 de Enero, Rubén Álvarez [Ramón Antonio Álvarez, o comandante Rubén], carinhosamente chamado de O Cabeção, que foi assassinado no ano de 1972 [Contreras, 2010].

Entre as principais reivindicações estavam: a repressão, a luta por um serviço de água permanente, pelo funcionamento dos serviços públicos de maneira geral e pela qualidade de vida da comunidade (Contreras, 2010).

A questão da repressão, em particular, foi determinante para que muitos jovens aderissem às organizações armadas. No 23, eles eram o principal alvo das arbitrariedades da polícia, conforme podemos observar na fala de Contreras:

> A Guarda Nacional costumava chegar aqui no 23 de Enero com umas tesouras e cortavam nossos cabelos... nessa época se usava o [penteado] afro. Então, corta-

vam o de todo mundo por igual, havia uma indiscriminada repressão contra todos que estivessem ou não estivessem envolvidos na atividade. E isso foi formando um espírito de rebeldia devido às balas, à perseguição. Praticamente era um delito ser jovem aqui no 23 de Enero [...]. Minha casa foi arrombada 49 vezes pelos corpos de segurança do Estado [Contreras, 2010].

Esse discurso está presente em outras entrevistas realizadas com tradicionais líderes comunitários do 23 de Enero que estiveram ligados também à luta armada nos anos 1970 e 80.

Luis Isturiz, por exemplo, mais conhecido como Chaca, destaca que esses grupos armados lutavam por direitos elementares, mas eram duramente reprimidos pelos corpos de segurança e, por essa razão, precisavam responder à altura:

Aqui havia muitos grupos armados que, certamente, brigavam pela água, pela justiça social, para que todos tivessem os mesmos direitos e deveres, para que existisse um sistema de transportes que funcionasse, pela permanência da luz, da água potável e esgoto [...]. O que passa é que quando os corpos repressivos do Estado atacavam, os companheiros atacavam. Atacavam de igual maneira que eles nos atacavam [Isturiz, 2010].

Nos anos 1960 e 70, os combatentes dessas organizações eram chamados de *ñángaras*.[101] Porém, a partir dos anos 1980, um novo adjetivo passou a ser utilizado para identificar todos aqueles jovens encapuzados[102] que estavam envolvidos na luta armada: *tupamaros*. Essa denominação genérica, que tem suas origens numa caracterização feita pela polícia, se tornou extremamente popular nos meios de comunicação e no senso comum para qualificar toda e qualquer ação armada no 23 de Enero, seja daqueles grupos envolvidos com a luta armada, seja dos grupos de narcotraficantes que, ao longo dessa década, vão ganhando cada vez mais espaço.

---

[101] Em Cuba, Honduras e Venezuela, em especial, *ñángara* é um termo utilizado para designar os comunistas, socialistas ou esquerdistas (militantes ou simpatizantes de partidos de esquerda).
[102] Um dos maiores símbolos da luta armada desses anos são os capuzes. Eram utilizados pelos jovens que atuavam na clandestinidade em um permanente estado de confronto com a polícia, razão pela qual suas identidades eram mantidas anônimas.

Até hoje, a *parroquia* é conhecida como território dos tupamaros, termo que, na maior parte das vezes, possui um sentido pejorativo, associado à violência.

A escolha do termo *tupamaros* para designar os "subversivos" venezuelanos está relacionada às semelhanças identificadas pela polícia com a famosa guerrilha urbana que ocorreu no Uruguai[103] e ao fato de alguns jovens uruguaios que participaram dessa organização terem se refugiado no 23 de Enero e, depois, terem sido presos. Nas palavras de Contreras (2010):

> A polícia colocou esse nome em voga para estigmatizar, para criminalizar a juventude que, nesse momento, vinha se levantando. Então, coincide com duas coisas: uma, a metodologia que se está utilizando nesse momento [...] de expropriações financeiras, passando por veículos, o enfrentamento armado, a propaganda armada [...]. Como isso estava sendo feito em um *barrio* muito próximo do centro da capital e estava sendo feito em plena cidade, era uma metodologia muito similar à que utilizou o Movimento de Liberación Nacional Tupamaros, no Uruguai [...]. Mas, também, em meados desses anos 80, quando se batiza os movimentos do 23 de Enero de "tupamaros", coincide com um fato que é o desmantelamento de um bando que se dizia "Os Tupamaros", formado supostamente por ex-guerrilheiros e por gente do Uruguai, entre eles, um sobrinho de [Julio Maria] Sanguinetti [...] e outros rapazes jovens [que] caem aqui detidos por expropriações a entidades financeiras, buscando dinheiro para financiar a luta na América Central.

Entre as várias organizações que existiam na *parroquia*, algumas se apropriaram do nome, como no caso do Movimiento Revolucionario Tupamaros (MRT) ou a Frente de Resistência Popular Tupamaros (FRPT).

---

[103] Os Tupamaros do Uruguai foram os protagonistas da guerrilha urbana naquele país nos anos 1960 e 70 e durante a ditadura civil-militar (1973-1985). Foram duramente reprimidos pelo Estado, mas sobreviveram e voltaram à vida pública com a redemocratização, formando um partido. O nome deriva do legado histórico da sublevação camponesa liderada por José Gabriel Condorcanqui, no século XVIII, contra o Império espanhol, que contou com amplos setores da sociedade. Condorcanqui mudou seu nome e ficou conhecido na história como Tupác Amaru II, em homenagem ao Tupác Amaru I, considerado herdeiro do trono inca e que também havia se sublevado contra o Império espanhol em fins do século XVI, na região do Peru.

Porém, existe uma grande polêmica entre as organizações do 23 de Enero em relação aos "autênticos" tupamaros venezuelanos. Alguns membros do MRT, por exemplo, em entrevista a Maryory Fernández, em 2006, apresentaram-se como porta-vozes de todo esse movimento plural que representou a luta armada nos anos 1970 e 80. Era como se o movimento fosse um estuário para todas aquelas organizações.

Segundo Oswaldo Canica, líder do MRT, a apropriação do nome *tupamaro* pelos movimentos sociais da *parroquia* teria servido para dar uma unidade à luta contra a repressão e o narcotráfico — problemática que se tornou grave na *parroquia*, conforme veremos mais adiante.

> Nós começamos a nos chamar de Tupamaros, quando começam a nos chamar de [...] "Os Tupas do 23 de Enero". Aqui se deram acontecimentos [...] os quais não tínhamos nada a ver com isso, mas, sim, assumíamos a responsabilidade porque era uma luta que se estava gestando a nível nacional [...]. Então, nesse momento, nós começamos a nos fusionar, a nos integrar dentro de um planejamento revolucionário [Canica[104] apud Fernández, 2006:119-120].

Sobre esse processo de fusão dos movimentos sociais da *parroquia* em torno do emblema *tupamaros*, Canica cita algumas dessas organizações:

> Dentro dessas correntes, bem, encontram-se: companheiros do MRT, Movimiento Revolucionario de los Trabajadores, companheiros que vieram do Bandera [Roja], companheiros que vieram do Venceremos, companheiros que vieram também, se assim deseja, das lutas populares, centros culturais, esportivos, de agrupamentos que de uma ou outra maneira contribuíram para o planejamento do que hoje em dia foi Tupamaro [Canica[105] apud Fernández, 2006:113].

Lisandro Pérez, também conhecido como Mao, ex-militante do Bandera Roja e da Frente de Resisténcia Popular Tupamaros, associa os tupamaros ao primeiro

---

[104] Entrevista de Osvaldo Canica cedida à Maryory Fernández, em 12 de abril de 2006.
[105] Ibid.

coletivo[106] formado na *parroquia*, como um desdobramento da luta armada e formado no âmbito do combate aos narcotraficantes:

> O primeiro coletivo que nasce, que não é com Chávez, mas antes de Chávez, é o que a gente chama de Tupamaros [...] Minha pessoa e outros companheiros, vamos criando esse coletivo, mas muito na clandestinidade [...]. Nós nunca nos chamamos Tupamaros. Foi o povo que nos colocou Tupamaros... [...] Qual era [nosso objetivo]? Resgatar os espaços. Por que os espaços? Porque estavam caindo para o narcotráfico. [...] Então, nós começamos... Claro, talvez com um método não muito correto, [...] com enfrentamentos diretos com eles [Pérez, 2010].

Alguns líderes autodenominados *parroquia* decidiram, além do combate ao narcotráfico, participar de eleições e formaram o Partido Político Tupamaro (PPT). Segundo Fernández, trata-se da primeira ruptura do Movimiento Revolucionario Tupamaro (MRT), quando uma fração, sob a liderança de José Pinto, decidiu sair da clandestinidade e concorrer às eleições parlamentares de 2004, já sob o governo Chávez. No entanto, a porcentagem de apoio ao partido representou 2% dos votos válidos na circunscrição correspondente ao 23 de Enero, sendo que o Movimiento Al Socialismo (MAS) — partido de esquerda — recebeu 89% (Fernández, 2006:126-129). Lisando Pérez não participou do partido, manteve-se na Frente de Resistência Popular Tupamaros por mais um tempo e, atualmente, desvinculou-se de todos os coletivos *políticos* e milita unicamente pelo Partido Socialista Unido de Venezuela (PSUV).

Juan Contreras (2010), por sua vez, faz uma distinção entre o que seriam os "tupamaros históricos" e os "novos tupamaros", mas ressalva que muitos daqueles militantes da luta armada estão fichados nos organismos de repressão como tupamaros:

---

[106] Os coletivos políticos são bastante característicos do 23 de Enero. São organizações armadas que existem até os dias atuais, egressas da luta que se travou na *parroquia* nos anos 1980 e 90 contra o narcotráfico e voltadas para um conjunto de trabalhos comunitários que analisaremos em detalhe mais à frente.

No início do ano de 1998, produto de um assassinato aqui, um grupo começa a protestar. Esses foram denominados os Novos Tupamaros. Mas os Tupamaros digamos que históricos foram as pessoas que se levantaram aqui no final dos anos 70, início dos 80, que participaram de toda essa jornada de luta que se deu. De fato, muitos de nós estamos fichados nos corpos de segurança de Estado, como a DIM, a Disip, que são os organismos de Inteligência, como "tupamaros".

Nelson Santana, liderança de outro coletivo político que surgiu nos anos 1980, o La Piedrita, e há muito tempo envolvido na luta política e cultural na *parroquia* — sobretudo através da pintura de murais políticos nos prédios e paredes dos blocos —,[107] quando perguntado sobre os tupamaros, no sentido de quem eram, negou-se a falar sobre eles, pois, para o La Piedrita, eles são considerados inimigos e assassinos.

É válido notar que, ao lado da luta armada dos anos 1970 e 80, outras organizações foram ganhando forma e espaço: grupos culturais, associações de vizinhos, movimento estudantil, diversos tipos de trabalhos comunitários, grupos religiosos e desportivos. Segundo Pacheco, Alvarez e Roman (1987), essas organizações não tinham como perspectiva um horizonte revolucionário, mas sim o de desenvolver atividades na *parroquia* de diferentes tipos e obter melhorias. Contreras (2000:55) cita alguns destes grupos:

> Unión Cultural Cañada, Cine Club La Hormiga, Jóvenes Unidos, Por un Mejor Vivir, Grupo Cultural José Félix Rivas, Amigos Del Teatral Cristo Rey, Fundarte (23 de Enero), el grupo Experimental Canaima, El Bambú, Nuestro Barrio, El Hombre Nuevo y Fetracultura 23 de Enero.

No âmbito dos grupos culturais, no princípio, muitos jovens estavam à frente, desenvolvendo atividades de caráter educativo, como "conversas sobre sexologia, controle de natalidade, pintura e história" (Pacheco, Alvarez e Roman, 1987:105). Como não estavam vinculados a nenhuma filiação partidária, tanto as organiza-

---

[107] Santana é conhecido por homenagear, em suas pinturas, os combatentes do 23 que foram mortos e personagens históricos identificados com as lutas sociais, como Manuela Sáenz, Che Guevara, Simón Bolívar, entre outros.

ções de esquerda quanto as instituições governamentais ofereciam apoio às iniciativas numa disputa por áreas de influência. O resultado foi a politização e radicalização de muitos desses grupos. O objetivo passou, cada vez mais, a estar voltado para o resgate da cultura popular e para a construção de uma identidade local. "Buscava-se o desenvolvimento de uma cultura popular que os conduzia à defesa dos direitos e liberdades de seu território através de atividades como teatro ou danças folclóricas" (Pacheco, Alvarez e Roman, 1987:108). Na medida em que estes grupos passaram a enfrentar os corpos policiais com protestos, houve um distanciamento de muitos moradores com medo da repressão. Já no final dos anos 1970, houve o esgotamento parcial dessas iniciativas.

Houve também um forte estímulo dos partidos tradicionais do governo que, por sua vez, tinham bases sociais na *parroquia* também, para a formação de associações de moradores, que atuavam no combate tanto de narcotraficantes e outros delinquentes quanto de ativistas de esquerda:

> Dessa época são as famosas associações de moradores de Cornelia Ruiz nos blocos 3 e 4, de Monte Piedad, a de Diogenes Cavallero, no bloco 45, de El Mirador, e a de Rafael Centella, no bloco 30, na Zona Central, que atuaram com muita dureza igualmente contra os delinquentes e os ativistas de esquerda na luta contra a venda, a distribuição e o consumo de drogas [Contreras, 2000:54].

Pacheco e colaboradores estimam que, nos anos 1980, havia cerca de 52 associações de vizinhos. Tais associações se dedicavam também a trabalhos comunitários, como "a limpeza de escadas, serviços elétricos, plantio de sementes para embelezar os blocos, entre outros" (Pacheco, Alvarez e Roman, 1987:112). São trabalhos com um perfil bastante pragmático, sem envolver reivindicações mais amplas, como o tema das liberdades. Todas as associações precisavam ter o registro oficial fornecido pela chefatura civil da *parroquia*, e as reivindicações deveriam ser encaminhadas pelo presidente da associação em forma de petição, que deveria ter a autorização do chefe civil da *parroquia* para ser atendida. "A via legal impunha o contato com a instituição oficial e que os dirigentes fossem pessoas simpáticas ao governo" (Pacheco, Alvarez e Roman, 1987:113).

Da mesma forma, os grupos cristãos e religiosos que se engajavam em algum tipo de trabalho comunitário acabaram se afastando de discussões políticas mais amplas, sobressaindo, desse modo, um caráter mais pragmático de atendimento das necessidades imediatas.

A popularização destas organizações torna-se evidente quando consideramos os índices eleitorais. Os partidos hegemônicos, como AD e Copei, costumavam ser os mais votados na região a partir dos anos 1970. Nas eleições de 1973, num total de 47.057 votos válidos, 33,7% foram para a AD e 28,3% para o Copei, que contribuíram para a eleição de Carlos Andrés Pérez, candidato do primeiro. Tal tendência só fez aumentar ao longo dos anos: em 1978, a AD, partido mais votado, levou 33,7% dos votos; nas eleições de 1983, 45,3%; e nas eleições de 1988, 51%. De 1968 a 1988, os votos correspondentes aos partidos de esquerda (MAS, MIR e MEP) migraram cada vez mais para AD e Copei.[108] O MAS, por exemplo, partido de esquerda, se manteve sempre em terceiro lugar nos votos, com 16,6% nas eleições de 1973; 13%, na de 1978; 8%, na de 1983; e 9,3% na de 1988, esta última contando com o apoio do MIR.[109]

É certo, portanto, que havia um significativo respaldo aos partidos hegemônicos que não pode ser explicado somente pelo clientelismo.[110] O *puntofijismo* foi um projeto de direita que se tornou popular e conquistou sua legitimidade perante a maioria da população. Até os anos 1980, em especial, os efeitos da bonança petroleira se fizeram sentir nas comunidades populares, contribuindo para construir esse quadro (lembramos que anteriormente foi traçado um perfil socioeconômico da *parroquia* nos anos 1980 que apontava para uma incipiente classe média). Essa postura só co-

---

[108] Nas eleições de 1968, o partido *perejimenista* Cruzada Cívica Nacionalista (CCN) foi o mais votado na *parroquia*, ganhando 27,9% dos votos, seguido pelo AD, com 16.4%, Movimiento Electoral del Pueblo (MEP), de viés mais esquerdista, com 12, 4%, e Copei, com 5% — sendo este último o partido vencedor do pleito, com Rafael Caldera. Outros partidos somaram 31,6% dos votos.

[109] Ver CNE. "Analisis Electorales del Estado desde 1958 hasta 1983", p. 139; "Elecciones de 1988", p. 573. A División de Estadística do Centro Nacional Electoral conta com poucos levantamentos eleitorais, em nível das *parroquias*, do período correspondente ao Punto Fijo. Não conseguimos encontrar informações sobre as eleições legislativas municipais. Vale lembrar que não havia eleição direta para prefeitos e governadores durante esse período.

[110] O clientelismo, por si só, não pode explicar a popularidade dos partidos hegemônicos nas eleições, porém é um elemento que tampouco pode ser desconsiderado. A utilização da máquina pública (em termos de propaganda, recursos, trocas de benefício etc.) também cumpre um papel nos resultados eleitorais, ainda que não tenhamos condições de medi-lo neste livro.

meça a mudar de maneira mais significativa depois das reformas neoliberais implementadas nessa década e cujas consequências teriam como ápice o Caracazo.

Portanto, quando caracterizamos o 23 de Enero como uma região onde se travaram importantes lutas sociais ao longo desses anos e como um território marcado pela organização popular, no que tange à luta armada, esta era desenvolvida por organizações vanguardistas que atuavam na clandestinidade, herdeiras do modelo marxista-leninista dos anos 1960 e 70. Se havia a solidariedade de muitos moradores ao movimento social (senão não teriam sobrevivido por tanto tempo), por outro lado havia também apreensão, medo, cautela. Finalmente, quando falamos também da "organização popular", não podemos ignorar a existência dos outros tipos de organizações comunitárias que mencionamos, que atuavam de forma legal e com o apoio dos partidos vigentes.

Além dos grupos armados e dessas organizações comunitárias às quais nos referimos, os estudantes constituíam também outra força política bastante significativa da *parroquia*, especialmente aqueles que estavam à frente do Liceo Manuel Palacio Fajardo, localizado na Zona Central. O colégio, desde que foi criado em 1959, foi palco de vários protestos. Por essa razão, os mecanismos de repressão do Estado fizeram duras investidas contra os estudantes, culminando, inclusive, na morte do jovem Luis Rafael Villegas, em 1978, causando grande comoção popular.

O *liceo* se tornou uma referência, um símbolo da luta dos estudantes na *parroquia*. Não foi à toa que, conforme mencionamos, Hugo Chávez Frías tenha mudado sua zona eleitoral deliberadamente para o *liceo* para referendar essa tradição de combatividade — não apenas do colégio, mas também da *parroquia* como um todo.

> Quando são tempos eleitorais, este Liceu é centro de votação. Por certo, o Presidente da República, Hugo Chávez Frías, vota aqui. Ele antes votava em La Pastora, na *parroquia* La Pastora, e em reconhecimento ao grande apoio que recebeu do povo do 23 de Enero ao processo bolivariano, ele vem compartilhar conosco esses dias [Marín, 2010].

Segundo Pedro Figueroa Guerrero (2009), ex-morador do 23 de Enero, testemunha daqueles anos 1970 e 80, em depoimento para a agência de notícias Aporrea (aporrea.org), durante o governo de Caldera "o presidente se viu obrigado a extinguir o quarto e o quinto anos do *liceo*", encaminhando os estudantes para outras instituições fora do 23 de Enero. Além disso, criou também o Instituto Nacional de Capacitación y Educación (Ince), que oferecia cursos profissionalizantes para jovens, atraindo muitos daqueles que compunham o movimento estudantil na *parroquia*. Segundo Pacheco, Alvarez e Roman (1987:118-119):

> Essa especialização da mão de obra ocasionou um deslocamento dos jovens ativistas do movimento estudantil, que iam em busca de instituições que os ajudassem em seus estudos e em sua incorporação ao mercado de trabalho, o que trouxe como consequência a dispersão do movimento. Há que destacar, além disso, que contra as lutas estudantis se levou a cabo uma das maiores ações repressivas através de agitadores profissionais ou corpos policiais. Foram muitos jovens do Liceu que morreram ao enfrentarem a repressão estatal durante as manifestações estudantis.

Luis Isturiz, antes de entrar para luta armada no 23, fez parte desse movimento estudantil — ainda que não diretamente pelo Liceo Fajardo. Acabou sendo expulso de vários colégios pelos quais passou por se destacar como liderança estudantil, inclusive, quase foi morto quando participava de um protesto:

> Nesses tempos havia muitos protestos... muitos protestos de rua, precisamente em todos os liceus. Eu lembro que houve um protesto quando me elegeram [para dirigente estudantil] e por casualidade a Polícia Metropolitana não me matou. Naquele tempo, a Polícia Metropolitana era mais repressiva, era muito mais repressiva que agora neste momento. [...] Havia uma orientação do governo para que dirigentes estudantis [...] fossem expulsos dos liceus. Assim como me expulsaram, expulsaram muitos dirigentes estudantis [Isturiz, 2010].

Isturiz, posteriormente, militou junto a FALN e Bandera Roja até se retirar parcialmente da luta armada nos anos 1980 para terminar os estudos. Ele chegou a começar o curso de economia na Universidad Central de Venezuela, mas acabou expulso também.

Apesar de a luta armada ter sido prejudicada com a repressão ao longo dos anos 1960, na década de 1970 a atuação de grupos de extermínio no 23 de Enero se mantinha. Na página do Centro Gumilla, por exemplo, há um trabalho do jornalista Marcelino Bisbal sobre o jornal popular *La Voz de Catia: Diario del Oeste*, no qual Bisbal faz referência a uma manchete do dia 20 de janeiro de 1977, na edição n. 38 do jornal, sobre a reaparição do grupo paramilitar "La Cobra Negra" no "23 de Enero" (Bisbal, 1977:40).

Portanto, podemos perceber que o estado de violência e os confrontos com a polícia avançaram por essa década. Inclusive, essa é uma razão fundamental para compreendermos o processo de despolitização de muitas organizações comunitárias que mencionamos acima. Aqueles que não seguiam os ditames institucionais para reivindicações de demandas corriam o risco de ser duramente reprimidos pelos corpos policiais.

Nos anos 1980, o tráfico de drogas passou a ter um papel cada vez mais relevante. Se, por um lado, havia conivência dos órgãos de segurança, por outro, havia também a participação de muitos moradores da *parroquia*, inclusive de antigos membros da luta armada.

> Isso alcança o clima mais alto nos anos 80, 81, 82, quando diminui a organização popular; as pessoas começam, temerosas, a perder espaços, e esses espaços que antes eram utilizados para a organização, para a discussão, para a recreação, para a cultura, começam a ser tomados por bandos de narcotraficantes, e as pessoas começam a se encarcerar, a se encarcerar em suas casas, com cadeados, com grades etc. e, então, você via um 23 de Enero desolado, onde os bandos de narcotraficantes e delinquentes eram os que assumiram o controle absoluto do 23 de Enero, e a própria repressão ameaça desmembrar o próprio movimento popular como tal [Pinto[111] apud Fernández, 2006:115-116].

Em 1997, um grupo de três estudantes fez um estudo sobre a violência no 23 de Enero para sua monografia de conclusão de curso em antropologia. Durante as duas semanas em que residiram na *parroquia*, escreveram um diário com suas impressões e observações sobre os comportamentos dos moradores. Recorrentes em suas anotações estão: a presença de grupos armados circulando para todos os

---

[111] Entrevista concedida a Maryory Fernández, em 31 de maio de 2005.

lados, tanto durante o dia quanto à noite, os diversos pontos de venda de droga por onde transitam jovens de várias idades submetendo-se a todo tipo de humilhação para ter acesso ao produto, o consumo indiscriminado em áreas públicas — sobretudo nas madrugadas —, o tráfico de armas, os disparos permanentes (devido aos confrontos ou para testar as armas para vendê-las), as marcas de tiros nas paredes das casas e nos muros dos edifícios, os assaltos de todo tipo (furtos de carteiras, invasão de casas, assaltos a ônibus, a postos de gasolina, a padarias, entre outros), o abandono de carros roubados e saqueados em vias públicas, os constantes enfrentamentos entre bandos diferentes de narcotraficantes e a existência de grupos armados compostos por moradores da própria comunidade que tentam combater os grupos ilícitos.

> O exercício de poder dos grupos ilícitos se sustenta no medo como um elemento primordial; a comunidade sabe quem são, quantos, onde estão, o que fazem, como fazem, para que fazem, a quem agridem e como agridem, mas é melhor não se comprometer; resguardar a integridade física individual e familiar é o principal objetivo. [...] por um lado, rechaçam as ações violentas, por outro, existe essa cumplicidade [González, Hernández e Sulbarán, 1997:109-110].

Juan Contreras explica que, em muitos casos, a população optou por respeitar os espaços de cada atividade na medida em que não havia condições para um enfrentamento direto que realmente solucionasse o problema no interior da comunidade:

> Persiste a ideia de que a imposição de uma parte da comunidade sobre a outra passaria necessariamente por um enfrentamento de muito profundo alcance e, nessas condições, é preferível a convivência dos cidadãos "de bem" com os que tenham desviado seu rumo [Contreras, 2000:57].

A violência está presente em todos os aspectos da vida do morador do 23 de Enero desde longa data: nos afazeres cotidianos, na escola, na rua, no trabalho, nas áreas de lazer (González, Hernández e Sulbarán, 1997:108). Ela invade a vida privada dos moradores com as perfurações de bala nas paredes e portas; com a falta de serviços públicos, levando a condições insalubres de vida (cortes sistemáticos no fornecimento de água, deterioração das estruturas e dos espaços públicos; acúmulo de lixo por falta de coleta etc.); com a perda de um ente querido devido a algum enfrentamento com bandos narcotraficantes ou como consequência do consumo das drogas ou como fruto de algum enfrentamento com a polícia; com o toque de recolher não oficial, já que depois de determinadas horas as ruas são tomadas por drogados e traficantes e a polícia tem o aval de reprimir a qualquer um; com a presença constante da Guarda Nacional revistando jovens, agredindo-os, exigindo documentos, proibindo a utilização de cabelos longos, de barbas; com as agressões sofridas, entre outros aspectos.

Em resposta a esse quadro e sem poder contar com a polícia ou a Guarda Nacional para solucionar o problema, as organizações existentes na *parroquia* passaram a se voltar cada vez mais contra esses bandos, com o objetivo de recuperar os espaços públicos e reativar atividades culturais e desportivas. Com isso, passaram a contar com o apoio de muitos moradores.

Gustavo Rodriguez, em entrevista para o documentário *Fuegos bajo el agua* (2009), conta que, no começo dos anos 1980, no setor de Monte Piedad surgiu a ideia de sequestrar alguns veículos públicos e privados para chantagear o Estado no sentido de atender às demandas da comunidade:

> Na década de 1980, os serviços estavam em franca deterioração, os térreos, as escadas não tinham iluminação, o acesso não funcionava e [...] a alguém do grupo ocorreu: "Olha, vamos sequestrar alguns veículos!" [...] Tivemos cerca de 36 veículos de distintos institutos [...], inclusive, de empresa privada [...] Foram cinco meses de luta, dia e noite, em assembleias diárias e contínuas, de ir e vir, desde as pessoas que preparavam a comida, levavam a comida para nós nos postos de batalha... À noite, as senhoras desciam com café, com *arepas*, para os que cuidavam da noite. As pessoas estavam participando de uma maneira massiva. Haviam-se formado comissões em todos e em cada um dos blocos. E, evidentemente, o inimigo circundava de noite e era repelido [Rodriguez, 2009].

No final, as instituições públicas assinaram atas nas quais se comprometeram a atender às demandas dos revoltosos, isto é, conserto de "elevadores, de tubulação de água potável e esgoto, cabeamento de eletricidade e telefone, reparação de dutos e serviços permanentes de coleta de lixo" (Contreras, 2000:55-56).

É nesse contexto que começam a surgir os coletivos, organizações armadas egressas das lutas que se desenvolveram em décadas anteriores e comprometidas com o combate aos narcotraficantes, com a recuperação dos espaços públicos e com o incentivo a trabalhos comunitários para melhorar as condições de vida da população. Em 1986, por exemplo, sob a liderança de Valentín Santana, foi formado um dos coletivos mais tradicionais do 23 de Enero, o La Piedrita, num *barrio* de mesmo nome.

Lisandro Pérez, também veterano da luta armada e que se envolveu de igual maneira na formação de outro coletivo, fala que a expulsão do Módulo da Polícia Metropolitana da *parroquia*, em 2005, foi expressão do papel assumido por essas organizações sociais na defesa de seu território. Segundo Mao, como Pérez é conhecido, o 23 de Enero não precisa de policiamento. Este fica a cargo dos coletivos e milícias populares que a constituem. Para Pérez (2010), na *parroquia*, predomina a justiça comunitária exercida pelos próprios habitantes:

> Quando estava muito na moda o *hampa* [narcotráfico], [...] as pessoas se organizavam. Formavam seus grupos de autodefesa. Aqui se faziam juízos. Juízos Populares! [...] Às vezes tinham que tomar medidas extremas. Mas eram decisões soberanas. Não se trata de linchamentos, nada, porque não estamos de acordo com isso. Mas, sim, às vezes havia que tomar decisões e era necessário executá-los. Nós não vemos as ações como vingança, não, acreditamos que é a justiça. Por que não vamos ao Direito? Porque o Direito é burguês! O Direito não vai antepor os interesses populares em cima dos privilégios burgueses. Então, havia que levantar a grande virtude que é a justiça. E, por isso, fazíamos essas coisas.

Muitos moradores da *parroquia* não concordavam com as ações desses grupos, considerados responsáveis pelos frequentes embates com a polícia. Portanto, o aval da *parroquia* para essas ações deve ser relativizado. A construção da Coordinadora Cultural Simón Bolívar (CCSB), em 1993, sob a liderança de Juan Contreras, por exemplo, é parte de uma autocrítica desses grupos armados quando viram a necessidade de construir uma alternativa à luta armada como meio para efetivamente integrar o trabalho político e social com a comunidade — processo de que trataremos melhor adiante.

Em 1989, a violência atingiu seu ápice na *parroquia* com o Caracazo. Já tivemos a oportunidade de falar sobre essa revolta em outro capítulo, porém no que diz respeito ao 23 de Enero, em particular, trata-se de uma das zonas que sofreu maior repressão. Houve muitos protestos espalhados em diversos setores. Na época, Manuel Mir era secretário da chefatura civil do 23 de Enero e lembra que os revoltosos chegaram, inclusive, a matar o comandante do Módulo da Polícia Metropolitana do setor La Cañada (Mir, 2010).

Por outro lado, Grisel Marín destaca que a repressão no 23 de Enero foi também muito dura. Lembra-se do barulho das ambulâncias e dos tiroteios, das matanças indiscriminadas e, em especial, lembra-se do massacre que testemunhou de seu apartamento, no bloco 30, da Zona Central. Segundo Marín, da janela foi possível ver o fuzilamento em fila, nos arredores de Catia, de vários presos que haviam sido retirados da prisão em que estavam e exterminados em plena luz do dia. Depois, seus corpos e de outras vítimas foram jogados no rio Guaire, onde dificilmente seriam encontrados. Para Marín (2010), não há como estimar o número de mortos.

> Foi uma arremetida contra o 23 de Enero muito forte. E as ambulâncias, o som das sirenes, os tiroteios, os gritos, tudo isso ficou gravado [na memória]. Houve arrombamentos, a Guarda Nacional e a Polícia Metropolitana se instalaram aqui, a nos matar. [...] Nesse dia nunca se soube qual a quantidade de mortos que houve. Eu já vi cifras de 200, eu já vi cifras de 700, mas é incalculável o número de mortos. Foram dias bem, bem, obscuros para nós. Espero que não voltem. [...] No dia 27 de fevereiro, os blocos 22 e 25 ficaram como [...] peças de museu. A Guarda Nacional arrancava as janelas dos apartamentos de mãos armadas. Era uma diversão para eles.

José Roberto Duque arrisca dizer que foram mais de 3 mil mortos, considerando as fossas comuns encontradas depois. Além disso, fala também que esse episódio acabou por dividir a história da Venezuela em antes e depois do Caracazo, assim como dividiu sua vida:

Logo se produz o estopim do 23 de fevereiro de 1989, isso que é o que se conhece como o *Caracazo* ou *Sacudón*, e é o momento em que eu entrei definitivamente... assim que... que eu me converti em um sujeito politicamente ativo [...] Foi um ano depois, no ano 1990, quando começaram a desenterrar os mortos das fossas comuns... A cifra oficial de mortos era de 247 [...] e resulta que eram mais de 3.000. Foi um massacre espantoso o que foi feito contra o povo da Venezuela... a história da Venezuela se divide em antes e depois de fevereiro de 1989. Eu acredito que minha vida também... [Duque, 2011].

Duque testemunhou também o que chamou de enfrentamento desigual espantoso entre a polícia e os combatentes do 23 de Enero:

No dia 28 de fevereiro, à noite, eu não pude entrar na minha casa, eu não pude ir para a minha casa. Porque quando eu ia entrar na avenida Sucre, que é a avenida que divide o 23 de Enero do restante da *parroquia* Sucre, ela estava tomada pelo Exército e pela Polícia, e estavam disparando com armas de guerra contra os blocos. Os efetivos militares estavam disparando com armas longas e com canhões .50 [...] as pessoas do 23 de Enero respondiam com armas curtas [Duque, 2011].

César Rivas, morador do *barrio* Sucre, também faz menção aos tanques que havia na avenida Sucre, de um lado, e a resposta das armas curtas no 23 de Enero, de outro. Segundo Rivas, uma das estratégias do governo foi a de buscar guarnições policiais fora de Caracas para reprimir o povo e, assim, formava-se um corpo de soldados assustados que atiravam indiscriminadamente. Quanto à suspensão das garantias, lembra também que para sair de casa era preciso ter um salvo-conduto; caso contrário, o indivíduo poderia ser preso ou assassinado.

Escutar as metralhadoras, as pistolas .45, que ressoavam por aqui perto, a pistola .38, revólver .38, FAL, isso foi cotidiano. [...] Quanta gente não morreu ali? Tenho amigos que morreram ali! Isso aqui parecia um cemitério. Nesta *parroquia* deram duro. Bem duro! [Houve] suspensão das garantias, esses blocos foram avariados [...] houve um tanque que colocaram na avenida Sucre [...] Bom, saquearam os supermercados, houve mortos, houve de tudo. [...] Eu lembro que tinha que sair com salvo-conduto. Não podíamos sair praticamente. Aquelas pessoas que tinham que cumprir funções cotidianas tinham que ter o salvo-conduto, pois senão, veja, matavam-nos [Rivas, 2010].

É unânime entre os entrevistados uma perspectiva que entende o Caracazo como um marco de ruptura na história do país. Para muitos, trata-se do antecedente histórico do processo que se vive hoje. Teria sido o dia em que o povo disse basta e o Estado mostrou, de uma vez por todas, sua real face ao massacrar os pobres.

Na insurreição militar, liderada por Hugo Chávez, em 1992, contra o presidente Carlos Andrés Pérez — que havia decretado o estado de sítio no Caracazo e massacrado o povo —, a *parroquia* 23 de Enero também jogou um papel importante. Um dos espaços que os revoltosos, inclusive Chávez, tentaram ocupar foi o quartel Cipriano Castro, no setor La Planície. Por essa razão, houve também muita repressão na região. Muitos membros das organizações do 23 participaram da insurreição, como Luis Isturiz, o Chaca, a quem já nos referimos anteriormente.

De fato, no dia 4 de fevereiro para 5 de fevereiro, houve muita repressão em nossa *parroquia*. Todos os compatriotas que participaram desse plano tiveram que se esconder, tiveram que sair da *parroquia*, e uma dessas pessoas fui eu. Porque participamos ativamente nesse... não, não chamemos Golpe de Estado... realmente nós não vemos assim... nós o vemos como uma resposta a mais a esse puntofijismo, a essa exclusão que tinha o povo venezuelano nesse momento. E, bom, essa foi a resposta que lhe deu esse povo venezuelano e esse apoio que foi dado ao Comandante Chávez por esse povo venezuelano. E durante todo esse ano lhe deram apoio ao Comandante Chávez quando estava preso, a todos os militares que estavam presos [...] Fora, os militares que planificaram o Golpe de Estado, mas junto com os civis, foi cívico-militar, junto com o povo [Isturiz, 2010].

Como para Chaca, para César Rivas (2010) o golpe teve outro significado também:

Já havíamos passado por acontecimentos como aquele, como o 23 de fevereiro [*Caracazo*], uma experiência, bem, que ficou para a história. É ali onde nascem as bases do que foi o golpe, não o golpe, diria que uma insurreição militar, em todo caso — deve ficar claro isso porque golpe militar é uma coisa, insurreição militar, acredito que seja outra, que foi o que aconteceu no 4 de fevereiro. Neste caso, o presidente Chávez havia participado deste evento do 23 de fevereiro, 27-28 de fevereiro de 1989 e se havia levantando um movimento militar ali porque o povo foi massacrado.

Sobre a repressão na *parroquia*, Rivas (2010) lembra que foi pego de surpresa e fala como o discurso de Chávez em rede nacional de televisão representou uma esperança para aquele povo que já não aguentava mais o *puntofijismo*:

> Eu lembro que era de madrugada, eu estava dormindo e escutava os tanques, o som da FAL e coisas assim. [...] e, bom, o Estado tomou o controle rapidamente, e logo veio o discurso de Chávez. O "por agora" ficou famoso. Logo, foi preso e se iniciou uma militância [...] Chávez enviou uma mensagem de esperança.

Sem dúvida, parte da construção dessa perspectiva em relação ao golpe de 1992 está relacionada ao momento vivido no presente. Momento em que um daqueles militares acabou se tornando presidente da República e deu início a um processo, do qual Rivas se sente parte. Porém, mesmo que naquele momento não estivesse tão clara a proposta daqueles militares, o fato de seu líder, Hugo Chávez, depois de derrotado, ter tido a oportunidade de falar em rede nacional que seus planos de libertar o povo "*ainda* não tinham sido completados", abriu um novo horizonte de expectativas em torno de sua imagem. Expectativas que se converteram em uma proposta de governo que saiu vitoriosa nas eleições de 1998.

De fato, o que podemos perceber no nível da *parroquia* 23 de Enero é que os efeitos do Caracazo provocaram uma mudança substancial no caráter de muitas das organizações políticas e sociais subdividindo-se e multiplicando-se, durante os anos 1990. A violência havia assumido grandes proporções. Os grupos guerrilheiros acabaram implodindo em vários coletivos políticos e grupos culturais, somando-se às demais organizações que sobreviveram às margens da luta armada na *parroquia* e que continuavam realizando algum tipo de trabalho comunitário. Apesar das mudanças, esses grupos continuaram sendo hostilizados pela mídia, que sustentava uma imagem do 23 de Enero como zona de risco e foco guerrilheiro na Venezuela. Nos anos 1990, em uma expressiva quantidade de jornais, é recorrente a utilização do termo *tupamaro* de maneira indiscriminada para indicar qualquer ação violenta dentro da *parroquia*.

Uma nova etapa de luta: a formação dos coletivos políticos

Como vimos, os primeiros coletivos políticos começam a se formar a partir do combate ao narcotráfico e como produto também do desgaste da luta guerrilheira como via para conquistar o poder. Muitas organizações fizeram uma autocrítica e buscaram, por outros meios, envolver-se de maneira mais profunda com a comunidade para desenvolver o trabalho social.

Miguel Diaz (2009), em entrevista para o documentário *Fuegos bajo el agua*, conta que o surgimento da Associação "Amigos de los Niños de Monte Piedad" surgiu justamente da autocrítica que muitas organizações tiveram que fazer após os duros enfrentamentos com os narcotraficantes na *parroquia*.

> [Nos anos 1980], é quando começa esse período de enfrentamento. Íamos a um espaço procurar uns delinquentes, depois os delinquentes vinham procurar por nós e foi assim que começou a perda de algumas vidas. [...] Posteriormente, começamos a ver, nos anos 93, 94, que a metodologia que estávamos utilizando não era a melhor [...] Começamos a ver que [...] o que tínhamos que buscar era a prevenção. Meu irmão morreu em 93. No outro ano, nós criamos a Asociación Amigos de los Niños de Monte Piedad com a ideia e o objetivo específico de dar alternativa aos meninos para que não voltassem a cair nesse mundo e nós tivéssemos que combatê-los posteriormente. Dar-lhes a alternativa de seguir um caminho produtivo, no estudo, no trabalho, na concretização de seus sonhos. Dar-lhes igualmente alternativa em relação ao esporte e à cultura...

De igual forma, há o caso da Coordinadora Cultural Simón Bolívar, que talvez seja um dos mais emblemáticos dessa nova tentativa de se consolidar na *parroquia* um poder local. Antes de constituírem-se como *coordinadora* enquanto tal, aqueles que seriam seus fundadores, egressos das organizações dos anos 1970 e 80, já organizavam um conjunto de atividades na *parroquia*, tais como: "limpeza de áreas comuns, oficinas de criatividade infantil, cineclubes, foros e conversas, concertos, teatros de rua, celebração de festas tradicionais como a Cruz de Maio, entre outros" (Contreras, 2000:60). Há, nesse sentido, o predomínio de uma postura mais reformista que revolucionária. O assalto ao Estado não era mais um projeto viável havia décadas, e as necessidades cotidianas da vida em comunidade eram imensas. Sem abandonar um horizonte revolucionário futuro, as organizações se voltaram cada vez mais para ações de caráter mais imediato.

Depois de uma viagem a Cuba feita por alguns desses líderes, a ideia de construir uma *coordinadora* que permitisse construir um vínculo mais forte com a comunidade ganhou mais força:

> Estivemos um mês lá e como produto dessa experiência e toda essa convivência, e produto de um ato de reflexão de que nós dizíamos que falávamos em nome da comunidade, mas que não estávamos inseridos na comunidade, por isso, conformamos a *coordinadora* Simón Bolívar [Contreras, 2010].

A ideia foi também impulsionada pelas oportunidades abertas durante o mandato de Aristobalo Isturiz, prefeito do município Libertador de Caracas, entre 1993 e 1996, pelo partido de esquerda La Causa R. Com o apoio da Fundarte, Isturiz incentivou a formação de *coordinadoras culturales* nos *barrios*, através das quais seriam recebidos recursos para serem investidos em atividades culturais. Não por acaso, um dos principais objetivos da *coordinadora* do 23 de Enero era desenvolver atividades culturais e desportivas na *parroquia*, envolvendo também o resgate dos espaços públicos:

> [A *coordinadora*] nasce em princípio com uma premissa fundamental a construção do poder local, ou o que é o mesmo, do poder popular. E trabalhar com três linhas estratégicas: o resgate dos espaços, o resgate das tradições e o esporte como maneira de englobar as outras duas [Contreras, 2010].

O resgate dos espaços está relacionado à luta contra o narcotráfico e também aos esforços em dar uma solução à falta de investimentos na *parroquia*. Além disso, a realidade violenta que marcou os anos 1970 e 80 contribuiu para que se restringissem os espaços de sociabilidade e as relações entre vizinhos, elementos que o coletivo se propunha a reconquistar e impulsionar. É por essa razão que o resgate de tradições, envolvendo a organização de festas comemorativas, tais como a Paradura del Niño, o Sangueo de San Juan e a Cruz de Mayo, tornou-se um dos alvos dessa nova organização:

> O que fazemos é utilizar a cultura como uma ponte de comunicação com nossa comunidade através da organização de todo esse tipo de jornadas, que têm a ver com a Cruz de Mayo, que têm a ver com a Paradura del Niño, que têm a ver com o Sangueo de San Juan que é o 24 de julho — é também o dia da Batalha de Carabobo —, então, comemorar... celebrar o Dia das Mães, o Dia das Crianças, utilizar esse tipo de atividades culturais e mágico-religiosas para nos aproximarmos da comunidade [Contreras, 2010].

Houve também um incentivo às práticas desportivas, organizando torneios dos mais diversos tipos: beisebol, vôlei, futebol, basquete, dança, luta, entre outros, com intuito de atrair os jovens para práticas sociais que os afastassem das drogas. A *coordinadora* também se ocupa de organizar fóruns, debates, festivais e incentivar a formação de grupos de atividade, como o clube das avós.

Em entrevista à *Revista Letras*, n. 119, na coluna "Gente", no dia 23 de outubro de 1997, os membros da *coordinadora* contaram que a primeira sede do coletivo foi um edifício resgatado do abandono e era lá o espaço onde se realizava grande parte dessas atividades. Alguns dias antes dessa entrevista, o jornal *La Nación*, com uma reportagem de Doménico Chiappe, também havia feito um especial sobre a CCSB e conta que esse edifício, que se tornou a sede do coletivo, era um colégio abandonado, ao lado do bloco 4, em Monte Piedad, e dentro viviam cerca de 50 delinquentes que dali foram retirados:

> O melhor lugar para a sede era um colégio abandonado, localizado ao lado do bloco 4. O único inconveniente residia que dentro viviam ao redor de 50 delinquentes, os quais tinham o edifício de três andares como guarita. A versão oficial da *coordinadora* é que ganharam o local graças ao diálogo. [...] Porém, o que contam os vizinhos é outra coisa, e talvez, desde então, começam a mesclar os nomes

da *coordinadora* e os "Tupamaros" [...] Diz-se que o diálogo se esgotou e que [...] se escutaram tiros de ambas as partes e que, finalmente, os antissociais foram retirados a golpes. Ninguém se atreveu a regressar; os vizinhos refizeram com suas próprias mãos os primeiros dois andares e criaram aulas de pintura, de música e de reunião [*La Nación*, p. 18, 14 out. 1997].

Essa sequência de reportagens e entrevistas sobre a CCSB se dá em um contexto no qual o coletivo havia sido alvo de várias acusações de envolvimento com um caso que, à época, havia abalado a opinião pública do país: a explosão de bombas em diferentes pontos de Caracas, em agosto de 1997.[112]

Ainda associados aos tupamaros, os membros das CCSB viram suas casas serem invadidas sistematicamente pelos órgãos de segurança do Estado, além da prisão de vários dirigentes. Inclusive, pessoas comuns, cujo único "erro" era morar na *parroquia* 23 de Enero, também foram alvo de todo tipo de investigação.

São vários os jornais[113] que reportam o clima de tensão que viveu a capital do país entre setembro e outubro daquele ano e a forma como o 23 de Enero e suas organizações populares se tornaram os "bodes expiatórios" do incidente. No jornal *Así es la Noticia*, no dia 10 de outubro de 1997, a chamada para uma reportagem sobre o *caso de los niples* (das bombas) era justamente que o "Governo busca bode expiatório no 23 de Enero". Na ocasião, a reportagem mencionou que o setor de Monte Piedad estava cansado de ser "bode expiatório" para todas as atividades subversivas que aconteciam em Caracas:

> A comunidade do setor Monte Piedad, da *parroquia* 23 de Enero, já está cansada de que a tenham como bode expiatório cada vez que ocorre alguma atividade subversiva em Caracas. Os vizinhos do setor se queixam porque são mantidos sob vigilância e que os arrombamentos que a Disip realizou no sábado, onde detiveram 29 pessoas, ainda seguem em cativeiro 9 cidadãos [*Así es la Noticia*, 10 out. 1997].

---

[112] O episódio das bombas está relacionado a uma série de protestos em resposta à profunda crise institucional vivida pelo Punto Fijo em seus últimos anos. Além de terem espalhado artefatos em vários pontos da cidade, exploradiram três bombas no Poder Judicial e houve uma explosão de um carro-bomba, cheio de dinamite, em um centro comercial (López Maya, 2005:113).

[113] *El Nacional, El Globo, Ultimas Noticias, Así es la Noticia* e outros.

Em reportagem no dia 24 de setembro deste mesmo ano, o jornal *El Nacional* noticia um protesto dos moradores do 23 de Enero contra a Disip no centro da cidade:

> Representantes da *coordinadora* Simón Bolívar, da Embajada de los Niños e das associações de moradores da *parroquia* 23 de Enero se concentraram na praça Bolívar para realizar um ato de protesto, em vista de que, cada vez que ocorre algo em Caracas, a Disip vai à zona para arrombar e praticar detenções [*El Nacional*, p. 1, 24 set. 1997].

Tal como ocorreu no incidente das bombas, o sequestro do jovem Diego Antonio Sigala — escândalo na época — e a queima de ônibus no 23 de Enero, em 1996, serviram de pretexto para que os órgãos de segurança acusassem a CCSB e outras organizações populares como os responsáveis e, por conta disso, seguiram-se invasões e prisões indiscriminadas na região.

Portanto, a política repressiva do Estado continuou fazendo parte do cotidiano da *parroquia* mesmo nessa nova etapa. Em 30 de maio de 1996, o jornal *Nuevo País* denunciou, inclusive, a existência de grupos de extermínio no bairro. O jornal *Ultimas Noticias*, no dia 24 de abril desse mesmo ano, noticiou a existência de uma "lista de morte" feita por paramilitares ligados aos órgãos de segurança do Estado que ameaçavam as lideranças comunitárias, entre elas as lideranças da CCSB.

De maneira geral, tudo que acontecia em Caracas atribuía-se à responsabilidade dos *encapuzados* ou *tupamaros*, termos que acabaram banalizados e, nesses anos, passaram a estar associados tanto aos narcotraficantes quanto aos coletivos políticos organizados.

A relação de integrantes da CCSB com Cuba serviu para alimentar ainda mais a perspectiva de uma grande ameaça presente na capital do país. Em reportagem do jornal *El Globo*, de 26 de setembro de 1997, acusava-se o coletivo de servir de fachada para manter relações com a ilha do Caribe: "Indica-se que a dita organização cultural, além de tudo, serviria como fachada para encobrir e justificar frequentes viagens de alguns de seus integrantes a La Habana" (*El Globo*, p. 8, 26 set. 1997). A reportagem acusa a embaixada cubana de financiar de oito a 10 viagens a Cuba desde 1992 até aquele momento.

A repressão na *parroquia* era tão desproporcional que, no dia 28 de novembro de 1996, o jornal *Ultimas Noticias* registrou a vitória da CCSB num processo encaminhado ao Tribunal 16º Penal contra a Disip por conta das sistemáticas invasões das casas dos membros do coletivo, bem como de prisões sem justificativa. O juiz da vara concedeu o amparo ao coletivo e proibiu os órgãos de segurança do Estado de continuarem com essas políticas contra a *parroquia* 23 de Enero. A medida não resolveu o problema, mas é simbólica desse estado de coisas.

Com a eleição de Chávez, o panorama muda radicalmente. Os coletivos políticos se tornaram bastiões de apoio ao presidente. As diferentes organizações populares lá existentes aproveitaram a oportunidade aberta pela Assembleia Constituinte para levarem propostas de segurança pública, de poder popular, de autonomia da *parroquia*, entre outras. A reportagem de Angel Velarde para o jornal *Ultimas Noticias* registra esses esforços:

> Com o nome "A Presença do 23 de Enero na Constituinte" e com o auspício ativo dos párocos, este sábado [...], no Liceu Manuel Palacios Fajardo, essa comunidade reúne-se em Assembleia para intercambiar projetos em 6 mesas de trabalho, das quais sairão suas propostas para fazer presença na Assembleia Nacional Constituinte que modificará as bases e fundamentos de nosso sistema democrático. [...] as 6 mesas de trabalho discutirão sobre (1) Educação e Cultura; (2) Saúde; (3) Segurança; (4) Serviços Públicos; (5) Esporte e Recreação e (6) Constituinte e Poder Local [*Ultimas Noticias*, p. 6, 28 jan. 1999].

Juan Contreras havia sido eleito deputado nas eleições legislativas de 1998, pelo Polo Patriótico[114] *circuito 2*, representando a CCSB e o 23 de Enero, e foi um dos principais entusiastas da organização da *parroquia* para a participação nas discussões da Assembleia Nacional Constituinte.

No dia 31 de janeiro de 1999, o jornal *Ultimas Noticias*, com reportagem de María Alejandra Monagas, fez um levantamento de algumas das principais propostas que

---

[114] O Polo Patriótico foi formado para fazer frente aos tradicionais partidos políticos venezuelanos AD e Copei e em apoio ao presidente Hugo Chávez Frías e à abertura da Assembleia Nacional Constituinte. Em Caracas, a liderança do polo ficou a cargo de Aristóbalo Isturiz. Ver *El Nacional*, 2 ago. 1998, p. D2; *El Universal*, 2 ago. 1998, p. 1-16 e o capítulo 1 deste livro.

seriam discutidas pelos grupos de trabalho do 23 de Enero e que constariam no documento levado à Assembleia Constituinte: a necessidade de eleger um gabinete *parroquial*, através do qual os recursos fossem encaminhados; a criação de microempresas e cooperativas para inserir a comunidade — sobretudo os jovens — no processo de comercialização de produtos de primeira necessidade a preços solidários; uma nova articulação entre polícia e comunidade, envolvendo a formação diferenciada de policiais, com novos valores; a construção de frentes de segurança comunitária, para atuar articuladamente com os corpos do Estado; eleição a cada dois anos de juízes de paz, responsáveis por solucionar os conflitos na *parroquia*, entre outras.

Em relação ao gabinete *parroquial*, em particular, uma reportagem de Liza López V no jornal *El Universal* fala sobre um plano de autogestão idealizado pela CCSB que tinha por objetivo tornar a *parroquia* autônoma:

> Planeja, segundo sinaliza o deputado e representante da *coordinadora* [Simón Bolívar], Juan Contreras, que a unidade primária de gestão local não seja o município (*alcaldía*), mas sim a *parroquia*. "Que os recursos cheguem diretamente à *parroquia*", disse, sem passar pelos canais burocráticos dos entes jurisdicionais. Isto é, descentralizar ainda mais o exercício do poder. Explica que a prefeitura poderia supervisionar os assuntos administrativos, mas o poder local estaria gerenciado por um gabinete integrado por vizinhos. Assim, se evitaria a burocracia e haveria uma relação direta entre morador e Governo, [...] se conformaria um gabinete *parroquial* [a partir de todas as organizações populares da *parroquia*] para que lidere a resolução dos problemas comunitários junto ao juiz de paz [...]. O chefe civil seria a máxima autoridade da *parroquia*, o qual trabalharia lado a lado com o gabinete na gerência do poder local. Os membros da *coordinadora* insistem que esse chefe civil deva morar no 23 de Enero, com o fim de que conheça com perfeição a realidade e os problemas que afetam a comunidade. A ideia é que o chefe civil seja eleito pelos mesmos vizinhos [*El Universal*, p. 1-18, 7 mar. 1999].

É interessante notar que esse projeto foi entregue aos escritórios de Miraflores, da prefeitura e do governo do Distrito Capital. A proposta foi levada também para a Assembleia Nacional Constituinte e, apesar da organização do poder local não ter sido aprovada nesses termos, vários dispositivos abriram a possibilidade para avançar nesse sentido, tais como o artigo 70, que prevê diversos meios de participação, entre eles, o da assembleia de cidadãos e cidadãs.

Portanto, podemos identificar nessas proposições da CCSB um dos gérmens que darão origem aos *consejos comunales*, de que trataremos no capítulo seguinte, como expressão de um movimento que vem *desde abajo* e que não se encerra em uma mera emanação do Executivo.

Desse modo, partindo da nova Constituição, durante o governo Chávez foi incentivada a organização de várias instituições de base — a exemplo dos círculos bolivarianos, comitês de trabalho, mesas técnicas, *misiones sociales* até os próprios *consejos comunales*. Na *parroquia* 23 de Enero, além dessas iniciativas, multiplicaram-se os coletivos políticos e, atualmente, a região conta com mais de 30 organizações desse tipo em meio aos seus cerca de 500 mil habitantes.

Os coletivos, em essência, são organizações políticas que variam de 15 a 50 membros e colaboradores principais, numa estrutura que combina horizontalidade de ação e decisão e verticalidade, pois o papel das lideranças, por vezes, se faz predominante. No caso da CCSB, por exemplo, Juan Contreras (2010) afirma que a soberania reside na assembleia:

> Nosso órgão máximo de decisão, de tomada de decisões, é a assembleia. Tem reuniões todas as segundas, às 7 da noite, onde se debatem, se planejam, são feitas as propostas, uma vez por semana, sobre algum tema em particular, um fórum, uma conversa, a organização de um ato cultural ou de uma data que nós queiramos comemorar ou celebrar; a proposta de um ato musical, um festival. Todas essas atividades que são feitas, são trazidas aqui para a reunião, são feitos planejamentos e vai dando forma com o debate político. Então, ali se faz todo um programa de atividades com a participação de todos os rapazes. Há diferentes companheiros de diferentes setores do 23 de Enero e fora do 23 de Enero.

Não há cobranças de mensalidades ou um financiamento sistemático de alguma agência governamental. Os recursos são adquiridos a partir dos projetos que o coletivo se propõe a desenvolver na *parroquia*, quer dizer, a partir dos projetos os membros vão em busca dos recursos em diferentes instituições, prefeituras, governos estaduais, governo federal, ONGs, entre outras entidades. Para continuarmos com o caso da CCSB, Juan Contreras (2010) deu o exemplo do caso da construção da rádio comunitária Al Son del 23 com o apoio da Brigada Internacionalista Askapena, do País Basco:[115]

> No caso da rádio, nós apresentamos um projeto a uma brigada internacionalista de Askapena, do país Basco, e um *ayuntamiento*, quer dizer, uma prefeitura, nos deu os recursos, nos aprovou o projeto para a rádio e nos deu a quantidade de dinheiro que, com esses recursos, se comprariam os aparatos. Apresentamos outro projeto à prefeitura, já aqui na Venezuela, a Alcaldía Mayor, estava o dr. Juan Barreto, e, com esses recursos, montamos a rádio.

O centro de informática foi outro exemplo. A *coordinadora* buscou recursos junto à prefeitura para implementação do mesmo na *parroquia*:

> No infocentro, funcionamos com o princípio de corresponsabilidade que está estabelecido na Constituição. [...] Eles oferecem assistência técnica, quer dizer, consertam as máquinas, fazem os *softwares*, comandam tudo o que tem a ver com a parte técnica. Nós colocamos o pessoal e esse pessoal se encarrega de dar os cursos, se encarrega de cuidar desses computadores, que essas máquinas não sejam deterioradas, não sejam quebradas, que não as roubem. E recebem uma remuneração através da Fundación Infocentro que está adstrita ao Ministério de Ciencia y Tecnologia [Contreras, 2010].

Contreras (2010) cita, por fim, como outra fonte de recursos, a Comissão de Serviços, uma fórmula administrativa que permite realizar esse tipo de trabalho no interior da organização.

Em 2005, a CCSB, com uma parceria com a prefeitura de Caracas, cujo mandato era de Juan Barreto, teve uma das conquistas mais emblemáticas da história do 23 de Enero: transferiu a sede do coletivo para o antigo Módulo da Polícia Metropolitana, no setor La Cañada, de onde partia a maior parte das ondas repressivas

---

[115] Território autônomo localizado no extremo norte da Espanha, na fronteira com a França, cuja independência plena é reivindicada por setores radicais do ETA.

sobre a *parroquia*. O antigo módulo se tornou a Casa de encontro "Freddy Parra" em homenagem ao militante do 23 de Enero e da CCSB que morreu num trágico acidente naquele ano.

Na casa de encontro é que estão localizados a rádio e o infocentro supracitados. Neste último, são oferecidos cursos de informática e acesso à internet de forma gratuita. Atualmente, contam com 65 computadores. O espaço da casa de encontro pode ser utilizado por qualquer morador da *parroquia* e lá se realizam as mais diferentes atividades: grupos de discussão, esportes, danças, festas, seminários, cursos. O coletivo está à frente também de uma brigada muralista, responsável por pintar nos muros da *parroquia* suas representações políticas. Entre as mais populares dessas representações estão o líder da independência, Simón Bolívar, além de Che Guevara, Emiliano Zapata, o apoio à causa palestina e aos bascos, Manuel Marulanda, Cacique Guaicaipuro e Jesus Cristo, para ficarmos em alguns dos mais importantes.

Figura 7 | Casa de encontro Freddy Parra (2010)

Fonte: arquivo pessoal da autora (jan. 2010).

Alguns desses mártires ou causas eleitas geraram muitas polêmicas nos meios de comunicação. Desde os anos 1990, por exemplo, muitos refugiados bascos do grupo político ETA buscaram asilo na Venezuela e, especialmente, na *parroquia 23 de Enero*. A CCSB possui vínculos com setores do ETA que, inclusive, foram os que apoiaram a construção da rádio que mencionei. Em 2002, a *coordinadora* saiu na defesa de Juan Victor Galarza, refugiado basco que havia sido extraditado para a Espanha. O jornal *El Nacional*, de 7 de junho de 2002, reporta que membros da CCSB do 23 de Enero iam mover uma ação contra o diretor da Disip, Miguel Rodriguez, por ter prendido ilegalmente Galarza e o deportado para a Espanha, ignorando sua condição de refugiado político. Em agosto do mesmo ano, houve uma grande polêmica nos jornais devido a um vídeo apresentado pelo deputado Pedro Castillo que comprovava uma suposta relação entre setores do governo bolivariano — no caso, a CCSB — e o ETA, considerado pelos meios de comunicação, pela ONU e pela União Europeia um agrupamento político terrorista. No dia 23 de agosto, os jornais *El Nacional* e *La Nación* publicaram reportagens nas quais Juan Contreras saiu em defesa da presença de membros do Batasuna — partido considerado braço político do ETA — no 23 de Enero, condenando a classificação de "terrorista" e dizendo que havia três anos que a CCSB organizava a vinda de convidados bascos para a *parroquia* para intercâmbio cultural e político. O partido do governo, MVR, não reconheceu qualquer relação com o Batasuna, atribuindo total responsabilidade de sua vinda à Venezuela à CCSB.

Outra grande polêmica de repercussão internacional foi quando da morte de Pedro Antonio Marín, mais conhecido como Manuel Marulanda, ou Tirofijo, fundador das Farc, organização também considerada terrorista pelos meios de comunicação, EUA, Canadá e União Europeia.[116] Em comemoração aos seis meses de sua morte, em setembro de 2008, foi inaugurada uma estátua com o busto de Marulanda na praça central do setor La Cañada, próximo à sede da CCSB e da biblioteca pública da região, o que gerou duras críticas tanto da mídia nacional quanto internacional.

Conforme já tivemos a oportunidade de mencionar, essas representações não são exclusivas da CCSB, mas outros coletivos da *parroquia* dedicam-se também à

---

[116] Brasil, Bolívia, Argentina, Chile, Equador e vários países da África não aplicam essa classificação, preferindo o termo "força beligerante". Já Cuba e Venezuela classificam como "força insurgente".

pintura de murais em homenagens a estas e outras lideranças políticas e aos combatentes caídos do próprio 23 de Enero. O coletivo La Piedrita, tendo à frente o artista plástico Nelson Santana, fez algumas das pinturas mais ousadas da *parroquia* preenchendo toda a coluna de um edifício e pintando também o famoso tanque (ponto de referência para o 23 de Enero que pode ser visto de várias regiões).

Figura 8 | Manuel Marulanda Velez (1930-2008): *El heroe insurgente de la Colombia de Bolívar*

Fonte: arquivo pessoal da autora (jan. 2010).

Santana recentemente inaugurou uma escola muralista para os jovens do 23 de Enero. O artista plástico foi alvo de polêmica com a Igreja Católica, com ecos, inclusive, aqui no Brasil, devido a um novo mural de sua autoria no qual ele pintou um Jesus Cristo e a Virgem de Coromoto — patrona da Venezuela — com fuzis nas mãos. Mariana Timóteo da Costa, repórter do jornal *O Globo*, no dia 7 de maio de 2010, associou a arte de Santana a um esforço do Estado bolivariano há cerca de um ano para incentivar "artistas de rua" a pintarem murais políticos nas ruas da capital. Trata-se de uma interpretação equivocada, pois perde de vista justamente toda essa tradição existente na *parroquia* 23 de Enero. O trabalho de Nelson Santana, artista plástico — e não "artista de rua" —, vem sendo desenvolvido de maneira autônoma há muitos anos junto ao coletivo La Piedrita.

Figura 9 | Murais de Nelson Santana

Fonte: arquivo pessoal da autora (mar. 2010).

Parroquia 23 de Enero

Figura 10 | Mural La Virgen de Coromoto y El Niño Jesus, de Nelson Santana

Fonte: arquivo pessoal da autora (mar. 2010).

Voltando à CCSB, o coletivo está também à frente da revista *Desafio*, de circulação comunitária, e atualmente se articula com outros núcleos em diversos estados, tendo estendido seu raio de ação:

> Nós estendemos nosso trabalho social, hoje, a quase dez Estados no país [...]. Pouco a pouco, o projeto da *coordinadora* vem se convertendo em um projeto nacional, com escalas nacionais, onde estamos construindo toda uma plataforma que tem a ver com a organização do nosso povo nos diferentes âmbitos onde estão as comunidades, trabalhando e participando também dos programas sociais [Contreras, 2010].

Torna-se compreensível, portanto, o papel assumido pela *parroquia*, tendo à frente seus moradores, coletivos e outras organizações de base, na sustentação e na definição dos rumos desse processo iniciado com a eleição de Hugo Chávez, com altos índices de mobilização e participação nas eleições, referendos e marchas de todos os tipos.

Para citar mais um exemplo, quando houve o referendo revogatório, em 2004, um grupo de jornalistas estadunidenses cobriu o episódio a partir de um enfoque sobre as ações cotidianas dos moradores do 23 de Enero e, em especial, da ativista Gladys Bolívar. Desse esforço foi produzido o documentário *Venezuela rising: a lesson in participatory democracy*, dirigido por Jennifer Wager, onde fica evidente, mais uma vez, esse alto índice de mobilização existente na região.

Não à toa, devido a essa característica, em outros episódios mais delicados, a região sofreu também duros reveses, como no golpe de Estado de 2002, quando morreram muitas lideranças locais. A ONG Provea, em seu informe anual de 2002 sobre os direitos humanos na Venezuela, fala sobre os enfrentamentos entre a polícia e civis simpatizantes do governo que geraram um número indeterminado de mortes:[117]

> Durante os dias do governo de fato (12 e 13 de abril), pelo menos sete manifestantes que exigiam a restituição do fio constitucional foram reprimidos ou obstaculizados em distintas zonas populares de Caracas. Isso ocorreu, segundo denúncias apresentadas à Provea, nos seguintes lugares: Fuerte Tiuna (na altura da estrada Panamericana), Petare, Carmelitas, Caricuao, La Candelaria, Catia e no 23 de Enero. Nesses casos, foi denunciado o uso de caminhões hidrantes e armas de fogo por parte da PM, resultando em um número indeterminado de pessoas feridas [Provea, 2002:9].

Uma das lideranças locais do 23 de Enero assassinadas foi José Alexis González Revette, da CCSB. Segundo seus familiares, no dia 11 de abril de 2002, depois de se

---

[117] O golpe de Estado de 2002 contou com o apoio de amplos setores das Forças Armadas, sobretudo o alto escalão da hierarquia militar. Em Caracas, o então prefeito, Alfredo Peña, que havia rompido com o chavismo, apoiou o golpe e deflagrou a repressão através da Polícia Metropolitana, que, desde que foi criada em 1969, era submetida à prefeitura. Em 3 de abril de 2009, depois de mais de cinco anos de julgamentos, vários funcionários da PM foram condenados à prisão acusados de homicídios (qualificado frustrado e qualificado consumado), diversos tipos de lesões e uso indevido de armas de fogo e de guerra. As penas variaram de três a 30 anos. Entre os que tiveram as maiores condenações, destacamos os comissários Lazaro Forero e Henry Vivas; o ex-secretário de Seguridad Ciudadana, Ivan Simonovis; e os funcionários Erasmo Bolívar, Julio Ramón Rodríguez e Luis Enrique Molina. Em 2008, sob o mandato de Juan Barreto (PSUV) na prefeitura, a Polícia Metropolitana passou a responder diretamente ao Ministério del Poder Popular para las Relaciones Interiores y Justicia sob o argumento de que a prefeitura não teria condições operativas de controlar 8.500 funcionários (*Aló Presidente*, n. 303, 10/2/2008). Porém, o que subjaz a esse projeto é uma tentativa de desarticular a PM em prol de um fortalecimento da Policía Nacional Bolivariana, construída em 2009 como consequência da Comisión Nacional para la Reforma Policial (Conarepol), que previa a construção de uma polícia nacional que atuaria paralelamente aos demais órgãos policiais municipais e estaduais, mas de maneira articulada com os *consejos comunales*, baseada em uma formação em direitos humanos.

manifestar a favor de Chávez nos arredores de Miraflores, ao voltar para casa, no estacionamento dos blocos 18 e 19, policiais do Módulo da Polícia Metropolitana lhe dispararam quatro tiros que resultaram em sua morte — episódio também registrado pela ONG supracitada (Provea, 2002:23). Sua morte foi noticiada pelo jornal *El Nacional*, no dia 23 de abril de 2002:

> O Programa Venezuelano de Educação-Ação em Direitos Humanos (Provea) recebeu a denúncia dos familiares de José Alexis González Revette que era membro da *coordinadora* Simón Bolívar do 23 de Enero e morreu durante um tiroteio na noite de sábado, 12 de abril [na verdade, 11 de abril], próximo ao bloco 18, de La Cañada. Os denunciantes presumem que os três disparos que alcançaram González Revette vieram de um módulo da Polícia Metropolitana que está no lugar [*El Nacional*, p. 1, 23 abr. 2002].

Em sua homenagem, foi criado o coletivo Alexis Vive, em 2005. Seus membros faziam parte do grupo Travesía, que milita dentro da CCSB e reivindica o legado marxista-leninista, guevarista e bolivariano em sua definição ideológica. Sua atuação no 23 de Enero reside, principalmente, na Zona Central, onde foi construída a comuna socialista El Panal 2021.[118] De acordo com a revista *Alexis Habla* (v. 2, n. 5, p. 2, 2009), a ideia de um favo (*panal*) tem o sentido de associar o trabalho dos moradores "para transformar a realidade de seu setor, por meio do trabalho voluntário, coeso e articulado", como o das abelhas para produzir o mel. Como os demais coletivos, suas ações são voltadas para a recuperação dos espaços públicos e melhorias da infraestrutura urbana do bairro — quadras poliesportivas, praças, ruas, jardins, passarelas, coleta de lixo, construção de escadas, plantação de árvores, reparação e pintura dos edifícios —, com destaque para a recuperação da piscina pública do 23 de Enero, que estava abandonada há 17 anos. Além disso, desenvolvem atividades culturais e desportivas, atuam nas áreas de educação e saúde — doando equipamen-

---

[118] Na Zona Central, o coletivo Alexis Vive se apropriou das novas formas de organização que se popularizaram durante o governo Chávez no âmbito do projeto da "democracia participativa e protagônica". A formação da comuna El Panal representa uma tentativa de dar uma dimensão maior ao nível de organização comunitária, articulando diferentes setores e envolvendo ciclos produtivos. Analisaremos com maior detalhe essas novas organizações (comunas, *consejos comunales*, comitês de trabalho, mesas técnicas etc.) no capítulo seguinte.

tos, apoiando as atividades escolares, fiscalizando os serviços realizados na região (controladoria social) — e oferecem também cursos de formação política.

A comuna El Panal, atualmente, está articulada com outras regiões do país; conta com uma padaria socialista, que vende produtos a preços solidários a partir de uma articulação com produtores;[119] um sistema de segurança com câmeras e alarmes nos terraços dos edifícios; a rádio comunitária Arsenal; uma horta para incentivar a produção de determinados vegetais, frutas e plantas medicinais na própria *parroquia*; um sítio na internet (www.colectivoalexisvive.es.tl); a revista *Alexis Habla*; e uma brigada muralista. Esta última, de reconhecimento internacional, é responsável também por muitos dos murais espalhados pela *parroquia*. Um dos mais emblemáticos é o da última ceia de revolucionários.

Figura 11 | A Santa Ceia revolucionária

Da esquerda para direita: Manuel Marulanda, Fidel Castro, Che Guevara, Mao Tse-Tung, Lênin, Marx, Jesus Cristo, Simón Bolívar, Alexis González, Kley Gomez,[120] Hugo Chávez, Simón Rodriguez (tutor de Simón Bolívar) e cacique Guaicaipuro. Fonte: arquivo pessoal da autora (mar. 2010).

---

[119] O trabalho dentro da padaria é voluntário e são oferecidos cursos de formação aos moradores do 23 de Enero para que possam aprender a fazer pães e outras atividades ligadas a essa área.

[120] Kley Gomez, membro da direção do coletivo Alexis Vive, foi assassinado em 2005, com apenas 20 anos, nas imediações do bloco 26, depois de abordar uma figura suspeita que caminhava pela *parroquia*.

Outra característica que se destaca no coletivo Alexis Vive é a quantidade de jovens. São muitos, e todos atuam uniformizados. A utilização do coturno e do clássico lenço para cobrir o rosto quando necessário — símbolo do coletivo, como pode ser observado na imagem abaixo — remonta a um legado da luta armada na *parroquia*, que tem na liderança de Robert Longa uma de suas maiores expressões.

Figura 12 | Kley Gomez com o rosto símbolo do coletivo e Che Guevara

Fonte: arquivo pessoal da autora (mar. 2010).

Como os demais coletivos, o Alexis Vive entende que não é mais o momento para esse tipo de luta, porém é sabido que nenhum coletivo abriu mão de suas armas acumuladas nos anos anteriores. Esse aspecto imprime um sentido de força e combatividade na *parroquia*, mas, ao mesmo tempo, para o morador comum que não confia plenamente na "justiça comunitária", pode representar um universo opressivo, sobretudo para aqueles que não concordam com os rumos do processo. Portanto, há que se considerar que, na elevação dessa representação da *parroquia* 23 de Enero como bastião chavista, desconsideram-se as vozes dissonantes do processo, que não possuem espaços para se expressar.

Outro aspecto é que, se os tempos não são de luta armada, isso não significa que os coletivos tenham aberto mão totalmente de ações violentas. Conforme vimos no depoimento de Mao, a luta contra o narcotráfico continua. Além disso, também não significa que os coletivos tenham se submetido ao Estado. Se o apoio ao presidente é reiterado diversas vezes, ao mesmo tempo é mantido um largo lastro de autonomia resultando em ações que, muitas vezes, vão de encontro às diretrizes do governo, como na realização de algumas ações violentas como forma de protesto. O coletivo La Piedrita, por exemplo, esteve presente nas páginas dos jornais devido aos seus ataques aos "inimigos da revolução". Valentín Santana admitiu a uma série de jornais que foram eles que atiraram bombas de gás lacrimogêneo contra a embaixada do Vaticano, contra a residência de Marcel Granier, diretor da rede RCTV, além de outros ataques contra o canal Globovisión, contra o arcebispado de Caracas e contra o diretor do jornal *El Nacional*, Miguel Henrique Otero. O coletivo Alexis Vive também se responsabilizou por ataques à Fedecámaras e à Globovisión.

Como esses coletivos, existem muitas outras organizações na *parroquia*, porém acredito que este breve levantamento já dê conta, de certa maneira, do panorama de organização política da região — cujas origens remontam a muito antes de Chávez — e de como, em seguida, essa tradição articulou-se com as mudanças trazidas por esse novo governo. É, portanto, no bojo deste contexto mais amplo que se insere a experiência dos *consejos comunales* na *parroquia* 23 de Enero, temática em que vamos nos deter com maior profundidade no próximo capítulo.

Capítulo 3

A prática social de uma "democracia participativa e protagônica": a experiência dos *consejos comunales* na *parroquia* 23 de Enero (Caracas)

Das ruas ao Parlamento: antecedentes dos *consejos comunales*

Os *consejos comunales* (CCs) são uma experiência de poder popular na Venezuela. São microgovernos locais construídos no interior das comunidades, compostos pelos próprios moradores e que possuem poder deliberativo e executivo sobre a gestão das políticas locais. Os CCs fazem parte de um projeto nacional de construção de um Estado comunal venezuelano, articulado por federações e confederações de *consejos comunales* e/ou por comunas. É um projeto ambicioso, orientado por uma proposta para o socialismo do século XXI, de construção de uma "democracia participativa e protagônica" e de um desenvolvimento econômico endógeno e autossustentável. Apesar de fortemente incentivado pelo presidente Hugo Chávez, esse projeto encontra suas raízes em experiências e demandas existentes nas bases da sociedade desde longa data.

Um conjunto de inovações participativas começou a ganhar corpo na Venezuela, antes da formalização dos CCs, muitas delas já vimos em capítulos anteriores, porém acreditamos ser válido retomarmos com maior profundidade algumas. Uma das primeiras iniciativas no sentido de uma modificação da estrutura consolidada pelo regime *puntofijista*[121] se deu, em 1985, com a Comisión Presidencial

---

[121] Para mais detalhes sobre essa estrutura, ver o capítulo 1 deste livro. Aqui referimo-nos, sobretudo, a um regime marcado pela centralização política (não havia eleição direta para governa-

para a Reforma Política del Estado (Copre), cuja proposta era a de promover a descentralização política em um contexto marcado por uma profunda crise de legitimidade das instituições.

Até meados do governo do primeiro governo de [Carlos Andrés] Pérez (1974-1979), começaram a se propagar denúncias de autoritarismo e corrupção no seio do governo e dos partidos [...]. Durante os anos seguintes do governo do presidente [Luis] Herrera [Campins] (1979-1984), a estas críticas se somaram censuras aos partidos e sindicatos por falta de ideias e debates sobre o porvir da sociedade. A partir de 1983, e diante da evidência de que se esgotava o modelo [...] começou o questionamento do desempenho do Estado [...] assim como o desenho e a conduta dos partidos hegemônicos [Lopez Maya, 2005:46].

Em decorrência das profundas tensões entre o Executivo e a Copre, as propostas aprovadas — depois de ampla consulta pública — só puderam ser implementadas sob o calor da conjuntura eleitoral que se aproximava em 1988.[122] Assim, a partir dessas reformas, houve o surgimento de lideranças e partidos que corriam por fora do controle dos *puntofijistas* (como La Causa R e o MAS).[123] Acreditamos ser válido determo-nos um pouco mais na experiência desses novos governos, pois são emblemáticos de um conjunto de medidas voltadas para incentivar o participacionismo ainda nos anos 1990.

---

dores e prefeitos, o voto era feito através de listas partidárias, o país era governado basicamente por dois partidos — AD e Copei etc.) e a um sentido de democracia ancorado na premissa da *representação*, apurada principal e quase exclusivamente por eleições regulares e uma influência difusa da opinião pública (Constituição de 1961, artigos 3º, 4º e 110-116).

[122] Cabe lembrar que as principais medidas foram: a criação da figura do prefeito, eleito por voto direto, secreto e sufrágio universal; a criação das *parroquias* e juntas parroquiais, a fim de promover a participação popular na esfera local; o reconhecimento das associações de vizinhos como sujeitos políticos locais; o estabelecimento de medidas complementares para aprimorar o exercício da democracia, como *cabildo abierto* (assembleias populares), referendos e revogações de mandato; a eleição direta de governadores; e a suspensão das listas partidárias nas eleições proporcionais. Ver capítulo 1 deste livro.

[123] Vimos no capítulo 1 que mais do que uma mobilização em torno dos novos partidos emergentes e das novas propostas, o que houve, de imediato, foi o decisivo enfraquecimento do sistema de partidos e da própria representação; o recrudescimento de manifestações de rua; o crescimento do abstenseísmo nos pleitos eleitorais; e a explosão de revoltas populares e cívico-militares, como o Caracazo, em 1989, e as duas fracassadas insurreições de fevereiro e novembro de 1992. Todos esses elementos expressam a profunda crise vivida pelo regime *puntofijista* em sua última fase.

Em 1989, na primeira eleição direta para governador, o tradicional AD perdeu em vários estados e o MAS e La Causa R ganharam em algumas regiões, com destaque para Carlos Tablante, do MAS, que foi eleito pelo estado Aragua, e Andrés Velásquez, do La Causa R, pelo estado Bolívar. Estes últimos criticaram duramente o governo de Carlos Andrés Pérez e solidarizaram-se com as insurreições de 1992, apesar de terem negado qualquer vínculo. Ambos foram reeleitos com ampla maioria dos votos em novembro daquele ano. Segundo López Maya (2005:134), Velásquez chegou a concorrer à presidência nas eleições de 1993 e, apesar de ter perdido para Rafael Caldera, ex-líder do Copei, lançado por uma coligação que envolvia o apoio do MAS,[124] o candidato do LCR conseguiu obter 22% dos votos, o que é expressivo para um partido que pouco a pouco se tornava conhecido.[125] Nesse ano, no Parlamento, o LCR saiu de três para 40 deputados, além de nove senadores, tornando-se o terceiro maior partido do país.

O LCR ambicionava se constituir como uma plataforma para os setores populares. Velásquez, egresso do movimento sindicalista da Siderúrgica del Orinoco (Sidor) e à frente do governo do estado Bólivar, dizia que a ideia fundamental do partido era construir um mecanismo que permitisse que "os trabalhadores pudessem governar". Em nível municipal, o LCR conseguiu eleger prefeitos no estado Bolívar, estado Carabobo e no Distrito Capital.[126] Neste último, Aristóbalo Isturiz (LCR) foi eleito, contrariando todas as previsões e sob forte aclamação popular — milhares de pessoas encheram as praças da capital para respaldar sua eleição. Tanto a gestão de Isturiz quanto a de Clemente Scotto (LCR) pelo município de Caroní, no estado Bolívar, recebem destaque de López Maya (2005:154, 298) por terem sido experiências voltadas no sentido do desenvolvimento de práticas democráticas e participativas que, de alguma forma, servem de antecedentes para o projeto da "de-

---

[124] Convergencia Nacional foi uma proposta de coligação que envolveu partidos, como o MAS, o MEP, o Movimiento de Integridad Nacional (MIN), o PCV e outros independentes, no apoio à candidatura de Caldera, em oposição ao monopólio político de AD e Copei. Caldera, apesar de ter sido líder e fundador do Copei, acabou expulso por, entre outras razões, ter-se solidarizado com as insurreições militares de 1992, enquanto o Partido Democrata Cristão havia tomado uma posição de defesa do "sistema democrático".

[125] Caldera foi eleito com 30,46% dos votos (CNE. Elecciones presidenciales. Cuadro comparativo 1958-2000).

[126] No Distrito Capital só foram permitidas eleições em nível municipal; o governador continuava sendo indicado pelo Executivo.

mocracia participativa e protagônica" executado nos anos seguintes pelo governo Chávez. Vale notar que muitas das lideranças do LCR participaram da aliança que elegeu este último presidente em 1998 e, hoje, ocupam cargos no governo.[127]

Entre as principais medidas desses governos municipais, destaca-se o incentivo à formação de assembleias populares de vários tipos para discutirem os problemas da cidade. "Através das assembleias, a prefeitura resgatou o espaço público para a consulta popular e, assim, pôde identificar os problemas, prioridades e expectativas das pessoas" (López Maya, 2005:310). As assembleias podiam ser constituídas por categorias, como a dos *buhoneros* (trabalhadores informais), setoriais (por *parroquia*), orçamentárias (orçamento participativo) ou para a prestação de contas:

> Os funcionários levavam à reunião um portfólio com um diagnóstico dos problemas da comunidade: déficit de moradia, de escolas, de água potável, quadras de esporte etc. Depois de recebida a informação, dava-se o direito à palavra e um funcionário ia anotando as opiniões dos assembleístas; no final somava-se o que as pessoas iam propondo e se informavam os resultados. Se todos ficassem de acordo, lavrava-se uma ata em que o prefeito se comprometia em investir na *parroquia* um orçamento de tantos milhões para tais prioridades [López Maya, 2005:311].

Diversos dispositivos complementares foram abertos para ampliar o diálogo entre o Estado e as organizações civis, tais como: o incentivo e fortalecimento dos governos

---

[127] David Velasquez foi nomeado ministro do Poder Popular para la Participación y Protección Social e esteve à frente da implementação dos *consejos comunales*; depois de militar PCV, Velasquez se filiou ao PSUV em 2007. Já Aristóbalo Isturiz foi ministro de Educação, Cultura e Deportes (2001-2005) e manteve-se à frente da pasta de educação e esportes, quando houve a fragmentação do ministério em Ministerio del Poder Popular para la Educacción, Ministerio del Poder Popular para el Deporte e Ministerio del Poder Popular para la Cultura. Em 2007, Isturiz concorreu novamente à prefeitura de Caracas, porém perdeu as eleições para Antonio Ledezma, da oposição. Militou durante muitos anos pelo PPT, dissidência do LCR, formado em 1997. Porém rompeu com o partido em 2007 e, atualmente, é membro da direção nacional e vice-presidente do PSUV pela região de Caracas e estado de Vargas. O PPT apoiou o Polo Patriotico, que elegeu Chávez em 1998, mas, em 2000, rompeu com o chavismo, mantendo uma postura crítica ao governo, porém sem se aliar à oposição. O partido é crítico à proposta de criação do PSUV, que aglutina todos os partidos pró-governo. Desde 2008, houve um estreitamento de laços com as coalizões da oposição. Nas últimas eleições parlamentares de 2010, recebeu 3,03% dos votos, tornando-se o sétimo partido venezuelano mais votado (CNE, 2010).

ou juntas *parroquiais* como orgãos locais de poder cidadão;[128] o apoio a experiências de autogestão e cogestão; a formação de conselhos consultivos e de mesas de trabalho através dos quais técnicos, governo e moradores pudessem dialogar e decidir sobre os projetos; a formação de juntas de fiscalização de preços e produtos, entre outros. Como vimos no capítulo anterior, Aristóbalo Isturiz, em Caracas, incentivou também a formação de *coordinadoras culturales* nos *barrios* da capital, para estimular o trabalho comunitário de construção de uma identidade local e resgate das tradições.[129]

As medidas implementadas por esses governos foram também uma resposta ao movimento assembleísta dos *barrios* que ocorreu durante essa década e que teve seu epicentro em Caracas. A Asamblea de Barrios de Caracas nasceu em 1991, na raiz do Primer Encuentro Internacional de Rehabilitación de los Barrios del Tercer Mundo, e durou até 1993. Segundo Andrés Antillano (2005:207), as assembleias chegaram a reunir dirigentes de mais de 200 *barrios* da capital em torno de debates e propostas muito diversas que resultaram em um programa de lutas dos *barrios* de Caracas que envolvia, entre outras coisas:

> O planejamento da regularização da posse da terra ocupada pela população das comunidades populares, as discussões sobre reabilitação física dos *barrios*, a proposta de cogestão do serviço de água[130] da cidade [e] a demanda pelo autogoverno local [Antillano, 2005:207].

---

[128] No caso do projeto de governos *parroquiais* defendidos por Isturiz em Caracas, tratava-se de ir além das juntas *parroquiais* prevendo a transferência de poderes às mesmas e não apenas utilizá-las como instrumentos de consulta. Tanto em Caroní quanto em Caracas, houve, inclusive, a transferência de recursos para serem administrados por esses governos, o que resultou em muitos problemas devido à falta de preparo técnico dos moradores para administrar o orçamento.

[129] Nessa ocasião foi fundada a Coordinadora Cultural Simón Bolívar, na *parroquia* 23 de Enero, que tem em Juan Contreras uma de suas principais lideranças. Nas últimas eleições parlamentares de 2010, Contreras foi eleito deputado suplente pelo PSUV pelo circuito 2, que aglutina as *parroquias* 23 de Enero, San Juan, Santa Teresa, Altagracia e Catedral. Recentemente, foi convidado pelo Ministerio del Poder Popular para la Agricultura y Tierras para assessorar as expropriações de terras no estado de Zulia.

[130] Nota original da citação: "Como resposta ao movimento assembleísta, em seu mandato, Isturiz impulsionou a formação das mesas técnicas de água (MTAs) com o intuito de regularizar a questão da água nos *barrios* de Caracas, a partir de uma articulação entre os moradores e a Hidrocapital, empresa responsável. Porém, a experiência ficou limitada às *parroquias* Antímano e El Valle. Com o fim do mandato do *alcalde*, o projeto foi abandonado. Em 1999, houve uma retomada das MTAs pela iniciativa do presidente Chávez e, a partir de 2003, se difundiram em várias *parroquias* do país".

Para Roland Denis (2001:11), a Asamblea de Barrios foi o "centro de inauguração do poder social no país e agente articulador das lutas populares, pois se tratava de um espaço de debate e unidade de ação que finalmente elevou a um lugar hegemônico o discurso ideológico que se sustenta na autonomia do poder popular como força fundamental de legitimação da nova democracia". Em entrevista concedida para o documentário *Fuegos bajo el agua*, o *ex-viceministro* do governo Chávez observa nesse movimento outro gérmen do que mais tarde se tornou o programa político bolivariano:

> Cada uma dessas grandes reuniões contava com cerca de 700, 800 dirigentes das comunidades *barriales* de Caracas. Ali [...] começou-se a escrever um programa de lutas que [...] foi muito importante para ordenar o que era, mais adiante, o programa bolivariano [Denis, 2009].

Portanto, a eleição de Chávez, em 1998, a abertura de uma Assembleia Nacional Constituinte comprometida com refundação do Estado e a proposta de construção das assembleias de cidadãos e cidadãs como instâncias de poder local são fruto desse longo processo de desgaste da institucionalidade liberal durante o regime *puntofijista* e da articulação da sociedade civil sob diferentes formas, com vistas a construir alternativas ao mesmo.

Além disso, todo esse quadro de reformas está inserido também em um contexto mais amplo, continental, de redefinição da democracia com a abertura de constituintes em vários países latino-americanos recém-saídos de ditaduras civil-militares, nos anos 1980 e 90. Apesar de o tema do socialismo não ter estado presente na maior parte das agendas políticas, os limites da democracia representativa liberal foram questionados e, por essa razão, algumas reformas foram levadas a cabo no sentido da ampliação da participação política para além das eleições e de uma influência difusa da opinião pública. O caráter dessas "instituições participativas", para utilizarmos os termos de Leonardo Avritzer (2009), variou de país a país, desde uma abertura mais moderada favorável a espaços deliberativos, mas com pouco poder de execução (como é o caso do orçamento participativo ou das conferências nacionais, no Brasil, por exemplo) até soluções mais radicais, revestidas de um caráter reformista--revolucionário, como é o caso da "democracia participativa e protagônica".

Na Venezuela, em particular (também vimos em outro capítulo), apesar de ser um dos poucos países latino-americanos que não viveu uma ditadura civil-militar formal, os 40 anos de democracia representativa *puntofijista* — especialmente os últimos 20 anos (anos 1980 e 90) —, de igual forma, desgastaram profundamente a institucionalidade liberal representativa e produziram um quadro socioeconômico marcado por profundas desigualdades sociais.

Em 1998, Hugo Chávez foi eleito com 56,2% dos votos válidos (CNE, 1998) e uma de suas primeiras medidas no governo foi fazer uma consulta popular via referendo para aprovar a convocação de uma Assembleia Nacional Constituinte com um chamado para a refundação do Estado. A iniciativa contou com amplo respaldo da população.

A Assembleia Nacional Constituinte propôs mudanças substanciais em relação à Constituição de 1961, que só dispunha princípios voltados para a representação política. O artigo 70, por exemplo, conforme já vimos, prevê diversos meios de participação para além do voto em eleições regulares:

> São meios de participação e protagonismo do povo para o exercício de sua soberania no político: a eleição de cargos públicos, o referendo, a consulta popular, a revogação de mandato, as iniciativas legislativas, constitucional e constituinte, o *cabildo* aberto e a assembleia de cidadãos e cidadãs cujas decisões serão de caráter vinculante, entre outros [Constitución, 1999].

Esse artigo se insere numa concepção mais ampla sobre democracia presente no artigo 6º, que determina que "*o governo da República Bolivariana da Venezuela e as entidades políticas que a compõem é e será sempre* democrático, participativo, eletivo, descentralizado, alternativo, responsável, pluralista e de mandatos revogáveis" (Constitución, 1999, grifo meu), e no artigo 5º, que afirma:

> A soberania reside intransferivelmente no povo, quem a exerce diretamente na forma prevista nesta Constituição e nesta lei, e, indiretamente, mediante o sufrágio, pelos órgãos que exercem o Poder Público. Os órgãos do Estado emanam da soberania popular e a ela estão submetidos [Constitución, 1999].

A descentralização de tomadas de decisão, as tentativas de diminuição da burocracia estatal na administração pública, o incentivo ao participacionismo por intermédio de instâncias locais de poder local, como a assembleia de cidadãos e cidadãs, a revogabilidade de mandatos em todas as instâncias, o destaque para referendos, plebiscitos e consultas populares como mecanismos complementares para ratificar ou não leis e decretos são algumas características dessa reforma do Estado venezuelano. Posteriormente, muitos desses princípios foram aprofundados e normatizados em leis orgânicas específicas. No caso do participacionismo, uma das primeiras tentativas de regulamentação desse poder local se deu com a Lei dos Conselhos Locais de Planejamento Público (CLPP), em 12 de junho de 2002.

Os conselhos locais de planejamento público (CLPPs)

A proposta de lei dos CLPPs era a de articular o poder público constituído com as várias organizações de base que tinham vida por todo país, permitindo que esses setores pudessem participar da gestão das políticas locais, elaborando diagnósticos da comunidade, propondo projetos — sempre a partir da aprovação dos mesmos nas assembleias de cidadãos e cidadãs — e contribuindo com o orçamento participativo. Esses conselhos locais eram subordinados à prefeitura (*alcaldía*), uma vez que o prefeito ou a prefeita é o presidente ou presidenta da instituição, conforme estipulado no artigo 3º, parágrafo 1º, da lei. Segundo Martín e Muñoz (2007:176),

> os conselheiros do Município e os presidentes das Juntas Parroquiais também fazem parte do CLPP. A novidade está em que, igualmente, integram-se ao mesmo os conselheiros das organizações de moradores e comunitárias [ver artigo 3º da lei, parágrafo 4º]. Não há poder paralelo, mas sim uma santa aliança entre o setor público municipal e as organizações sociais da localidade. Parece claro o espírito conciliador desta Lei, a ideia de promover a colaboração construtiva entre o público e o privado.

No interior de cada governo *parroquial*, um representante da prefeitura senta-se ao lado de representantes da comunidade para decidir sobre as políticas locais para a região. Segundo Dario Azzellini (2010:175), "os CLPP decidiam sobre 20% do orçamento do fundo de descentralização, o Fides. Porém, a participação acabou sendo mais uma pretensão do que uma realidade, com os prefeitos ainda acumulando muitas das iniciativas". Para Azzelini, houve um processo de instrumentalização dos CLPPs pelos prefeitos e prefeitas, envolvendo práticas clientelistas e uma profunda burocratização das decisões, tornando difícil a aprovação dos projetos.

O nível de abrangência do CLPP — nível *parroquial* — também dificultou a participação direta da comunidade, sobretudo em espaços em que não havia uma organização de base bem estruturada. Apesar de haver a premissa da construção de conselhos no interior das comunidades para discutir as políticas, na prática, não houve um impulso nesse sentido. O que houve foi o surgimento de propostas para tornar esses conselhos instituições autônomas. Desse modo, a ideia dos *consejos comunales* propriamente ditos surgiu, em parte, das críticas feitas ao CLPP no âmbito do chamado parlamentarismo de rua,[131] conforme sugere Azzellini (2010:228):

> A necessidade de uma lei de CCs [*consejos comunales*] surgiu no marco do Parlamentarismo de Rua, no debate sobre o artigo 8º da Lei dos *Consejos Locales de Planificación Pública*/CLPP, que introduziu os CCs como instância dos CLPP. Através das críticas e objeções recolhidas pelos deputados nos debates públicos se fez evidente a necessidade de uma lei própria para os CCs, que os define como organismos independentes.

Portanto, devido a todas essas críticas, outras iniciativas acabaram ganhando maior popularidade, e a aprovação dos *consejos comunales*, em 2006, acabou retirando o sentido dos CLPPs. Outras experiências de planificação pública existiram, porém sem obter grande sucesso, tais como o Conselho Metropolitano de Planejamento de Políticas Públicas, a Constituinte Municipal, os governos comunitários

---

[131] O parlamentarismo de rua é uma iniciativa da Assembleia Nacional para articular o trabalho dos deputados com a sociedade civil organizada através da organização de fóruns para discutir as leis e avaliar as políticas públicas. Porém, segundo Azzelini, tal experiência foi bem-sucedida apenas em alguns casos de leis mais importantes, como a dos *consejos comunales*. A participação civil nos debates sobre as leis se dá, principalmente, através das comissões da Assembleia Nacional (Azzelini, 2010:228).

(modelo mais próximo dos CCs) e os gabinetes de obra local (Azzellini, 2010). Na *parroquia* 23 de Enero, não encontramos referência a nenhuma dessas experiências. As administrações públicas formais — prefeituras e governos estaduais —, na maior parte das vezes, foram os maiores obstáculos para o desenvolvimento de um poder local. Não à toa, uma das premissas dos CCs será a de construir uma instituição independente dessas instâncias.

Entre as iniciativas alternativas de promover a gestão popular das políticas locais que ganharam maior popularidade antes dos CCs, podemos citar os comitês de terras urbanas (CTUs), a reativação das mesas técnicas de água (MTAs)[132] e as *missiones sociales*, com seus comitês de saúde e educação.

Os comitês de terras urbanas (CTUs)

Em 4 de fevereiro de 2002, é assinado pelo presidente Chávez o Decreto nº 1.666, que previa a formação da Oficina Tecnica Nacional para la Regularización de la Tenencia de la Tierra Urbana (OTNRTTU) e dos comitês de terras urbanas (CTUs), com o objetivo de regularizar a propriedade da terra dos *barrios* a partir da "participação protagônica das comunidades organizadas" (artigo 1º) e submeter à discussão pública um projeto de lei para a regularização da propriedade da terra nos assentamentos populares, a fim de dotar o processo de uma base legal sólida (a lei foi aprovada em 2006). Segundo Antillano (2005:209):

> O significado e o alcance deste decreto são compreendidos no contexto de um conjunto maior de medidas legislativas e institucionais que, abandonando o modelo anterior de negação, indiferença ou, inclusive, tentativa de eliminação dos *barrios*, reconhece-os como parte da cidade e une esforços por sua incorporação à trama urbana.

---

[132] Cabe ressaltar que uma primeira tentativa ocorreu sob a administração de Aristóbalo Isturiz, entre 1992 e 1995, como resposta ao movimento assembleísta dos *barrios*.

Além da entrega da titularidade, o projeto prevê ações de urbanização e melhora das condições de vida dos moradores dos *barrios*. Estas últimas são definidas pelos próprios moradores a partir do CTU:

> Tanto aspectos técnicos (definição de poligonais urbanas, levantamento cadastral etc.), políticos (decisões sobre planos e projetos, propostas de ordenação espacial do barrio) e, inclusive, "judiciais" (mediação em casos de diferenças sobre a legitimidade da posse etc.) [Antillano, 2005:210].

Trata-se, portanto, de um projeto diferente dos programas neoliberais que se pautam na premissa exclusiva de regulamentação de novas propriedades para alimentar o mercado imobiliário, já que toca em dimensões subjetivas e coletivas para o bem-viver do cidadão comum.

Na *parroquia* 23 de Enero de Caracas, na sequência do decreto, houve a formação do CTU, no *barrio* Sucre. César Rivas, ao lado de Aurora Volcam, Avelino Maya, Eliseo Pérez e outros vizinhos dessa zona foram eleitos pela assembleia de cidadãos e cidadãs para liderar os trabalhos no comitê e, assim, viabilizar a execução do projeto. O setor *barrio* Sucre foi um dos primeiros do país a se organizar nesse sentido. Segundo Rivas, o *barrio* é formado por aproximadamente 520 moradias unifamiliares, bifamiliares e multifamiliares, distribuídas em três ruas principais: rua Ayacucho, rua Miranda e rua Real La Cañada. Na figura 13, no croqui feito pelo CTU, podemos ver em destaque a parte correspondente ao setor constituída pelas três ruas citadas. A rua Real La Cañada divide o *barrio* Sucre dos edifícios do setor La Cañada.

Houve primeiramente uma reunião de esclarecimentos com membros da prefeitura, do Ministerio Nacional de la Vivienda e da junta *parroquial* com a própria comunidade. Para Eliseo Pérez, um dos maiores ganhos dessa iniciativa foi a chance de promover contatos com e entre os vizinhos da comunidade, pois até então muitos ali não se conheciam.

> O prêmio desse Decreto 1.666 é ter descoberto ou descobrir que em todos os espaços da vida cotidiana havia outras coisas que nós mesmos nem sabíamos... como eram as necessidades que existiam das portas para dentro. Ou seja, nos conver-

temos em trabalhadores sociais natos, psicólogos, sociólogos, tudo isso sem ser formado como engenheiro de terra [Pérez, 2010].

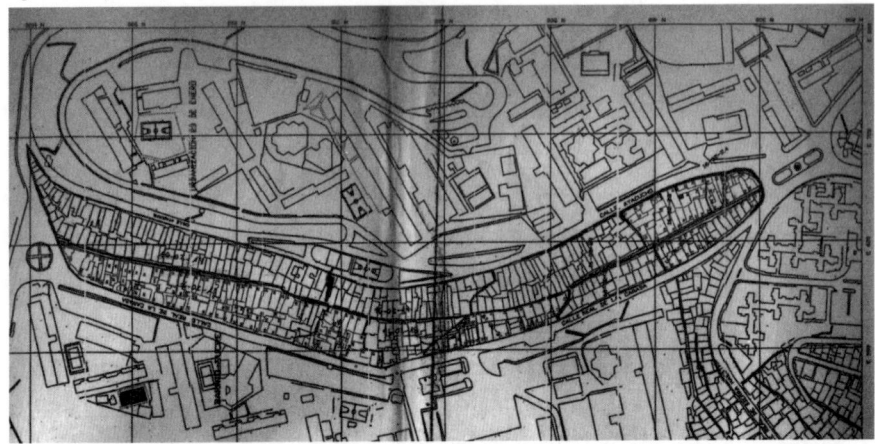

Figura 13 | Croqui do *barrio* Sucre feito pelo CTU

Ao sul está localizada a rua Real La Cañada; no centro, a rua Miranda; ao norte, a rua Ayacucho. Fonte: arquivo do CTU — barrio Sucre.

Avelino Maya, veterano em militância política na *parroquia*, ressalta a importância dessa iniciativa, pois transformou as necessidades individuais em necessidades coletivas e assegurou o primado da participação como via para resolver os problemas:

> Dos anos 90 para trás existia a necessidade. E você via a necessidade como uma necessidade individual. Quando nosso presidente é eleito, essa necessidade individual se converte em necessidade coletiva e é aí onde nosso presidente vê a necessidade de investir em correções, aparatos, gestões que permitam que essas necessidades coletivas tivessem uma resposta mediante a participação feita pela comunidade [Maya, 2010].

Para Pérez, graças à Constituição Bolivariana de 1999, que havia estabelecido o princípio da cogestão, foi possível demonstrar que o povo, sim, poderia gerir as políticas locais dentro de suas comunidades:

A Constituição Nacional, no artigo 70 [...] fala do que é a cogestão, a autogestão e a relação interinstitucional que é de suma importância para também administrar as coisas. [...] Graças a esta Constituição conseguimos realmente articular, e essa articulação também com nosso grau de consciência pôde mostrar que, sim, podemos [...] conquistar nossos objetivos [Pérez, 2010].

César Rivas chama a atenção para o fato de que, apesar de haver intensa organização popular na *parroquia* desde muito tempo antes de Chávez, era o Estado que, ao fim e ao cabo, se responsabilizava pelos serviços públicos. Havia muita luta para conquistar direitos, mas quem executava os serviços eram os burocratas do Estado (Rivas, 2010). Por outro lado, a nova Constituição permitiu que aqueles setores que eram atuantes dentro das comunidades pudessem assumir, de fato, um papel protagônico para resolver seus problemas:

Com a palavra participação englobada dentro de nossa Constituição, [...] os grupos sociais que fazem vida comunitária [...] serão procurados para fazer esse trabalho precisamente pela participação, com um sentido protagônico [Rivas, 2010].

Portanto, com a própria comunidade à frente dos projetos, o trabalho se aperfeiçoa na medida em que esses moradores conhecem muito melhor as necessidades de seus territórios e a forma de resolvê-las do que os burocratas enviados pelo Estado. Yanelkar Marquez Flores trabalhou com o governo central na experiência dos CTUs. Como geógrafa e funcionária do Estado, apresenta premissas que vão na direção daquela lançada por Rivas, isto é, que a articulação da ação protagônica dos moradores de cada região com os organismos técnicos do Estado otimiza a excecução das políticas sociais. Nesse caso, permitiu que o trabalho de regulamentação da propriedade da terra se tornasse mais eficaz, já que os moradores são aqueles que melhor conhecem a realidade onde vivem e podem discernir, por exemplo, quem é o real dono de um terreno e quem é inquilino, entre outras coisas.

[A comunidade] começou a se organizar e formar os comitês de terras e cada um de nós, geógrafos, estávamos encarregados de uma parroquia. [...] Os comitês de terras urbanas se inscreviam no escritório onde eu trabalhei, que é a Oficina Tecnica para la Regularización de las Tierras Urbanas; eles criavam uma poligonal, quer dizer, selecionavam um número de casas que compreendiam um âmbito territorial que abarcasse todas as suas casas. Ou seja, eles, como comitês de terras, que conheciam as pessoas e tudo isso, definiam o âmbito territorial. Nós começamos a atuar como geógrafos explicando e auxiliando no estabelecimento da poligonal e seus limites [...], dávamos um sentido técnico para depois fazer o cadastro. Ordenávamos as casas, se faziam plantas, havia um grupo de entrevistadores que iam às casas, faziam o censo socioeconômico, faziam medições de tudo o que era o terreno. Depois, tudo isso era checado pelos geógrafos e, logo, com os comitês de terras, definiam quem era dono do terreno ou não. Os comitês de terras eram quem conheciam as pessoas, e quem melhor do que os próprios vizinhos para saber quem é dono, quem é inquilino e tudo isso? [Marquez Flores, 2010].

Os próprios membros do comitê de terras também foram submetidos a cursos explicativos — uma espécie de cursos técnicos para que aprendessem noções básicas de engenharia e outros conhecimentos para levarem a cabo o projeto. Conforme vimos no depoimento de Marquez Flores, uma das metas a serem cumpridas pelo comitê era montar o cadastro da comunidade. Para tanto, teriam de entrar em todas as casas, fazer as medições dos terrenos, identificar ruas, escadas, becos, além de fazer um registro socioeconômico, tal como explica Rivas:

Logo que fomos eleitos, fomos preparados [...]. Fizemos alguns cursos [...] e, logo das conversas preparatórias desses cursos, fomos induzidos ao trabalho de campo [...] que significava uma recolecção de informações cadastrais em uma planilha, que é o levantamento cadastral [...]. No início, tivemos a instrução dos funcionários e, em seguida, tudo foi guiado por nós do CTU [Rivas, 2010].

Esse procedimento é interessante para refletirmos sobre o sentido de comunidade construído pelos moradores, quer dizer, não se trata apenas de um registro espacial, geográfico, físico, mas envolve também um sentido de pertença, a construção de uma identidade local. Nas palavras de Antillano (2005:211), "o âmbito de atuação de um CTU não é somente um espaço físico, mas um espaço social e, inclusive, afetivo, definido pela identidade coletiva e as interações cara a cara entre os membros da comunidade".

Entre as dificuldades encontradas, vale mencionar que muitos vizinhos não conheciam os membros do CTU e não os deixavam entrar em suas casas. Muitos não acreditavam que a titularidade seria entregue. Portanto, era preciso fazer um trabalho concomitante de convencimento sobre a importância do projeto: "Começamos a realizar assembleias por quarteirões para conhecer as pessoas e explicar-lhes qual é o processo de ter o título porque tinha muita importância ter a titularidade de sua terra" (Volcam, 2010).

Porém foi encontrado também muito apoio, e com o cumprimento da promessa do Estado de entregar a titularidade, as ações do grupo foram reconhecidas, legitimadas e deram combustível para que, dessa iniciativa, se desenvolvessem outras.

Se, por um lado, existe a presença do Estado no sentido de incentivar e impulsionar a formação dos CTUs, de fornecer assessoria, cursos explicativos, recursos etc., por outro, a todo o momento, é destacado também que esse trabalho deve ser realizado, executado, gerenciado, protagonizado pelos moradores, conforme podemos observar em um dos vários discursos de Chávez para o Programa *Aló Presidente* em que aborda essa temática:

> Agora, a Revolução tem que avançar desde baixo com a organização comunitária para melhorar notavelmente o nível de vida desses *barrios*: a água potável, os sistemas de esgoto, o ambiente, os campos de esporte, as moradias, as zonas que estão em risco, tem que retirar as pessoas das zonas de risco e levá-las para outras zonas; o trabalho, o emprego, o trabalho comunitário, emprego na mesma zona. Enfim, uma das maiores tarefas da Revolução está começando, ou estamos começando: a organização desde baixo, e a alocação de recursos, capacitação, tecnologia, recursos financeiros etc. [Chávez, 2006:50].

Nesse sentido, para alguns autores, essas organizações comunitárias, apesar de serem, em grande medida, resultado de uma política de Estado, são instituições autônomas e funcionam de maneira independente das instituições[133] (Azzellini, 2010; Antillano, 2005). Para López Maya (2005:351), no entanto, os CTUs funcionam sob uma tensão entre autonomia e dependência em relação às instituições que "atravessam permanentemente suas dinâmicas". Sem dúvida, há uma vinculação significativa entre a organização comunitária e o governo, no sentido de a grande maioria dos CTUs ser simpatizante do processo (Antillano, 2005:211), porém é importante destacar também, conforme atesta Ada Colau em informe sobre o III Encuentro Nacional de los Comités de Tierras Urbanas, realizado em Maracaibo, em 2005, que os CTUs, por sua vez, não se eximem de criticar o governo quando necessário, sobretudo no que diz respeito à questão da burocracia e da corrupção das instituições:

> Exemplos desse apoio crítico ao governo são as constantes denúncias que os CTUs fazem da excessiva burocracia, a corrupção de algumas instituições, as remoções arbitrárias e os que, com frequência, produzem abusos policiais, ou a lentidão e os conflitos com algumas instituições no processo de entrega dos títulos da terra [Colau, 2007:3].

A autora cita ainda, como exemplos, os protestos dirigidos ao Executivo para que fosse aprovada a Ley de Reforma de la Ley Especial de Regularización Integral de la Tenencia de la Tierra de los Asentamientos Urbanos Populares, considerada de fundamental importância para aprofundar o processo de regularização e que, naquele momento, se encontrava em trâmite na Assembleia Nacional à espera de ser debatida (Colau, 2007:3).

Segundo dados do Instituto Nacional de Vivienda, estima-se que, para o ano de 2007, havia "quase 7.000 CTUS constituídos a nível nacional, o que significa mais de um milhão e meio de famílias organizadas e mais de sete milhões e meio de habitantes organizados" (Colau, 2007:1).

Voltando ao *barrio* Sucre, a partir do trabalho do CTU, foi possível também conquistar a regularização do serviço de gás na comunidade. Com o golpe de Es-

---

[133] Inclusive, Antillano (2005:211) destaca que a Oficina Técnica Nacional para la Regularización de la Tierra só começou a funcionar dois anos depois de constituídos os CTUs.

tado de 2002, houve o corte na distribuição dos bujões. Aproveitando-se deste episódio, os membros do CTU, que desde antes já alegavam a necessidade de fazer um projeto que garantisse o serviço de gás canalizado para comunidade, com o apoio da PDVSA GAS, conseguiram superar muitos preconceitos daqueles que não acreditavam que um serviço dessa monta pudesse ser feito e, hoje, o *barrio* conta o serviço. O *barrio* foi o primeiro da *parroquia* 23 de Enero a contar com gás canalizado e, segundo muitos relatos, é possível que tenha sido um dos primeiros do país.

Da mesma forma ocorreu com o serviço de água, de onde surgiu a Mesa Técnica de Água (MTA).

As mesas técnicas de água (MTAs)

As MTAs são outro comitê formado por vizinhos que, junto à Hidrocapital — empresa responsável pelo serviço de água potável e saneamento —, tinha por objetivo solucionar tal problemática dentro das comunidades populares. No *barrio* Sucre foi renovada toda a estrutura de encanamento, além de terem conseguido instalar um serviço de água potável, que era uma demanda de pelo menos 50 anos. Segundo Rivas,

> Chegou até nós um projeto de 531 milhões de bolívares e as mesas técnicas de água, juntamente com a comunidade, assumiram o papel [de executar] e pudemos colocar a água juntamente com uma equipe de trabalho na comunidade. Hoje em dia, a comunidade tem o serviço de água potável, produto disso [Rivas, 2010].

A problemática da água já havia estado presente em outros momentos das lutas da população dos *barrios* como uma de suas principais demandas. Mencionamos, por exemplo, o movimento assembleísta dos anos 1990 e o mandato de Aristóbalo Isturiz em Caracas que, pela primeira vez, havia fundado as chamadas MTAs. Naquele contexto, mais de 30% da população de Caracas não estavam conectados à rede de água potável e mais de 1 milhão de pessoas tinham acesso somente através da distribuição precária feita por caminhões ou de maneira improvisada, com tubulações clandestinas (Azzelini, 2010:220). Desde o início do governo Chávez, em 1999, várias comunidades organizaram-se no sentido da construção de um diagnóstico sobre a trágica situação dos *barrios* em relação à carestia desse serviço. Para López Maya, essa organização também caminha sob uma tensão entre autonomia e dependência em relação às instituições, porém reconhece que as MTAs

> têm sido um fator importante na intervenção exitosa de comunidades na resolução dos problemas relacionados com o processo de água potável e saneamento e têm criado, inclusive, os conselhos comunitários de água como espaço de intermediação institucionalizada com as instituições públicas e entre as distintas MTAs [López Maya, 2005:352].

Da resolução do problema específico da escassez do serviço se desdobraram questões políticas cada vez mais abrangentes. Em 2003, houve o Primer Encuentro Nacional de Experiencias en Agua Potable y Saneamiento, quando se reuniram as diversas MTAs e os *consejos comunitarios de agua* (reunião de várias MTAs de uma dada região), quando foi possível estabelecer um diagnóstico geral que identifica os problemas estruturais existentes na administração da Hidrocapital sobre o setor e na própria problemática da água como um todo. Segundo Santiago Arconada (2006:129), ativista que esteve à frente da experiência das MTAs na *parroquia* Antímano, nos anos 1990,

> se, em um primeiro momento, o que havia mobilizado a organização das pessoas era a falta concreta de água em sua comunidade ou a existência de situações de saneamento muito graves, em 2003, a demanda ganha um caráter mais abrangente, quando ocorre, na raiz do encontro, um questionamento mais amplo sobre o papel das empresas públicas no país — qual é na realidade a magnitude dos sistemas hidráulicos sobre os quais as MTAs têm incidência? — e da compreensão do problema da água em um sentido mais amplo do que o local.

Em Caracas, o ativista destaca que as MTAs passaram a trabalhar junto com o Ministerio del Poder Popular para el Ambiente na construção de uma nova concepção sobre o rio Guaire, que corta toda a capital e é um depositário de águas negras, com intuito de construir um modelo que viabilizasse o equilíbrio entre a cidade e os recursos naturais.[134]

Trata-se, portanto, de um princípio pautado na ideia de que as organizações de base devem participar não apenas da deliberação e execução dos projetos de políticas locais para a resolução do problema, mas também na formulação de políticas públicas[135] para o setor.

> Esta nova institucionalidade local e as formas de participação comunitária, assim como as novas políticas públicas, têm um forte referente territorial e incentivam a corresponsabilidade, o controle social por parte das comunidades e a transparência na prestação de contas. Nesse sentido, aspira-se a superar a dicotomia mais mercado, menos Estado, que tentou se impor na década de noventa sob a denominação de governabilidade, para entrar no campo do que chamamos de regime participativo de água, em que o peso das comunidades e do Estado é fundamental [Lacabana e Cariola, 2005:116].

Para o ano de 2009, estima-se que havia cerca de 6.600 MTAs em todo o território nacional (Machado, 2009:176).

As misiones sociales e os comitês de saúde e educação

O projeto das *misiones sociales* também se estruturou a partir da preocupação em aliar reformas sociais ao fomento à atuação protagônica e organizada das classes populares. As *misiones* abrangem diferentes áreas que vão desde as dimensões mais básicas, tais como saúde, educação, alimentação e moradia, até *misiones* vol-

---

[134] Em 1999, quem estava à frente da Hidrocapital impulsionando as MTAs era Jacqueline Farías, que, por sua vez, havia participado da equipe de Aristóbalo Isturiz quando este foi prefeito de Caracas e implementou, pela primera vez, essa instituição de base nos anos 1990. Posteriormente, Farías também esteve à frente do Ministerio del Poder Popular para el Ambiente (2004-2006), quando apoiou a participação das MTAs na formulação dos diagnósticos/projetos para a despoluição do rio Guaire. Entre 14 de abril de 2009 e 13 de outubro de 2014 foi designada pelo presidente (e aprovada na Assembleia Nacional) como chefe de governo do Distrito Capital.

[135] Por políticas públicas entende-se a participação das comunidades não apenas na deliberação e execução das políticas locais, mas também na formulação das diretrizes e sentidos das políticas públicas no alto escalão do governo.

tadas para a promoção da cultura, da ciência, ao fomento de novas formas de produção (no caso, a formação de cooperativas, com a missão Vuelvan Caras, atual *misión* Che Guevara), entre muitas outras.

No que diz respeito à *parroquia* 23 de Enero, continuando com o exemplo do *barrio* Sucre, uma das primeiras *misiones* a serem instaladas no setor foi a de saúde, também conhecida como *misión* Barrio Adentro. Esta última surge a partir de um acordo firmado entre os governos venezuelano e cubano ensejando a troca de petróleo pelo envio de médicos cubanos para o país para atuar no interior das comunidades populares.[136] No *barrio* Sucre, alguns membros do CTU, fundaram o comitê de saúde e viabilizaram a chegada dos primeiros cubanos à comunidade:

> Um trabalho integral como o do CTU, de ordenamento territorial, nos permitiu conhecer todas as vicissitudes, debilidades e fortalezas da comunidade como um todo. Chegando a *misión* Barrio Adentro foi mais simples o trabalho, em princípio porque já conhecíamos parte da situação social, econômica e também política de nosso espaço. Conhecendo essa informação, automaticamente podemos definir o encaminhamento dos benefícios em nossa comunidade sobretudo de maneira contínua e progressiva [Pérez, 2010].

Como o governo não tinha recursos suficientes para arcar com a hospedagem e a subsistência dos médicos cubanos, estes ficaram hospedados em casas de famílias nas comunidades. Eliseo Pérez foi uma dessas pessoas que recebeu os cubanos em sua própria casa até que se disponibilizasse um local para eles exercerem a atividade:

> Sob a questão da saúde, chegou a *misión* Barrio Adentro [...]. Contamos primeiro com dois consultórios, um na casa de Eliseo e outro na casa da sra. Lourdes, até 2009, quando os colocamos em um consultório na parte de baixo do octógono para

---

[136] Os primeiros médicos cubanos chegaram à Venezuela em ajuda humanitária em função de um desastre natural que afetou 10 estados do país, particularmente o estado de Vargas, em 1999. As brigadas cubanas levaram apoio médico para as famílias que sofreram os efeitos do desastre. Depois da superação da catástrofe natural, os cubanos permaneceram no país, prestando atendimento e serviços de medicina preventiva às populações carentes, dada a ausência do poder público em regiões mais pobres. Foi daí que surgiu a ideia da *misión* Barrio Adentro: transformar a atuação episódica dos cooperantes cubanos nos *barrios* em ajuda humanitária permanente.

toda a comunidade [Volcam, 2010]. Além de encontrar um espaço para os cubanos, o comitê de saúde tem a função de vencer as desconfianças existentes entre os próprios moradores — muitos consideram os cubanos "espiões comunistas", tal como qualificados pelos meios de comunicação e, além disso, também não são reconhecidos pela Federación Medica Venezolana (FMV)[137] — e auxiliar na gestão da saúde integral da comunidade, que envolve não apenas a medicina preventiva, mas também ações educativas, ecológicas, culturais, de lazer etc. (López Maya, 2005:358). Portanto, mais uma vez, a ação protagônica das classes populares organizadas se fez necessária como condição para que a ideia se tornasse realidade.

Atualmente, na *parroquia* 23 Enero há 52 ambulatórios octogonais da *misión* Barrio Adentro, onde residem os médicos cubanos e onde ocorre o atendimento à população. Além disso, como fruto da expansão do projeto, foram construídos quatro centros de diagnóstico integral (CDIs), entre os quais destacamos o CDI Ibis Pino, no setor Sierra Maestra (que inclui uma sala de reabilitação integral (SRI), e o CDI Carmen Clemente Travieso, na Zona F.

Ao lado da *misión* Barrio Adentro, a *misión* Robinson,[138] de alfabetização, foi também um sucesso na *parroquia*.[139] Segundo Yaritza Motta, moradora da *parroquia* e atual coordenadora da *misión* no Distrito Capital, o 23 de Enero foi o primeiro território do país a vencer o analfabetismo, tendo alfabetizado, nesse primeiro momento, 769 pessoas (Motta, 2010).

A ex-facilitadora da *misión* Robinson no 23 de Enero conta que o projeto teve início a partir da convocatória do presidente Chávez:

---

[137] Esse aspecto gera uma série de transtornos entre os venezuelanos. Os diagnósticos feitos por cubanos não são reconhecidos pelos hospitais. Então, quando há a necessidade de um tratamento mais intensivo, muitas vezes é preciso repetir todos os exames nas instituições formais. Médicos venezuelanos diplomados em universidades cubanas igualmente encontram dificuldades em ter seu diploma reconhecido no país.

[138] O nome é inspirado no pseudônimo utilizado por Simón Rodríguez, educador do século XIX e tutor de Simón Bolívar.

[139] Quando Chávez foi eleito, o país possuía cerca de 59% de taxa de escolaridade (porcentagem da população que frequenta ou frequentou a escola), sendo 7% o índice de analfabetismo, o que significa mais de 1 milhão e meio de venezuelanos. Isso sem contar os mais de 2 milhões de pessoas que não tinham condições de chegar ao sexto grau, nem os outros 2 milhões que não chegavam ao ensino médio e muito menos ao ensino superior (D'Elia, 2006).

Aqui na *parroquia*, a *misión* arranca quando o presidente Chávez nos solicita [...] isso foi por volta de julho do ano de 2003. O presidente lançou a *misión* Robinson e disse: "Cada venezuelano que saiba ler e escrever busque suas 10 pessoas e saiam a alfabetizar" [...] eu fui uma dessas pessoas e me vi alfabetizando minha sogra e, assim como minha pessoa, muitos foram buscar suas sogras, seus pais, seus tios [...] a alfabetização ocorria na biblioteca, nas casas, nos térreos com um pedacinho de teto [...], qualquer espaço onde se pode colocar uma televisão e um VHS, um facilitador com um grupo de pessoas, ali se levava a cabo a atividade educativa [Motta, 2010].

Portanto, assim como observamos na missão de saúde, a viabilização da missão educativa dependia da organização da comunidade, pois esteve e está ancorada numa prerrogativa de autogestão e participação comunitária. Em julho de 2005, devido ao sucesso da campanha de alfabetização no país, Chávez deu início a um giro por todos os estados onde iria declarar, desde as *parroquias* — segundo ele, de baixo para cima —, territórios livres do analfabetismo. A primeira *parroquia* que visitou foi o 23 de Enero, lugar onde foi realizado o *Aló Presidente*, n. 227:

Território livre do analfabetismo, e aqui estamos, pois. Vamos entregar, município por município, esta bandeira vermelha e azul que diz: "Uma só *Misión, Misión Robinson*". Hoje vamos entregá-la à *parroquia* 23 de Enero [...] A declaração da Venezuela *desde abajo*, como território livre do analfabetismo, foi um milagre, graças ao povo venezuelano [Chávez, 2005:3].

Chávez instiga a formação de mais comitês de educação na *parroquia* afirmando que deveria haver vários comitês que dessem continuidade à missão educativa e de consciência (Chávez, 2005:14).[140] A Unesco chegou a visitar a *parroquia* também, em outubro de 2005, quando atestou o sucesso da missão não apenas no 23, mas no país, declarando a Venezuela país livre do analfabetismo (Motta, 2010).

---

[140] Aristóbalo Isturiz, ex-prefeito de Caracas, era o *ministro* de Educación y Deportes (2005-2007) na ocasião e participou, ao lado de Chávez, do programa.

A missão educativa contou com o apoio do governo cubano, que forneceu professores, tecnologias e o próprio método de alfabetização, o *Yo sí puedo*, desenvolvido pela pedagoga cubana Leonela Relys do Instituto Pedagógico Latinoamericano y del Caribe (Iplac). Trata-se de um método que atende aos fundamentos e às necessidades práticas de efetivar o projeto porque é simples, flexível e de resultados em curto prazo. "Em 65 sessões de duas horas se prepara o participante, chamado de 'patriota', nas destrezas básicas de ler e escrever" (López Maya, 2005:356). Mediados por um "facilitador", que é um voluntário geralmente da própria comunidade, o aluno tem acesso a um material didático que, além das cartilhas do educador e do educando, é baseado em videoaulas, conforme observamos no relato de Yaritza Motta. A televisão é o instrumento essencial no processo. O facilitador tem o papel de contextualizar e atender às necessidades especiais de cada aluno.

A *misión* Robinson veio acompanhada também da *misión* Robinson II, que tinha por objetivo dar continuidade aos estudos daqueles que foram alfabetizados, sob o lema *Yo sí puedo* seguir. O método, como o próprio nome já sugere, acompanha a lógica do *Yo sí puedo*, ou seja, conta com ampla utilização de mecanismos audiovisuais através dos quais as turmas têm aulas de matemática, geografia, história, gramática, ciências naturais, inglês e informática. Contabiliza-se um total de 600 aulas com uma duração de 10 meses.

Quando estivemos em 2010 no 23 de Enero, acompanhamos a IV graduação de prosseguimento ao sexto ano, isto é, pela quarta vez se formavam turmas da *misión* Robinson II, possibilitando que as pessoas — de diferentes idades e perfis[141] — continuassem estudando e tivessem a oportunidade de ingressar no ensino técnico profissionalizante ou no ensino médio para, em seguida, entrar em uma universidade.

---

[141] Chamou a atenção uma jovem de 14 anos, ao lado de uma senhora de 70 anos, recebendo o mesmo diploma da *misión* Robinson (ver figura 14). Um dos momentos mais emocionantes que testemunhamos foi quando um rapaz que sofria de um retardo mental, emocionado com seu diploma, pegou o microfone e, às lágrimas e aos gritos, agradeceu a todos os facilitadores que o ajudaram a conquistar aquele pedaço de papel cujas letras atestam um mínimo de dignidade para muitos que jamais sonharam em ter um dia.

Figura 14 | Formandos da *misión* Robinson II (2010)

Fonte: arquivo pessoal da autora (fev. 2010).

Atualmente, segundo dados fornecidos por Yaritza Motta em entrevista a nós concedida, a *parroquia* conta com três ambientes de alfabetização, de onde saíram 15 pessoas formadas naquela ocasião, e 17 ambientes de continuação até o sexto grau. Em nível da capital, são 70 ambientes de alfabetização, 500 de continuação até o sexto grau e 43 círculos de leitura; são 1.588 pessoas estudando e sendo atendidas por 590 facilitadores. Em outubro de 2009 foram graduadas 80 mil pessoas na continuação até o sexto grau em todo o país (Motta, 2010).

Em 2003, foi criada também a *misión* Ribas, destinada àqueles que almejavam finalizar os estudos secundaristas. A missão oferece bolsas de estudos para os que não têm condições financeiras de dar continuidade ao processo educativo. Seu objetivo era atender aos 5 milhões de venezuelanos excluídos do sistema educacional em todo o país. Segundo Steve Ellner (2010:44), a *misión* graduou 450 mil estudantes no ano de 2008.

Finalmente, foi construída a *misión* Sucre com intuito de completar o ciclo de estudos voltando-se para o acesso ao ensino superior. Com esta última, foi construída a Universidad Bolivariana de Venezuela (UBV), ponta de lança de todo o projeto. A universidade possui sedes em Caracas, Zulia e Bolívar. Os cursos ministrados ou *programas de formación* oferecidos na mesma, segundo balanço de 2004, são, entre outros: administração e gestão, artes plásticas, direito, educação,

educação física, enfermagem, geologia e minas, gestão ambiental, gestão social em desenvolvimento local, informática, licenciatura em química e em matemática, medicina geral integral e turismo. Nesse mesmo ano, foram inscritos mais de 60 mil alunos (D'Elia, 2006:106-107). A orientação dos cursos e da própria estrutura da universidade tem por intuito a criação de uma "alternativa ao sistema educativo tradicional, ao mesmo tempo que aproxima a vinculação da Universidade com a realidade nacional e latino-americana" (UBV, 2007:1[142] apud Rizzotto, 2007:6). Essa alternativa se fundamenta, mais uma vez, na prerrogativa de estabelecer vínculos diretos com as comunidades, ou seja, são, por exemplo, as demandas locais que determinam a oferta de cursos, nos termos de uma "política de municipalização da educação, em todos os níveis, o que não tem significado a transferência de responsabilidade de financiamento nem a ausência de uma articulação nacional" (Rizzotto, 2007:7).[143]

Um dos grandes dilemas que subjazem às *misiones sociales* é a questão da qualidade do ensino. Há uma expansão da oferta de educação para a população e, nesse caso, as classes populares, tradicionalmente excluídas dessas áreas, têm, pela primeira vez, a chance de conseguir chegar à universidade. Não foram poucos os casos na *parroquia* 23 de Enero, de moradores que jamais tiveram a chance de dar continuidade aos estudos e que, com as *misiones*, puderam chegar à universidade, mudando radicalmente suas vidas e perspectivas para o futuro. Porém, apesar de o projeto ampliar as possibilidades para que os mais pobres tenham condições de se qualificar enquanto indivíduos e para o mercado de trabalho, a oposição alega que os diplomas e títulos deveriam ser diferenciados daqueles emitidos pelas escolas e universidades tradicionais, uma vez que há uma evidente disparidade acadêmica entre ambas. Aqueles que se formam pelos meios tradicionais se veem prejudicados, pois terão de competir com aqueles egressos das *misiones*:

> O uso de videocassetes e "facilitadores" como substitutos dos professores é uma inovação prática, mas não surpreende que não iguale a qualidade das escolas tra-

---

[142] UBV. República Bolivariana de Venezuela. Disponível em: <www.ubv.edu.ve>. Acesso em: 15 mar. 2007.
[143] Sobre uma análise mais aprofundada sobre as *misiones sociales*, ver Bruce e Feitosa (2009); Bruce (2008).

dicionais. [...] Os "perdedores" são os graduados nas escolas tradicionais que eventualmente competem com os egressos da *misión* no mercado de trabalho, e as universidades privadas que perdem os estudantes que acabam se inscrevendo na *misión* Sucre e na Universidade Bolivariana [Ellner, 2010:44].

Para Steve Ellner, mais do que uma manipulação provocada pelos meios de comunicação — conforme insiste o governo —, esse poderia ser um dos elementos que nos ajudam a compreender a razão pela qual os estudantes universitários de centros tradicionais de ensino tenham se tornado um dos segmentos mais significativos da oposição:

Os chavistas passam longe com esta incongruência quando atribuem a mobilização de um grande número de estudantes antichavistas à influência dos meios de comunicação privadas, enquanto não reconhecem que, objetivamente, os programas das *misiones* prejudicam os interesses do sistema educativo tradicional [Ellner, 2010:48].

Paralelamente às *misiones*, foi aprovado também, em 24 de setembro de 2004, pelo Ministerio de Educación y Deportes (MED), tendo à frente o ministro Aristóbalo Isturiz, o projeto das escolas bolivarianas, que tem por objetivo estruturar uma nova concepção de ensino na Venezuela: a educação bolivariana, que vai desde o chamado *simoncito*, passando pela escola bolivariana, liceu bolivariano, escola técnica robinsoniana e até a universidade bolivariana. Abrange, portanto, desde a pré-escola até o ensino superior, incluindo-se também o ensino técnico profissionalizante. Segundo o programa aprovado pelo MED (2004:36), "a educação bolivariana se desenvolve através de uma nova concepção de escola, para a identidade e a cidadania bolivariana".

Assim como as *misiones*, esse sistema de ensino é também duramente criticado pela oposição, por seu conteúdo ideológico e por representar um desvio de recursos do ensino tradicional. Para Laura Gurfinkel (2004), o plano

desenha um currículo doutrinador, homogeneizante, com o propósito de converter em "revolucionários" toda a juventude venezuelana, sendo que enganam os despossuídos ao implantar uma educação para baixo no lugar de intensificar e ampliar os esforços que haviam se realizado para chegar a oferecer uma educação de qualidade para todos, que nos dê a possibilidade de conquistar um desenvolvimento integral.

Na *parroquia* 23 de Enero, atualmente, existem, pelo menos, três liceus bolivarianos e uma escola técnica robinsoniana. Tivemos a oportunidade de conhecer a *escuela bolivariana* José Maria Vargas, no setor La Cañada, próximo ao bloco 17. A concepção do projeto é a de promover um ensino integral que permita a formação do "novo republicano". A escola funciona das 7h às 15h30m; os alunos têm direito a café da manhã, almoço e lanche; são oferecidas diferentes atividades extracurriculares (dança, teatro, pintura, música etc.) combinadas ao currículo tradicional; as salas de aula são equipadas com televisão e videocassete; há também salas de computadores onde se executa a *misión* Canaima, que leva o ensino de informática às crianças desde o primeiro grau; é dada muita ênfase aos símbolos pátrios (heróis nacionais, bandeiras, dizeres de "amor à pátria" e princípios revolucionários etc.) pintados nos muros e notórios também nos trabalhos colados nas paredes, além de abrigar ainda diversas outras *misiones* (Robinson, Sucre, de Cultura).

Voltando ao estudo do *barrio* Sucre, podemos perceber como, a partir do trabalho do CTU e com o apoio do Estado, garantindo todo tipo de recursos para a execução dos projetos, foi possível multiplicar as organizações de base que tinham por objetivo solucionar os problemas da vida cotidiana da comunidade. Essa premissa é atestada por Rivas (2010) quando fala que "os CTUs foram uma herança primogênita deste processo, quer dizer, graças a esse trabalho desenvolvido foi possível surgir outras organizações".

Esse é apenas um exemplo de como as políticas sociais do governo foram se articulando com a ação participativa e protagônica das classes populares numa região. Na mesma *parroquia* 23 de Enero, houve muitos outros casos semelhantes.

Outros casos de formação de instituições de base na parroquia

No setor Caño Amarillo, tal como César Rivas no *barrio* Sucre, Carmen Quintero, liderança comunitária, afirma que nos tempos da IV República (ou do *puntofijismo*), as instituições iam às comunidades e levavam a cabo os projetos sem a participação da população (Quintero, 2011).

Nesse setor, a chegada de Chávez à presidência da República, a abertura da Assembleia Nacional Constituinte e a aprovação de algumas leis foram determinantes para que a população começasse a se organizar para solucionar os problemas de sua comunidade. Um grupo de vizinhos formou, então, as mesas técnicas de água (MTAs) e, em seguida, os comitês de terras urbanas (CTUs) através dos quais se lançaram pela primeira vez no trabalho comunitário:

> Quando nosso presidente chega em 1999, Chávez começa a aprovar as leis e começa o que é a parte da Constituição e aí dá uma amplitude à participação. [...] O presidente começar a fazer um chamado às comunidades para que se organizem — porque como eu te disse anteriormente, não estávamos organizados de nenhuma forma. Através deste chamado do presidente, começamos a organizar as mesas técnicas de água e, depois, viemos nos conformando como comitês de terra. Eu acredito que este [os CTUs] foi o impulso maior, a maior organização que tivemos até hoje. Isso porque [...] o comitê de terras não somente é a entrega dos títulos da propriedade à pessoa da casa, mas também é o habitat... é tudo o que o rodeia enquanto melhorias, a dar comodidade às comunidades [Quintero, 2011].

À medida que esses grupos de trabalho comunitário ganhavam o respaldo das instituições, possibilitando que executassem seus projetos, conquistavam também legitimidade diante dos vizinhos e ampliavam a dinâmica organizacional para outras frentes, formando comitês de saúde e participando das diferentes *misiones sociales*.

Em muitos setores, portanto, a organização popular começou, de fato, a partir da convocatória de Chávez e da regulamentação de uma série de decretos e leis que tinha por objetivo promover a referida organização nas comunidades mais pobres.

Em linhas gerais, a luta e a organização que havia na *parroquia* em tempos anteriores a Chávez se davam ou de maneira muito restrita a algumas lideranças e grupos mais corajosos que atuavam na clandestinidade e enfrentavam as duras ondas de repressão dos corpos de segurança do Estado, ou em torno de algumas *juntas vecinales* que atuavam com o apoio dos partidos hegemônicos, mas a partir de uns poucos moradores mais mobilizados. Portanto, num nível mais amplo, havia muito medo de tudo que dissesse respeito ao trabalho comunitário, processo que foi mudando durante o governo Chávez, com o apoio de muitos lutadores que sobreviveram aos tempos da IV República.

A história de Carmen Mecia, da comunidade Los Higuitos, na Zona E da *parroquia*, é bastante emblemática nesse sentido. Nos anos 1970, Mecia foi uma das fundadoras do *barrio*, localizado num setor da *parroquia* onde só existem edifícios. A luta para se instalar naquela região foi árdua, pois diariamente as casas eram derrubadas pela polícia e, em seguida, havia a necessidade de reconstruí-las. Fruto desses permanentes embates, Mecia e mais quatro moradores construíram o comitê de defesa para organizar uma resistência coletiva às ações repressivas, além de traçar estratégias para regularizar aquela situação. Chegaram a invadir o Concejo Municipal por duas vezes, foram perseguidos, alguns foram presos, Mecia teve de fugir da *parroquia* por um tempo, mas com a persistência da luta — e com o apoio dos coletivos —, o *barrio* foi se consolidando no setor e, pouco a pouco, se transformando em "comunidade" — termo menos depreciativo.

Na medida em que o *barrio* foi reconhecido, surgiram outros problemas graves que exigiam soluções, como a questão do serviço de água e esgoto, já que, como em qualquer *barrio*, as casas foram construídas de maneira improvisada. Para solucioná-los, alguns vizinhos mais mobilizados organizaram o Equipo Comunitario de Trabajo Los Higuitos, com intuito de, com o respaldo da comunidade, lutar por melhorias nas condições de vida. O problema é que, conforme relembra Mecia, nunca tiveram apoio de nenhuma instituição ou ente governamental. Além do mais, as pessoas, de maneira geral, não se mobilizavam, não participavam das atividades. A grande ruptura se deu com o famoso "por agora", de 4 de fevereiro de 1992: "Depois desse famoso 'por agora', nós decidimos que 'este era o homem', e decidimos fazer a luta pelo Comandante" (Mecia, entrevista, 2011).

A eleição de Chávez, seus discursos e convocatórias à organização mobilizaram muitas pessoas que até então jamais haviam se envolvido com qualquer tipo de trabalho comunitário. Ao mesmo tempo, fortaleceram e incentivaram ainda mais aqueles que já faziam trabalho comunitário havia muito tempo. Mecia foi uma das grandes incentivadoras dos diversos grupos de trabalho, batendo de porta em porta e convocando as pessoas a participar, a vencer a resistência ao trabalho comunitário e às atividades de autogestão. Foi assim que se formaram a mesa técnica de água, o comitê de terras urbanas e os próprios *consejos comunales* em seguida.

Da mesma forma ocorreu no setor El Porvernir, de Sierra Maestra. Octavio Anderson já possuía um histórico de luta comunitária desde os anos 1980 e 90 na frente estudantil e apoiando grupos culturais, mas afirma que era muito difícil trabalhar naqueles tempos por causa da repressão e da ausência de recursos:

> Há muito tempo eu sou assistente social. Desde os 16 anos, militei na frente estudantil nos anos 90, 80 [...] Mas fazer serviço social era ser subversivo, então, fazer serviço social era um pouco mais difícil [...]. Pouco a pouco temos melhorado, desde que chegou o comandante Chávez as coisas têm se tornado mais fáceis porque cada um consegue os recursos. [...] Antes era mais difícil porque tínhamos que trabalhar com nossas próprias mãos, trabalhar com nossos próprios meios, não havia apoio das instituições, dos ministérios. E quando isso existia, havia a associação de moradores, era uma associação de moradores controlada pelo partido Acción Democrática e nunca vimos os recursos chegarem à comunidade. [...] Havia exclusão. [...] Agora há mais envolvimento entre as comunidades e os ministérios [Anderson, 2011].

Como nos outros casos, com a convocatória de Chávez, houve a formação dos comitês de terras urbanas, de saúde e as mesas técnicas de água.

> Com os CTUs foi entregue a titularidade das moradias às pessoas, seus terrenos. Aqui nós já entregamos os títulos. Faltam como que 2 ou 3% das pessoas por título porque as pessoas não entregaram os documentos, têm problemas entre famílias, têm que assinar cinco ou seis irmãos por falecimento da dona da casa e não se colocam de acordo [...]. Depois, foram se conformando os comitês de saúde, aqui temos os módulos octogonais que foram se instalando aqui na *parroquia* e começaram a chegar os médicos cubanos [...]. Na minha casa, nós a cedemos por duas semanas para consultas porque o primeiro médico que chegou foi o do La Piedrita

e nós íamos alternando as casas até que conseguimos um espaço e montamos um ambulatório [...] Depois foram se conformando as mesas técnicas de água e, depois das mesas técnicas de água, formaram-se os *consejos comunales* que aglutinam todos esses grupos de trabalho [Anderson, 2011].

Nos edifícios, ainda que as demandas fossem diferenciadas — quer dizer, não havia uma demanda por titularidade da terra, por exemplo —, o processo foi bastante parecido. Em vez de se formarem os comitês de terras urbanas, formaram-se comitês de saúde, como foi o caso da Zona Central, no bloco 30, onde Grisel Marín esteve à frente da formação do comitê de saúde Luis Beltrán Prieto Figueroa para receber os médicos cubanos na comunidade para a *misión* Barrio Adentro. Marín desenvolveu um trabalho de convencimento das pessoas sobre a importância de receber os cubanos, tendo de confrontar o discurso dos meios de comunicação que diziam que eram "espiões comunistas" e tendo de encontrar um espaço para alocá-los e para construir um ambulatório. Outros comitês foram construídos também: de comunicações, mesa técnica de água, de infraestrutura, de educação, de cultura, entre outras áreas onde haviam sido diagnosticadas demandas.

No bloco 34, da Zona F, foram criadas mesas de energia e gás, mesas técnicas de água e comitês de saúde. Nancy Concepcion começou a se envolver com o trabalho comunitário ao entrar em contato com uma associação de moradores do 23 de Enero, chamada Asociación António José de Sucre, composta majoritariamente por moradores dos edifícios, através da qual se conseguia pressionar as instituições para aprovar projetos de melhorias, tais como um conserto de elevadores, impermeabilização, reparação na tubulação de água, entre outras demandas. Estimulada pela possibilidade real de obter melhorias, Concepcion tratou de convencer os vizinhos de seu edifício a participarem também; em seguida, os vizinhos do prédio ao lado, e assim por diante.

São, portanto, múltiplas as experiências que levaram à formação dos *consejos comunales*, porém todas marcadas pela presença desses grupos de trabalho voltados para resolução de demandas históricas dos diferentes setores. É válido destacar também que, além de algumas lideranças que já estavam envolvidas com algum tipo de trabalho comunitário antes do governo de Chávez, houve a participação significativa de pessoas que jamais haviam se mobilizado anteriormente. Motivadas pelas novas circunstâncias políticas, pelas convocatórias do presidente e pela existência de leis, engajaram-se na luta e, de igual forma, acabaram se tornando novas lideranças comunitárias.

Mais uma vez, é preciso destacar que o fato de esse movimento *desde arriba* ter sido de fundamental importância para a propagação dessas diversas organizações de base não as torna necessariamente dependentes. Há uma identificação profunda com o presidente, mas a partir do momento em que aqueles moradores passam a atuar protagonicamente na resolução de seus problemas cotidianos, outras consequências de maior amplitude resultam desse processo: a construção de uma identidade local, de um sentimento de pertencimento, de novos valores, do sentido de coletividade, do voluntarismo dos *voceros* em resolver os problemas de sua zona, além do fato de que de um projeto se desdobram vários outros, cada vez mais abrangentes e complexos. Nesse sentido, concordamos com López Maya quando afirma que o que há no interior dessas instituições é uma permanente tensão entre a autonomia e a dependência.

Finalmente, os *consejos comunales* foram regulamentados, em lei em abril de 2006, numa tentativa de articular em uma única instituição os diferentes grupos de trabalho que tinham vida no interior das comunidades, conforme vimos nos exemplos anteriores: mesas técnicas de água, comitês de terras, de educação, de saúde, de infraestrutura, de cultura, de esporte, entre outros. Até então, a população não tinha acesso aos recursos de maneira direta. Através dos *consejos comunales*, os vizinhos organizados ganharam personalidade jurídica e uma conta-corrente em um banco, através da qual o Estado e outras instituições depositariam os recursos necessários para a execução de obras, delegando de maneira plena a gestão das políticas locais às instituições existentes nas comunidades. Antes de abordar algumas experiências da *parroquia* 23 de Enero nesse processo de formação dos *consejos comunales*, é importante destacar alguns dos aspectos normativos presentes na legislação correspondente.

Aspectos normativos da(s) Lei(s) Orgânica(s) dos *Consejos Comunales* (LOCC)

Os CCs receberam uma primeira regulamentação em abril de 2006, como consequência de todo o processo que analisamos anteriormente. Porém, a prática social provocou intensas polêmicas que exigiram uma reformulação em novembro de 2009, proposta pela Comisión Permanente de Participación Ciudadana, Descentralización y Desarrollo Regional da Asamblea Nacional depois de amplo debate com vários CCs (Azzelini, 2010:286).

Originalmente, a definição dos CCs presente no artigo 2º da lei de 2006 era a seguinte:

> Os *Consejos Comunales* são o marco constitucional da democracia participativa e protagônica, são instâncias de participação, articulação e integração entre as diversas organizações comunitárias, grupos sociais e os cidadãos e cidadãs, que permitem ao povo organizado exercer diretamente a gestão das políticas públicas e projetos orientados a responder às necessidades e aspirações de uma sociedade de equidade e justiça social [LOCC, 2006].

Na lei de 2009, foi incorporado o princípio socialista, tido como horizonte norteador das ações no interior dessas instituições. Deste modo, também no artigo 2º, os objetivos foram alterados para "orientados a responder as necessidades, potencialidades e aspirações das comunidades, na construção de um novo modelo de sociedade socialista de igualdade, equidade e justiça social" (LOCC, 2009).

Na prática, trata-se de mobilizar pequenos grupos locais, tendo como abrangência máxima 400 famílias (aproximadamente de 200 a 400 famílias nas cidades, 20 nas áreas rurais e 10 nas comunidades indígenas) e inserir a população na gestão das políticas de cada comunidade — processo que já vinha se desenvolvendo através de todas as experiências a que aludimos.

Os CCs, ao seguirem os passos de formalização definidos na lei, têm a possibilidade de acesso aos recursos públicos destinados a suas localidades e, com isso, através de seus comitês de trabalho (de educação, cultura, esporte, lazer, infraestrutura, economia etc.), solucionar seus problemas cotidianos.

Os projetos de cada área são levados para votação na assembleia de cidadãos e cidadãs, "máxima instância de deliberação e decisão para o exercício do poder comunitário, a participação e o protagonismo popular; suas decisões são de caráter vinculante" (LOCC, 2009, artigo 20).[144] É o espaço, portanto, onde reside a soberania do conselho. Segundo Rivas (2010):

> A assembleia de cidadãos tem um poder tal que a própria Constituição o afirma e é vinculante... quer dizer, que se tomam decisões com peso. Esse é o poder que está por cima do *consejo comunal*. As assembleias de cidadãos tomam decisões, derrubam, colocam. Os *consejos comunales* nascem da assembleia de cidadãos.

A lei determina as condições para as eleições dos representantes, para a Controladoría Social[145] e para a administração dos recursos. No que diz respeito às eleições, os mais votados tornam-se os *voceros* principais, porta-vozes da instituição. Além destes, há também os *voceros* de cada comitê de trabalho. O trabalho é voluntário e não remunerado, os *voceros* são eleitos pela assembleia de cidadãos e cidadãs para um mandato de dois anos, podendo ser reeleitos ou revogados.[146] Apesar da indicação na lei para que a eleição seja secreta (artigo 12 da LOCC de 2006), na prática a mesma pode ser feita de maneira aberta, com os vizinhos levantando as mãos ou com urnas eleitorais.[147] O voto é direto, uninominal e sufrágio universal para maiores de 15 anos.

Para se postular como *vocero* nas eleições, o candidato deve: ser venezuelano ou estrangeiro residente na comunidade há pelo menos um ano, maior de 15 anos e de reconhecido "caráter moral e honorabilidade"; possuir "*espiritu unitário* [sic] e compromisso com os interesses da comunidade"; não possuir parentesco até o quarto grau de consanguinidade e segundo grau de afinidade com os demais *voceros* ou *voceras* integrantes da Unidad Administrativa y Financiera Comunitaria

---

[144] Na lei de 2006, lê-se que as assembleias são "instância primária para o exercício do poder, a participação e o protagonismo popular cujas decisões são de caráter vinculante para o *consejo comunal* respectivo" (LOCC, 2006, artigo 4º, n. 5).

[145] A Controladoría Social tem a função de "realizar a avaliação da gestão comunitária e a vigilância de atividades, recursos e administração de fundos do *consejo comunal*" e é integrada por "cinco habitantes da comunidade, eleitos ou eleitas, através de um processo de eleição popular" (LOCC, 2009, artigo 33). Não houve grandes alterações quanto ao sentido da Controladoría Social em relação à lei de 2006 (LOCC, 2006, artigo 11).

[146] Sobre as condições para revogação de mandatos, ver capítulo IV da lei de 2009 (artigos 38-43).

[147] Na experiência de campo desenvolvida, pudemos observar ambos os métodos em diferentes *consejos comunales*.

e da Controladoría Social (salvo em comunidades rurais e indígenas); não ocupar cargos de eleição popular; "não estar sujeito a interdição civil ou inabilitação política"; "não ser procurado por instâncias judiciais", entre outros critérios de caráter mais formal (LOCC, 2009, artigo 15).

Gostaríamos de destacar dois desses critérios levantados: (1) a iniciativa da lei de inibir casos de nepotismo no interior dos CCs, no sentido de uma família ou poucas famílias terem o poder de controlar a instituição em seu favor (sobretudo a partir dos comitês financeiro e de controladoria) e (2) a problemática dos critérios subjetivos que as comunidades devem levar em consideração para permitir ou não a postulação de um candidato. Em relação a este último aspecto, uma questão que decorre desse princípio é: quem será o juiz a determinar quem tem respaldo moral e quem não tem para se candidatar? Em última análise é a assembleia de cidadãos e cidadãs, porém, em alguns casos, essa premissa pode se misturar com componentes políticos e pessoais. A nosso ver, essas imposições morais, apesar de bem-intencionadas, podem ter o efeito inverso e ser, inclusive, perigosas. O ideal é que esses critérios fossem deixados para o momento da eleição: se a pessoa não tem "caráter moral", "honra", "espiritu unitário" [sic] ou "compromisso com os interesses da comunidade", que a própria população decida por não elegê-lo. Os critérios de "não estar sujeito a interdição civil ou inabilitação política" e "não ser procurado por instâncias judiciais" já seriam suficientes para impedir, num primeiro momento, que pessoas com maus antecedentes pudessem concorrer aos cargos.[148]

Com a lei, os CCs não estão mais submetidos ao CLPP ou às prefeituras ou mesmo aos governos dos estados. Na lei de 2006, o registro, a análise dos projetos e a liberação dos recursos se davam através de uma *comisión presidencial del poder popular* (CPPP), cujos membros eram indicados pelo próprio presidente Chávez. Tal premissa foi objeto de muitas críticas, que identificavam na iniciativa uma tentativa de estabelecer uma relação direta entre presidente e povo, esvaziando o poder constituído das esferas municipais e estaduais e aumentando os poderes do presidente sobre os movimentos sociais. Para Margarita López Maya (2007a:104):

---

[148] Outra premissa que vai nessa direção é a de proibir cidadãos que tenham sido revogados de seus mandatos de postularem cargos "durante os dois períodos seguintes à data da revogatória" (LOCC, 2009, artigo 42).

Tal e como estão concebidos na atualidade, os *consejos comunales* têm limitações significativas para impulsionar uma participação democrática e autônoma. Segundo a lei, os *consejos* dependem totalmente do Executivo Nacional. Ali se registram e, através da CPPP, nomeada pelo presidente, em seus distintos níveis administrativos, se revisam e aprovam os recursos que são outorgados. Em definitivo, o presidente é quem decide quem recebe o dinheiro [...] a lei [...] promove a dependência ao presidente e se poderia prestar facilmente ao clientelismo. Hoje te financio e amanhã me paga com teu voto.

Na lei de 2009, a figura do CPPP foi extinta, sendo atribuídas as competências de registro, análise de projetos e liberação de recursos ao Ministerio del Poder Popular con Competencia en Materia de Participación Ciudadana (LOCC, 2009, artigo 17). Temos, nesse caso, a Fundación para el Desarrollo y Promoción del Poder Comunal (Fundacomunal), órgão adstrito ao Ministerio del Poder Popular para las Comunas y Protección Social, ao qual os CCs devem se dirigir com toda a documentação necessária (censo sociodemográfico, história local do setor onde se situa o CC, ata constitutiva do CC, documentos de todos os *voceros*, entre outros) para efetuar o registro oficial. A partir de 2009, com a nova lei, além do *registro de identificación fiscal* (RIF), o CC recebe carimbo, um caderno de atas, ganha personalidade jurídica e pode abrir uma conta no Banco de Venezuela para receber os recursos.

O acesso aos recursos também sofreu adaptações desde 2006. A princípio havia sido criado, no interior de cada *consejo comunal*, o banco comunal, "organização flexível, aberta, democrática, solidária e participativa" (LOCC, 2006, artigo 4º) composta por cinco *voceros* eleitos pela assembleia de cidadãos e cidadãs, responsáveis pela gestão financeira. Na prática, funcionava como uma cooperativa dentro do CC, o que gerou muitos conflitos no interior do mesmo, uma vez que somente os *voceros* do banco comunal podiam ter acesso aos recursos, o que resultou em muitos casos de corrupção. Na lei de 2009, foi excluído o banco comunal, em prol da Unidad Administrativa y Financiera Comunitaria, com disposição de funções e responsabilidades mais claramente definidas. Segundo Érika Farías, ministra do Poder Popular para las Comunas:

O banco comunal era, dentro do *consejo comunal*, uma organização que realizava a intermediação financeira com os fundos gerados, assinados ou captados pelo *consejo comunal*. Nos demos conta de que, para os efeitos do processo de orçamento e execução de obras, às vezes, isso gerava conflito porque havia certos níveis de autonomia, já que era uma cooperativa independente. De maneira que suprimi-los nos vai dar a vantagem de que seja a mesma comissão coordenadora do *consejo comunal* a responsável por administrar os recursos. Isso vai tornar muito mais eficiente e rápido o processo: a Unidad Admnistrativa y Financiera Comunitaria poderá administrar os fundos e recursos, sem nenhum tipo de intermediários [Farías, 2010].

A Unidad Administrativa y Financiera é composta por cinco *voceros*, eleitos pela Asamblea de Ciudadanos y Ciudadanas e eles assumem a responsabilidade pelo manejo dos recursos. São eles que têm acesso direto aos recursos, que pagam as empresas que vão executar as obras, a mão de obra utilizada, a compra de materiais etc. Porém, os recursos estão no nome do *consejo comunal* propriamente dito e não mais em uma cooperativa no interior do mesmo. Os *voceros* "incorrerão em responsabilidade civil, penal e administrativa, segundo seja o caso, pelos atos, feitos ou omissões que alterem o destino dos recursos do *consejo comunal* pelo qual serão sancionados conforme as leis que regulem a matéria" (LOCC, 2009, artigo 32).

Os recursos podem vir de diversos fundos e instituições do Estado. Na lei (LOCC, 2009, artigo 47) está previsto que podem ser transferidos pela República, estados e munícios; pelo Fondo Intergubernamental para la Descentralización (Fides) e pela Ley de Asignaciones Económicas Especiales derivadas de Minas e Hidrocarbonetos (LAEE); podem advir de doações; podem ser gerados a partir de atividade própria do CC, entre outros. Além do disposto na lei, os CCs podem buscar recursos também através do Servicio Autonomo Fondo Nacional para los Consejos Comunales (Safonacc), órgão adstrito à Fundacomunal,[149] através dos diferentes ministérios, de empresas interessadas em investir nas comunidades

---

[149] O Safonacc foi criado em 2006 (*Gaceta Oficial*, n. 5.806) com o objetivo de administrar os recursos destinados aos CCs, financiando projetos comunitários, sociais e produtivos. Estava adstrito ao Ministerio de Finanzas até 2008, quando foi transferido para o Ministerio de las Comunas. No ano de 2009, o Safonacc financiou mais de 13.536 comunas nos 24 estados da federação. Em 2010, houve a criação de diretórios estaduais para tornar mais eficiente a avaliação e a liberação dos recursos aos CCs. (Disponível em: <www.safonacc.gob.ve>. Acesso em: 26 maio 2011.)

(públicas ou privadas) e do recentemente aprovado Consejo Federal de Gobierno (regulamentado em 2010).[150] Em suma, dependendo do perfil do projeto, busca-se a instituição que melhor tenha condições de aprová-lo e financiá-lo.

Há também um sistema de crédito voltado para os CCs a partir do Fondo de Desarrollo Microfinanciero (Fondemi) em articulação com os chamados bancos comunais, administrados pelos próprios CCs. Através dessas instâncias, prevê-se a entrega de créditos, a preços mais favoráveis que os de mercado, para o desenvolvimento de projetos socioprodutivos no interior das comunidades:

> Fondemi [...] forma e aconselha as comunidades na construção de bancos comunais, em sua administração, elaboração de projetos e conformação de cooperativas. Os projetos devem surgir da mesma comunidade, que os avalia e decide em assembleias sobre a urgência e utilidade dos projetos apresentados e sobre a confiabilidade dos credores. Nos primeiros dois meses, o crédito é livre de interesses, logo se cobra cerca de 6% de interesses por ano, taxa de interesse muito menor que a dos bancos comerciais, onde a maioria dos que pedem crédito do Fondemi não receberia de toda maneira nenhum crédito por não poder apresentar segurança suficiente [Azzelini, 2010:294].

Um último aspecto da nova lei de 2009 que gostaríamos de destacar é a introdução do chamado *ciclo comunal*, que tem por objetivo "fazer efetiva a participação popular e o planejamento participativo que responde às necessidades comunitárias e [contribuir] no desenvolvimento das potencialidades e capacidades da comunidade" (LOCC, 2009, artigo 44). Através de cinco fases — diagnóstico,

---

[150] O Consejo Federal de Gobierno é um órgão encarregado de planificar e coordenar as políticas e ações voltadas para o processo de descentralização e transferência de competências do poder nacional aos estados, municípios e às organizações de base do poder popular (Ley Orgánica del Consejo Federal de Gobierno (LOCFB), 2010, artigo 2º). É presidido pelo(a) vice-presidente(a) e sua secretaria é composta por dois ministros(as), três governadores(as) e três prefeitos(as). Todas as decisões são levadas à plenária, espaço onde se reúnem todos os membros do *consejo*, que inclui representantes dos poderes locais (*voceros* de *consejos comunales* e outras organizações de base), municipais (um prefeito ou prefeita por estado), estaduais (governadores ou governadoras de cada estado) e federais (ministros(as) e vice-presidente(a) da República). O *consejo* conta com o Fondo de Compensaciones Interterritorial (FCI) destinado a financiar projetos e promover o desenvolvimento equilibrado de todas as regiões (LOCFB, 2010, artigo 3º). Os recursos destinados a esse fundo são aprovados anualmente pela Assembleia Nacional (ibid., artigo 5º).

planejamento, orçamento, execução e controladoria social —, propõe-se o engajamento da comunidade na construção de projetos socioprodutivos a partir das potencialidades locais, impulsionando a propriedade coletiva, orientada à satisfação das necessidades coletivas e vinculada a um plano comunitário de desenvolvimento integral (LOCC, 2009, artigo 46).

O ciclo comunal serve como uma orientação para a formação das comunas, próximo passo dos *consejos comunales*, que começaram a ser regulamentadas em lei recentemente. Nos artigos 5º e 6º da Ley Orgánica de las Comunas (LOC) de 2010, afirma-se que a comuna "é um espaço socialista" integrado por comunidades vizinhas que compartilham um universo cultural e territorial comum onde se exerce o "autogoverno" através

> do planejamento do desenvolvimento social e econômico, a formulação de projetos, a elaboração e execução de orçamento, a administração e gestão das competências e serviços que, conforme o processo de descentralização, lhes sejam transferidos, assim como a construção de um sistema de produção, distribuição, intercâmbio e consumo da propriedade social, e a disposição de meios alternativos de justiça para a convivência e a paz comunal, como trânsito para a sociedade socialista, democrática, de equidade e justiça social [LOC, 2010, artigo 6º].

Em outras palavras, trata-se de uma articulação entre vários CCs e/ou outras organizações populares reconhecidas, tornando possível a ampliação do raio de ação de um CC para universos mais complexos, além de envolver também a construção de um projeto socioprodutivo que permita um desenvolvimento endógeno e autossustentável de uma dada região.

Com isso, com o aval de uma lei que regulamenta e estabelece os termos de organização nas comunidades, normatiza-se uma forma de participação e se amplia a capacidade de ação dos moradores.

Para Rivas, "os *consejos comunales* nascem como uma estratégia nova do Estado para fortalecer o poder popular". Trata-se, portanto, de uma tentativa de desburocratizar os procedimentos para a execução dos projetos: "Trazer os recursos perante essas organizações para aplicação nos projetos que não tenham que passar pela quantidade de travas que tinham". Além disso, é um reconhecimento de que as classes populares têm condições de gerir as políticas locais de suas regiões. "O presidente disse claramente: '[...] as comunidades têm a capacidade de administrar os recursos e gerenciar seus projetos'. Nós demonstramos" (Rivas, 2010).

É certo que entre a norma e a prática há uma longa distância, e são muitos os problemas e críticas que ainda persistem. Mais à frente, abordaremos essas questões com maior profundidade. Para o presente momento, vamos analisar como foram dados os primeiros passos na formação de alguns *consejos comunales* na *parroquia* 23 de Enero.

Os primeiros passos de um *consejo comunal*

O processo de formação dos *consejos comunales* é incentivado e assessorado por funcionários públicos em tempo integral (*promotores integrales*) da Fundacomunal que atuam diariamente no interior de todas as *parroquias*. A *parroquia* 23 de Enero foi dividida em nove *ejes*, isto é, em nove zonas: Monte Piedad, *barrio* Sucre, La Cañada, Sierra Maestra, Zona E, Zona F, Zona Central, Observatório e Mirador. O objetivo é que cada setor dessas zonas esteja constituído em *consejos comunales* para, em seguida, integrá-los em comunas.

Em janeiro de 2011, existiam 66 *consejos comunales* em todo o 23 de Enero, duas comunas conformadas (comuna Juan 23, que reúne 15 *consejos comunales* do *eje* do Observatório e Mirador e *consejos comunales* da *parroquia* vizinha San Juan; e a comuna El Panal 2021, da Zona Central, com forte atuação do coletivo Alexis Vive), além de duas comunas em formação (comuna da Zona E-Zona F e comuna Sierra Maestra).

No *barrio* Sucre estão formados quatro *consejos comunales*: CC La Cañada, CC Miranda parte alta, CC Miranda parte baixa (Churun-Meru), CC Gran Mariscal Ayacucho. A meta para os próximos anos é que se forme uma comuna nesse setor.

Um dos primeiros passos para a constituição de um CC é a formação de uma equipe promotora, que se encarrega de divulgar para sua comunidade os objetivos e finalidades de um *consejo comunal*, de definir seu âmbito geográfico, de organizar um censo demográfico e socioeconômico da comunidade e de convocar a primeira assembleia de cidadãos e cidadãs (com participação mínima de

10% dos habitantes da comunidade maiores de 15 anos) para eleger uma equipe eleitoral provisória que, por sua vez, ficará encarregada de convocar a Asamblea Constitutiva Comunitaria em que serão eleitas as *vocerias* dos diferentes grupos de trabalho (nesse caso, a participação mínima é de 30% dos habitantes numa primeira assembleia e 20% numa segunda convocatória). Todos esses passos, bem como o processo de eleição, registro e organização do *consejo comunal* estão definidos na LOCC.

Apesar de o *barrio* Sucre já ter contado com o trabalho do comitê de terras urbanas, das mesas técnicas de água, comitê de gás, *misiones sociales* e outros, para alguns CCs, como o de La Cañada, por exemplo, foi muito difícil vencer a desconfiança e o desinteresse dos vizinhos em promover a instituição. O processo demorou cerca de um ano. Mary Villalobos, atual *vocera* de economia comunal, nunca havia participado de nenhum tipo de organização popular, mas com o apoio de Peggy Brieva, moradora da rua Ayacucho que já pertencia a um CC, e Alexis Rondon, promotor/funcionário da Fundacomunal, decidiu se engajar na construção da instituição em seu setor:

> Peggy não pertencia ao âmbito de nosso *consejo comunal*, mas nos orientou como se fazia, em conversas informais, não a nível institucional. E Alexis era todo o oposto porque Alexis estava na instituição, [ele nos dava] orientações em relação aos papéis que se tinha que levar [...] havia que tratar de estudar também, tratar de aprender e depois colaborar para a comunidade [...] Porque se a gente não sabe, ora, então, tudo se confunde e por isso as pessoas não participam. Outras vezes, era simples apatia. [...] Havia umas reuniões nas quais eu dizia: "Olha, a Constituição disse que isso é uma democracia participativa, se você não vem às reuniões, se você não participa, como vou saber qual o problema que tem na ruela onde você vive? Se há uma reunião às sete da noite, deixe seu jantar pronto, deixe as crianças prontas porque você tem que sair por duas horas para a reunião do *consejo comunal*". Isso é que o se quer, que as pessoas participem [Villalobos, 2011].

Para vencer a desconfiança, o desinteresse ou mesmo o medo de muitas pessoas de participarem destas novas instituições, Villalobos conta que precisava bater de porta em porta, distribuía papéis informativos nos muros, colocava anúncios nas rádios comunitárias convocando reuniões, traçava planos estratégicos para resolver os problemas da comunidade, mantinha-se informada sobre as leis e buscava orientar todos os vizinhos que precisassem de algum tipo de ajuda. Era muito comum também participar das reuniões de outros CCs e, com isso, via que era possível ter projetos aprovados, executar obras, tirava dúvidas, recebia apoio (como no caso de Peggy Brieva, que a orientava sempre que possível). Com as informações colhidas nessas reuniões e com os contatos que foram feitos com as instituições do Estado, foi possível, inclusive, fazer um projeto antes mesmo de se tornar um *consejo comunal* propriamente dito (um projeto de conserto de escadas que estavam em péssimas condições). Então, concomitantemente às etapas burocráticas necessárias para registrar o CC, essa equipe promotora, formada por cerca de cinco pessoas inicialmente, tirava fotos, fazia orçamentos e trabalhava nesse projeto.

No ano de 2010, quando de nossa primeira visita ao setor, eles estavam engajados no censo. Acompanhamos o trabalho e pudemos observar os vários desafios: desde a disponibilização de tempo para bater de casa em casa e preencher os formulários até a própria resistência de muitos vizinhos em respondê-los. Outro problema foi o fato de se tratar de uma região onde há muitos inquilinos. Então, era ainda mais difícil mobilizá-los, já que não possuíam nenhum sentimento de pertencimento àquele setor e, portanto, não lhes interessava organizar-se para obter melhorias. Havia muitos moradores que mentiam para o censo, com medo de que Chávez expropriasse suas casas ou levasse seus filhos embora (discurso muito presente nos meios de comunicação de oposição). Sobre este último aspecto Manuel Diaz, atual *vocero* da unidade financeira do *consejo comunal* Atlantico Norte 1, 4 e 5, da Zona F com La Silsa, conta como foi fazer o censo demográfico em seu setor:

> Quando nós fomos fazer o censo democrático, a planilha do censo demográfico pedia os dados que são fundamentais: quem sofreu alguma doença, seu nome, seu sustento, se cobra aluguel ou não cobra, se trabalha ou não trabalha... Então, resulta que há pessoas que não são simpáticas ao governo, ao processo revolucionário, gente da própria comunidade que [...] pensava que o que se estava propondo com o *consejo comunal* era para lhe tirar o apartamento, era para saber quanto cobra de aluguel, era para saber se íamos confiscar seu salário [...] Quando o *consejo comu-*

nal pedia os dados, diziam que queriam lhe tirar a casa ou que o governo ia lhes tirar de suas casas para colocar os médicos cubanos lá dentro. Isso foi o que se deu aqui. Então, os primeiros quatro, cinco anos na *parroquia* foram terríveis [Diaz, 2011].

A desconfiança de muitos moradores em relação aos CCs e a vinculação que estes possuem com o governo é um dos maiores entraves para tal processo. Como construir uma instituição realmente democrática quando são estabelecidos critérios subjetivos e políticos que vinculam um projeto de Estado a um governo, a um partido ou a um líder? O governo, assim como a oposição, alimenta uma polarização da sociedade em *escuálidos*[151] e chavistas. Desse modo, a lógica que se impõe é que, no âmbito do discurso, as leis são direcionadas ao "povo", porém, quem seria esse "povo"? Certamente não são todos venezuelanos, mas sim aqueles que estão com o governo, com o processo. A título de ilustração, em um discurso para o *Aló Presidente*, Chávez opera essa lógica exortando o "povo" a defender os CCs dos *escuálidos*:

[Os *consejos comunales*] são uma estratégia de transferir poder ao povo organizado [...] não se deixem penetrar pelo *escualidismo*, há um plano dos *escuálidos* para penetrar nos *consejos comunales*, não se deixem penetrar pelo paramilitarismo colombiano, há outro plano do paramilitarismo colombiano e venezuelano, apoiado pelos *escuálidos* daqui, pelos desesperados e os amargurados para tratar de sabotar os *consejos comunales*. Não se deixem, isso é do povo, ao povo o que é do povo, isso não é dos *escuálidos* [Chávez, 2009a:48].

Se você se identifica com esse "povo", terá acesso a poderosos instrumentos de poder popular, capazes de permitir que uma comunidade organizada possa gerir as políticas locais e melhorar as condições de vida de seu setor. No entanto, se você discorda — e numa democracia *realmente existente* sempre haverá aquele que discorda —, amargará o abandono do Estado, no sentido de não ver políticas públicas voltadas para seu interesse. Conclusão: ou você se recolhe à vida privada e profissional, sem envolver-se diretamente com temas político-partidários — são

---

[151] *Escuálido* é um termo cunhado pelos chavistas para caracterizar a oposição como "frágil", "débil", "moribunda", "pequena". Porém a popularização do termo contribuiu para que se tornasse um sinônimo de "oposição".

os chamados *apáticos* —, ou você se junta às fileiras daqueles descontentes que convocam e executam marchas e manifestações em proporções similares às de apoio ao governo — *os escuálidos*. Voltaremos a esse ponto mais à frente.

Por ora, gostaríamos de retomar o processo de fazer o censo. Um aspecto interessante é o conhecimento adquirido: quando os membros da equipe promotora entravam na casa das pessoas, reencontravam vizinhos com quem há muito não falavam, sabiam das novidades (quem morreu, quem casou, quem ficou doente, quem se divorciou, quem teve filho), identificavam problemas compartilhados (como a questão das infiltrações, um problema endêmico de todo o *barrio* Sucre, ou melhor, de toda a *parroquia*), tudo isso num ambiente descontraído, com risadas e consolos, dependendo da ocasião. Portanto esse processo de visitar as casas, conhecer ou reencontrar as pessoas, identificar os problemas permite que se tome conhecimento de um mundo novo por trás das paredes de tijolos. Um mundo de problemas compartilhados. Cresce uma consciência de que existe uma coletividade ao redor, constrói-se uma identidade local[152] e vislumbra-se a possibilidade de, uma vez unidos, os moradores serem capazes de resolver os problemas que mais afligem suas vidas, trazendo benefícios para a comunidade.

Segundo Villalobos, para as primeiras eleições, foram necessários alguns ensaios porque ainda havia muito desconhecimento quanto às funções do CC, da assembleia de cidadãos e cidadãs e do processo eleitoral:

> Tivemos que fazer como que uns ensaios, sobretudo para as pessoas da comissão eleitoral porque havia muito desconhecimento [...]. Fizemos uma comida. Vieram de um canal de televisão que se chama VIVE e estivemos até as duas horas da manhã na contagem de votos. Nisso, nos ajudaram os do *consejo comunal* da rua Miranda parte baixa [...] Era uma parede completa de papel-cartão com todos os *voceros* e a contagem de votos. Mas as pessoas participaram bastante. Nesse sentido não nos queixamos [Villalobos, 2011].

---

[152] Em relação a esse aspecto, é interessante notar que um dos documentos exigidos para o registro do CC é a história local do setor correspondente.

Em geral, as eleições costumam ser o momento em que as pessoas mais participam. Afinal, já existe uma cultura política consolidada nesse sentido.

Em 2007, no setor Los Higuitos, onde já havia um *equipo comunitario de trabajo* formado por 18 pessoas, alguns membros começaram a discutir a lei, a frequentar cursos oferecidos pelas instituições, a buscar informações sobre o tema e, apesar da resistência de alguns, Carmen Mecia e sua irmã, em particular, resolveram tentar a construção do *consejo comunal*. Foram batendo nas portas dos vizinhos, convidando um e outro para estar à frente de uma equipe comunitária de trabalho; comitê de cultura, comitê de esporte, de saúde, de educação; assembleia constitutiva e assim por diante. Depois desse primeiro esforço, convocaram uma assembleia de cidadãos e cidadãs para explicar às pessoas o sentido e os objetivos de um CC, além de encaminhar assembleia constitutiva de eleição dos *voceros*. Segundo Mecia, contaram com boa participação (mais de 50% da população do setor) nesse início:

> Fizemos uma festa eleitoral para nosso primeiro *consejo comunal*. O voto era secreto, mas todo mundo dizia: "Já sabe, Carmen, lembre-se de mim!", era secretíssimo, não? [risos]. Fizemos a urna, como uma eleição normal, fizeram a fila, repartimos as papeletas eleitorais, se fez um cubículo onde as pessoas iam votar, saíam e colocavam seu dedo, sua assinatura, tudo como um processo eleitoral. Inclusive tivemos gente do CNE [Consejo Nacional Electoral] participando conosco. Logo se fez a contagem dos votos e logo que terminou a contagem dos votos, fomos chamados ali, nomeados: "Carmen Mecia ficou como *vocera* principal com tantos votos", "fulana de tal", e assim sucessivamente. Logo fizemos uma grande comilança para celebrar que estávamos conformados em *consejo comunal* e, depois, o trabalho social dentro da comunidade [Mecia, 2011].

No bloco 34, da Zona E, o CC foi formado em 26 de julho de 2009. No começo tiveram muitas dificuldades porque havia muitas pessoas que não eram a favor do governo ou então que simplesmente não queriam participar. Depois de um trabalho intenso de convencimento, fizeram um diagnóstico da comunidade e identificaram demandas e problemas. Era um grupo de 22 pessoas visitando todos os apartamentos. O processo eleitoral, em si, de constituição demorou apenas três dias.

O *consejo comunal* do bloco 34 se conformou em três dias. O primeiro dia foi sexta--feira, pela manhã, visitamos casa por casa, terminamos à tarde. Às sete da noite, colocamos uma mesa lá embaixo para as pessoas se candidatarem; se candidataram na sexta-feira. No sábado, fizemos a eleição do *consejo comunal* que começou às sete da manhã e terminou às nove da noite. De verdade, foi gratificante fazer isso. Te nutre quando vê que as pessoas participam, têm interesse e, de verdade, querem fazer uma mudança. As pessoas de verdade queriam essa mudança [Padrón, 2011].

O bloco 34 faz parte de um superbloco onde existem também os blocos 35 e 36. Nestes dois últimos, apesar de haver algumas lideranças comunitárias, não foi possível formar CCs. Para Miguel Padrón, *vocero* do CC do bloco 34, isso se dá porque há muitas pessoas que não são simpatizantes do processo e, então, eles continuam organizados apenas como juntas de condomínio. Esse aspecto nos traz de volta a temática do forte conteúdo ideológico que dá sentido a essa organização e que, por sua vez, está reproduzido inclusive na própria lei que, como vimos, afirma que o horizonte norteador de um CC é a construção do socialismo (LOCC, 2009, artigo 2º). Ainda que não se tenha realmente claro o significado do socialismo, há uma perspectiva de transformação radical da realidade. Apesar de não haver nenhuma proibição no sentido de ter de ser chavista para formar um CC, existe uma pressão moral que não é tributária somente dos discursos de Chávez, mas, principalmente e sobretudo, dentro das próprias comunidades. Em outras palavras, queremos chamar a atenção para algo que está presente na cultura política popular, que é o "autoritarismo popular".[153] Quer dizer, em muitas entrevistas com *voceros* era comum o silogismo pautado na ideia de que esse é um projeto de Chávez e, portanto, os membros pertencentes a um CC devem estar a favor do processo. Se você não está com Chávez, o que pretende fazer com um CC?

Portanto, em muitos casos, os opositores acabam não se envolvendo com esse tipo de organização (como acontece nos blocos 35 e 36, para citarmos dois exemplos) ou, então, acabam deliberadamente excluídos pelos próprios vizinhos. Em La Cañada, Mary Villalobos conta que tinha uma vizinha que não aceitava ser compu-

---

[153] O autoritarismo está presente em diferentes formas no cotidiano das classes populares. Expressa-se na divisão social do trabalho, no interior das relações familiares e também no comportamento político através da intolerância às posições contrárias.

tada pelo censo porque era "antichavista", "*escuálida*", e temia que expropriassem sua casa. O resultado foi que, da mesma maneira, o CC lhe virou as costas:

> Os *escuálidos* falavam que iam tirar as casas da gente. Então, eu cruzei com uma senhora por aqui de cima, como que pelo quarteirão 18, e disse: "Olha, boa tarde, como está? Eu venho para que me preencha o censo". E ela contestou: "Não, porque vocês vão me tirar a casa". Então, o que eu fiz foi que peguei, voltei e deixei assim... não a incluí no censo, não fiz o censo. A senhora ficou mordida com isso e vendeu essa história à oposição, vendeu à Globovisión. E há gente assim, ora [Villalobos, 2011].

Sobre a situação dos inquilinos, havia uma grande dificuldade de recenseá-los, sobretudo aqueles que alugavam somente um quarto dentro de uma casa — situação muito comum na região. Segundo Villalobos, os proprietários, de igual maneira, não permitiam que os integrantes do CC os recenseassem, por conta desse medo da expropriação (Villalobos, 2011).

Há muitos casos também de sabotagem. Um opositor participa de um CC, porém atrapalha as assembleias com discussões fúteis ou, se é um *vocero* com acesso aos recursos, protela a execução de obras, e assim por diante. No âmbito das instituições, pode haver também um favorecimento em termos de registro e aprovação de projetos para CCs localizados em zonas chavistas em detrimento de áreas mais ricas ou que aportem poucos votos para o governo.[154]

Os CCs que se formaram antes de 2009 tiveram de se adequar à nova lei. Então, quando de nossa primeira visita, no começo de 2010, essa era a grande temática presente nas reuniões. Havia uma série de trâmites burocráticos a cumprir, novas eleições, novo censo, novos grupos de trabalho e havia que aprender a nova lei. Para tanto, foram oferecidos vários cursos explicativos com funcionários da Fundacomunal, da Comisión de Participación Ciudadana da Alcaldía e vários outros

---

[154] Na pesquisa de campo, participamos informalmente de algumas reuniões de uns CCs do setor do Manicomio, na *parroquia* La Pastora, que fica em frente ao 23 de Enero, uma zona com maior incidência de opositores ou, simplesmente, não chavistas. Havia uma revolta muito grande dos *voceros* por estarem há anos aguardando uma resposta das instituições sobre os projetos propostos pelo CC e alegavam que não eram atendidos por não serem um setor tipicamente popular (estariam mais para uma classe média) e por aportarem poucos votos ao chavismo.

entes públicos dispostos a explicar às pessoas o que havia mudado e o que deveria ser incorporado nos CCs.

Figura 15 | Reunião de assessoramento no *consejo comunal* da rua Miranda, *barrio* Sucre

Funcionário da Fundacomunal (à esquerda, junto ao muro, com o megafone) assessora o consejo comunal da rua Miranda, barrio Sucre, para a adequação à nova lei. Fonte: arquivo pessoal da autora (mar. 2010).

Em uma ocasião, houve um curso de adequação no Cuartel Cipriano Castro onde compareceram mais de 200 *voceros* de vários CCs da *parroquia* e regiões adjacentes.

Acompanhamos várias assembleias em que estavam sendo eleitas as novas vocerias e houve uma participação "relativa" da população nesse processo. Dizemos relativa porque os CCs ainda carecem de uma participação mais voluntária dos moradores. Geralmente é preciso um grande esforço daquele grupo mais mobilizado para que se forme uma assembleia com quórum mínimo. Quando se disponibilizam urnas, a participação é mais intensa, pois não há o compromisso do horário; então, as pessoas votam. Porém, em assembleias de outra ordem, para postular *voceros*, decidir sobre um projeto ou aprová-lo ou mesmo para eleger o comitê eleitoral provisório, por exemplo, como foi o caso de muitas assembleias a que assistimos, ainda há muitas dificuldades em promover uma maior participação das pessoas. É recorrente a necessidade de convocar uma segunda assembleia por falta de quórum.

Segundo Manuel Diaz:

> A *parroquia* é combatente, mas porque há vários coletivos e várias pessoas... mas a *parroquia* em si, os habitantes, há muitas pessoas que são neutras. Eu fiquei louco: na minha eleição, votaram 312 pessoas! 312 pessoas desceram do edifício. Mas descem 312 pessoas para votar, é o mecanismo que têm: as eleições, votam, votam, votam e chegam até aqui, vê? Se você pedir uma colaboração, "não, não posso, estou fazendo isso". Então, não entendiam a questão. É o mecanismo que lhes foi ensinado há muito tempo: eu voto e vou embora, voto, vou embora e ele me representa, vê? [Diaz, 2011].

Em muitos casos foi comum observar que os *voceros* principais são confundidos como "presidentes" do CC, apesar de não existir esse cargo. No bloco 34, estivemos em uma reunião de *voceros* com Miguel Padrón, *vocero* principal do CC e representante principal da junta de condomínio que atua paralelamente ao CC, e a maior parte das pessoas se referia a ele como "presidente". Por já possuir essa trajetória de trabalho comunitário, a oportunidade aberta pelo CC fez com que ele se engajasse e se dedicasse profundamente para resolver os problemas de sua comunidade. Com isso, tudo recaía sobre ele e em outros dois *voceros* mais próximos (tanto a responsabilidade sobre os problemas não solucionados quanto os sucessos dos projetos aprovados).

Portanto, em regra geral, os CCs são muito dependentes de um grupo de cinco a 10 pessoas mais mobilizadas. A cultura política de participação ainda é um processo em desenvolvimento, no sentido de as pessoas passarem a considerar uma de suas prioridades cotidianas o trabalho comunitário. Trata-se realmente de uma "cultura política", pois não estamos falando apenas de uma mudança no comportamento político, mas uma mudança cultural, de visão de mundo, isto é, muitas pessoas alegam não "ter tempo" para as atividades políticas, porém, da mesma forma que é preciso *fazer* tempo para ir ao mercado, trabalhar, descansar etc., é preciso *fazer* tempo para ir às reuniões semanais, criar e decidir sobre projetos, exercer a controladoria social, ir às instituições em busca de recursos, fazer os cursos oferecidos pelos diferentes entes governamentais, entre outras atividades que envolvem o CC.[155] Como toda mudança cultural, isso não se dá da noite para o dia. A experiência dos CCs é muito recente. Precisaremos aguardar os próximos anos para identificar o real impacto dessa nova prática política na cultura do cidadão venezuelano.

Consejos comunales e coletivos políticos: uma articulação possível?

Conforme vimos no capítulo anterior, os coletivos são organizações que existem na *parroquia* 23 de Enero desde os anos 1980. Trata-se de organizações armadas egressas da luta guerrilheira e da luta contra o narcotráfico travadas nesse período, mas também profundamente dedicadas ao trabalho comunitário em seus respectivos setores. O 23 possui uma divisão territorial não formal que se baseia nas áreas de atuação de cada coletivo. Desse modo, para citarmos alguns exemplos, no setor La Cañada existem a *coordinadora* Simón Bolívar e a Fuerza Comunitaria Che Guevara; em Monte Piedad, o coletivo Salvador Allende e a Fundación Cultural Simón Bolívar; no *barrio* Sucre, o coletivo Gran Mariscal Ayacucho; em La Piedrita, o coletivo La Piedrita; na Zona Central, o coletivo Alexis Vive; em Caño Amarillo, o coletivo Montaraz, entre muitos outros. Alguns são mais tradicionais; outros, mais recentes. O termo *coletivo* acabou ficando bastante associado no senso comum aos conflitos armados típicos dos anos 1980 e 90, sinônimo de violência para os que vivem dentro e fora da *parroquia*. Por essa razão, considerando o novo momento histórico inaugurado pela eleição do presidente Chávez, os coletivos estão se convertendo em fundações, devidamente registradas nas instituições públicas e, hoje, atuam paralelamente aos *consejos comunales*, muitas vezes, misturando-se a eles.

---

[155] Para uma reflexão mais aprofundada sobre o conceito "cultura política", ver Berstein (1998).

Na Zona Central, por exemplo, onde está o coletivo Alexis Vive, alguns dos *voceros* principais dos *consejos comunales* são militantes do próprio coletivo. Isso se dá porque com a oportunidade aberta pelos CCs, há uma ampliação das frentes de batalha para obter melhorias para sua própria comunidade; então, os membros dos coletivos participam ativamente dos CCs. Em uma reunião da comuna El Panal 2021, em janeiro de 2011, que contou com a presença massiva de *voceros* e moradores da Zona Central, a estrutura era bastante centralizada na figura do líder do coletivo, Robert Longa. Como em uma palestra, ele discursava para as pessoas, atualizando-as sobre as conquistas do último ano e passando informações sobre os próximos projetos. Depois de sua longa intervenção, as pessoas tinham espaço para opinar ou fazer algumas pequenas colocações, o que torna claro como a presença do coletivo é marcante e decisiva em seu interior. Portanto, apesar da presença e da participação de pessoas que não necessariamente são membros do coletivo, a estrutura acaba ficando bastante dependente das lideranças.

No setor La Piedrita ocorre fenômeno parecido. Muitos *voceros* do CC são membros do coletivo. No bloco 17 também. Chaca, líder do coletivo Fuerza Comunitaria Che Guevara, se destaca na assembleia como o grande incentivador, convocando as pessoas dos edifícios para descerem e participarem das reuniões.

Para muitos militantes dos coletivos, os setores que contam com essa trajetória de organização resultam em CCs com maior capacidade de ação. Segundo Nelson Santana, do La Piedrita, "a presença dos coletivos fortalece os *consejos comunales*", potencializando essa estrutura:

> Em nossos espaços, tem sido mais fácil realizar o trabalho com os CCs porque já há uma organização que tem uma experiência, uma trajetória de como lidar com a comunidade, como preencher os projetos, como fazer os projetos, quais projetos têm mais prioridade que outros, então, essa integração *consejo comunal* com coletivo tem contribuído para um fortalecimento a mais no nosso setor [Santana, 2011].

Nesse setor, por exemplo, através do CC (com apoio do coletivo), foi possível recuperar várias encostas que eram terrenos baldios e agora se tornaram áreas férteis de produção de diversos tipos de hortaliças e verduras; há a produção de *cachamas* (uma espécie de peixe criado em tanques de água salgada); há um serviço de ambulância; há uma *bloquera* (pequena indústria autogestionária de fazer blocos de concreto para construção); há um *abasto socialista* controlado pelo CC. Este último está adstrito à rede Mercal, que oferece alimentos de primeira necessidade a preços subsidiados pelo Estado. O *mercalito*, como também é chamado, atende a uma população de cerca de 1.500 pessoas por semana (não apenas do setor La Piedrita, mas de regiões adjacentes). Há também um projeto de construção de uma casa comunal de três andares que abrigaria o Mercal Tipo 2 (um pouco maior que o *mercalito*), uma escola de artes e um centro de informática. A ideia é que a produção feita pela própria comunidade possa ser vendida para ela a preços acessíveis.

Na Zona Central, onde está o Alexis Vive, de igual maneira há hortas, produção de peixe (*cachamas*), mini-indústria de blocos de concreto (*bloquera*), ambulâncias, mercadinhos (*abastos*), além também de uma empacotadora de açúcar (outra mini-indústria autogestionada pela comuna El Panal 2021). Segundo Rosangela Orozco, liderança do coletivo e *vocera* do CC, a empacotadora foi construída em resposta aos altos preços especulativos do quilo do açúcar pelas empresas privadas[156] e com o objetivo de aproveitar um terreno baldio subutilizado da *parroquia* para construir uma empresa de produção social, feita pela comunidade e para a própria comunidade:

> Agora mesmo trabalhamos com sete *consejos comunales* da Zona Central. [...] Muitos dos trabalhadores que estão aqui, nos ajudaram a construir o galpão [...] Tratamos de contratar dois trabalhadores por cada *consejo comunal* [...] todos postulados pelas assembleias de cidadãos e cidadãs [Orozco, 2011].

O projeto envolve uma forte articulação com os pequenos produtores que fornecem a matéria-prima para a empresa, e seu público-alvo é a própria comuna El Panal 2021, em primeiro lugar, mas também as diferentes cooperativas e os pequenos distribuidores de alimentos da *parroquia* e das comunidades populares de maneira geral. Em janeiro de 2011, já distribuíam o açúcar para mais três *parroquias* da capital, além do 23 de Enero.

---

[156] No mercado, o quilo do açúcar pode chegar a BsF 8 ou BsF 10. A empacotadora vende o açúcar a cerca de BsF 3.

No programa *Aló Presidente*, n. 363, Hugo Chávez apoiou a iniciativa da *comuna*, destacando que este é um exemplo do que seria o objetivo da "Revolução", isto é, um movimento de baixo para cima:

> Aí, do micro, é que ascendemos. Aí está o resultado da ascensão, não é baixar. A ideia que às vezes alguém tem é que o micro é como baixar, não, é subir. [...] Há que ascender. Vocês estão ascendendo, vocês estão aí nas colinas do concreto, no alto da concretização de tanta utopia, de tanta luta, de tanta ideia, de tantos sonhos, de tantos esforços mentais, intelectuais e políticos [Chávez, 2010c:63].

No que diz respeito à temática da autonomia, se nos CCs as tensões com a dependência em relação ao presidente se fazem mais presentes, com os coletivos esse aspecto ganha outra dimensão. Essas organizações, apesar de apoiarem o processo e verem em Chávez uma liderança, sua longa trajetória de organização e sua formação ideológica e política os fazem mais independentes. Não foram poucos os casos nos quais os coletivos do 23 de Enero deixaram o governo em situações delicadas, como quando o La Piedrita atirou bombas de gás lacrimogênio contra a embaixada do Vaticano, contra a residência do diretor da rede RCTV ou contra a sede da emissora opositora Globovisión. O presidente, nessas ocasiões, rechaçou publicamente as ações, porém, reiteradas vezes, sempre que possível, busca deixar claro seu apoio aos coletivos. No mesmo programa *Aló Presidente* que citamos acima, Chávez, depois de ouvir o depoimento de Rosangela Orozco, militante do Alexis Vive, destaca:

> Me informava aqui o ministro Canán, desse coletivo lutador, valente, revolucionário até a medula, que é o coletivo Alexis Vive. A todos vocês, moças e rapazes, do Alexis Vive, nossa saudação comprometida com vocês, com suas lutas, com suas batalhas, e um aplauso, pois, para Alexis Vive [Chávez, 2010c:61].

Portanto, quando o governo incentiva a organização popular *desde abajo* e assume uma postura de permisividade,[157] isto é, que permite que os movimentos

---

[157] Na introdução deste livro, destacamos o conceito de *permisividad*, proposto por José Roberto Duque, em entrevista (2011).

populares construam seus espaços e exerçam suas atividades, abre-se a possibilidade para que essas organizações, que já possuíam uma trajetória de trabalho comunitário, expandam seus projetos a uma velocidade e dimensão jamais antes conseguidas. Apesar de não ser exclusividade dos espaços onde existem coletivos — mais à frente veremos outros exemplos de projetos igualmente ambiciosos e originais —, é notória a capacidade de elaborar e executar projetos de grande monta nos setores que contam com suas atuações.

Para os coletivos, um dos principais desafios dos CCs é o desenvolvimento de uma "consciência política". Esta seria uma das principais diferenças entre um e outro, já que os primeiros primam por uma formação político-ideológica mais consistente, e os CCs, *a priori*, teriam um caráter mais pragmático. David Romero, do coletivo La Piedrita, destaca esse aspecto: "Os *consejos comunales* não têm formação ideológica ou política [...]. Nós, sim, temos nossos círculos de leitura, discutimos Marx, Che, Lenin, Salvador Allende para ir adquirindo intelectualidade". Romero afirma ainda que o CC do La Piedrita está *"blindado"* porque conta com a atuação do coletivo, quer dizer, ali é possível perceber uma "linha e ação" e, diferentemente do que ocorre em outros CCs, onde "todos se metem" (i.e., onde participa todo o tipo de gente), não há "obstáculos" para sua prática (Romero, 2011).

O respaldo da comunidade é conquistado na medida em que, graças à experiência de trabalho comunitário das pessoas envolvidas e seu grau de organização, é possível aprovar e executar projetos de grande porte. Projetos que, em outros setores que não contam com essa organização, encontram maiores dificuldades para serem aprovados e, até mesmo, para serem considerados pelos moradores. Por essa razão, em muitos casos, outros CCs de setores adjacentes costumam buscar o apoio dos coletivos para a elaboração de um projeto, para mobilizar as pessoas a uma grande manifestação ou atividade cultural, para difundir alguma mensagem através das rádios comunitárias que muitos deles possuem, para resolver algum problema pontual de segurança, entre outros.

Carmen Mecia, *vocera* do CC Los Higuitos, afirma que mantém boas relações com todos os coletivos que fazem vida na *parroquia* e que, sempre que precisa de uma orientação para algum projeto, procura por eles, bem como escuta suas sugestões para aprimorar o trabalho comunitário em seu setor:

Nós tivemos reuniões com gente do La Piedrita que tem nos apoiado, assim como gente do Alexis Vive. De fato, o que eles querem é que nós tenhamos aqui uma produção de *cachama* [...], tem outro projeto que é ter um circuito fechado dentro da comunidade. Eles iam nos ajudar a fazer esse circuito [...] com as câmeras e garantir a segurança de nosso setor [...]. Qualquer outro caso, nós, quando precisamos de ajuda, vamos a Chinquinquera do Alexis Vive, vamos a Luis Isturiz, do Ernesto Che Guevara, vamos a Valentin, do La Piedrita [...] Nós nunca tivemos problema com eles. Ao contrário, os coletivos têm nos prestado apoio sempre que precisamos [Mecia, 2011].

Segundo Mecia, não há intervenção dos coletivos nos CCs, mas sim ações de assessoramento. Quando há muitos obstáculos ou resistência dos moradores e *voceros* em relação à sua participação, eles se retiram para seus setores.

Numa outra via, há também o questionamento de muitos moradores em relação aos coletivos por se tratar de organizações armadas e hierarquizadas em determinadas lideranças. Por melhor que seja a relação entre um coletivo e seu setor, o fato de uns manipularem armas, e outros não, estabelece uma hierarquia informal que faz com que uns se afastem, outros respeitem, outros, simplesmente, sintam medo.

Grisel Marín é *vocera* de um CC localizado na Zona Central, onde está o coletivo Alexis Vive. A moradora afirma que, por um lado, as ações do coletivo, seu trabalho comunitário, são muito bem-vindos para a comunidade: "Eles, dentro de suas atividades, [...] organizam o trânsito, resgataram áreas verdes, colaboram muito para resgatar nossos espaços, na parte cultural têm apoiado muita formação, apoiaram a *misión* Cultura Corazón Adentro, de teatro e dança". Por outro lado, também afirma:

As pessoas têm um certo temor porque, com a nossa experiência aqui na Zona Central sobretudo, que foi a mais golpeada, as armas de fogo são as que mataram nossos vizinhos, nossos estudantes, nossas crianças. Então, isso afasta. Ou seja, se você usa uma pistola, afasta. Porque eu sou uma cidadã comum que posso levar na mão um livro, minha carteira, então, tem outra pessoa, com uma arma, seja coletivo ou não, qualquer pessoa que tenha uma arma, já vão respeitar essa pessoa [Marín, 2010].

Além disso, suas estruturas seriam profundamente hierarquizadas e, apesar de na maior parte das vezes atuarem em favor da comunidade, fazem-no *em nome* da comunidade, quando teria de ser a própria comunidade à frente dos projetos. Para isso serviria o CC. Mary Villalobos, *vocera* do CC La Cañada do setor *barrio* Sucre, expressa algumas dessas críticas em depoimento:

> Não é o mesmo um coletivo ou uma fundação e um *consejo comunal*. Por quê? Porque o coletivo ou fundação tem um líder principal e essa opinião desse líder, segundo o que eu acredito, não vai ser consensual, vai ser imposta. No *consejo comunal*, é consensual entre os *voceros* do *consejo comunal*, e se vamos mais adiante, existe a assembleia de cidadãos e cidadãs. Nessa assembleia, com um quórum amplo, com uma representação de toda a comunidade, podem se tomar melhores decisões em benefício da comunidade. Em troca, com os coletivos ou as fundações, não se faz isso. Ali, um conclave toma uma decisão, seja ela qual for, boa ou má, mas é um conclave quem decide, não é toda a comunidade. Ainda que fale em nome de toda a comunidade, ainda que faça algo a favor da comunidade, mas a decisão, do meu ponto de vista, não é de toda a comunidade [Villalobos, 2011].

Há a crítica também no sentido de que os coletivos resistem em participar de espaços de articulação suprassetoriais (como a junta *parroquial*, por exemplo); dificilmente há diálogo entre os diferentes coletivos; e, finalmente, de que, na maior parte das vezes, cada coletivo prefere executar seus projetos com os próprios meios, desprezando o auxílio ou a mediação dos funcionários estatais. Segundo Manuel Diaz, do CC Atlántico Norte, do setor La Silsa:

> Os coletivos têm um pouco mais de consciência política, de vivência política, mas [...] muitos coletivos atuam em uma pequena parcela. Ainda que estejam fazendo seu trabalho bem-feito, estão fazendo seu trabalho somente em uma parcela, e é preciso expandir isso. A comuna é essa expansão [Diaz, 2011].

Apesar disso, muitos reconhecem também que os coletivos cumpririam um importante papel na defesa da *parroquia*. No golpe de Estado de 2002, por exemplo, sua atuação foi fundamental quando houve uma grande repressão. Nesse caso, para muitos entrevistados, os coletivos seriam os únicos que teriam força para enfrentar os aparatos repressivos quando necessário, mas, ainda assim, no que diz respeito ao trabalho comunitário, este deveria ser realizado pelos CCs. Nas palavras de Villalobos, "se você quer ver como uma força de choque, ora, pode ser dever do coletivo, mas, em relação ao trabalho comunitário? Esse tem que ser feito pelo *consejo comunal*" (Villalobos, 2011).

Os projetos

Apesar de serem mais comuns, projetos ambiciosos não são exclusividade dos setores que contam com a presença de coletivos. No setor Los Higuitos, por exemplo, Carmen Mecia fala do projeto de seu CC, que é o de aproveitar três enormes galpões abandonados localizados em seu setor para construir três grandes edifícios para abrigar, em melhores condições, todas as pessoas do *barrio*. Em seguida, demoliriam todas as casas e aproveitariam o espaço para desenvolver projetos socioprodutivos, de lazer, de cultura, entre outros:

> São três galpões vazios onde nós teríamos a possibilidade de levar a cabo este projeto, onde nós teríamos a oportunidade de viver dignamente em uns apartamentos que se edificariam ali e tombar grande parte do que é a comunidade que já está feita. Para quê? Para ali colocar o que poderia ser uma quadra, o jogo diário, a creche, sobretudo algo socioprodutivo… bom, e muitas outras coisas que seriam benefícios para nossa comunidade [Mecia, 2011].

No momento, o CC está fechando os detalhes do projeto, fazendo estudo do solo, orçamento, para, em seguida, postulá-lo diante das instituições. Até o momento da entrevista, outros projetos já haviam sido aprovados, como o de fazer um canal de escoamento de água para evitar as infiltrações e deslizamentos; construção e reparação de tubulações de água e esgoto; aproveitamento de uma encosta abandonada como um espaço para desenvolver cultivos de hortaliças e verduras; reparação de um conjunto de moradias com a *misión* Barrio Nuevo, Barrio Tricolor; reparação de calçadas e passagens; legalização do serviço de luz; melhoramento da iluminação pública; instalação de gás direto nas casas, entre outros.

No setor El Porvenir, em Sierra Maestra, várias casas foram restauradas com a *misión* Barrio Nuevo, Barrio Tricolor. Além disso, conseguiram a construção de um laboratório de informática com 15 computadores com acesso à internet de forma gratuita, graças ao apoio da Fundación Infocentro; planos de férias com excursões para os moradores do *barrio*, principalmente, as crianças (tudo pago por fundações, prefeituras e outras instituições); instalação de câmeras de segurança; construção de escadas (46 metros); serviço de esgoto, entre outros. Há também o projeto ambicioso de construção de uma casa comunal por cima do estacionamento e de uma praça. Lá haveria espaços para fazer as assembleias, para passar filmes para as crianças, para montar uma empresa de produção social (que poderia ser uma oficina de costura), para colocar a *misión* Barrio Adentro (Anderson, 2011).

Em Caño Amarillo, graças ao CC, os moradores já contam com serviço de água, possuem quadras poliesportivas, restauraram muitas moradias (também com a *misión* Barrio Nuevo, Barrio Tricolor), organizaram atividades com a Mercal, levando a venda de alimentos a preços subsidiados para dentro da comunidade, entre outros. O projeto mais ambicioso foi a demolição de uma antiga estrutura que havia no interior da comunidade, onde viviam algumas famílias em situação de risco, para a construção de um edifício com 100 apartamentos. Procuraram os geólogos, os técnicos e fizeram o projeto, que foi aprovado. A luta, atualmente, se trava para a continuidade das obras, pois a estrutura já foi demolida, as famílias vivem provisoriamente em um edifício cedido pelo Ministério de la Cultura, mas o trabalho de construção está parado, por falta de recursos, há dois anos. A expectativa é de que as obras terminem ainda no ano de 2011.

O tema mais recorrente, sobretudo nos *barrios*, é a reabilitação de moradias, pois a maior parte delas está comprometida devido às infiltrações. No *barrio* Sucre, o CC La Cañada, no ano de 2011, quando de nossa segunda viagem à Venezuela, estava debruçado sobre um projeto de restauração de moradias, já que o maior problema do setor é a infraestrutura. Através do Consejo Federal de Gobierno (CFB), foi disponibilizado um fundo de compensação para as diferentes *parroquias* do Distrito Capital e o CC citado postulou a esse fundo a restauração de tetos, paredes e pisos das casas que se encontravam em situação mais crítica.

Frequentamos muitas reuniões de *voceros* no momento em que eles estavam desenhando o projeto. A adequação deste último às normas exigidas pelo CFB se dava num ambiente descontraído e íntimo. Em meio às temáticas mais sérias, as pessoas riam, brincavam umas com as outras e falavam de assuntos do dia a dia, inclusive temas políticos, como o discurso de Chávez de prestação de contas na Assembleia Nacional ou o tema dos refugiados das chuvas de novembro e dezembro de 2010 que assolaram vários estados do país. As reuniões são, portanto, um espaço semanal de sociabilização dos vizinhos. Normalmente, não há uma formalidade burocrática, no sentido de haver atas, listas de presenças, ordens de palavra etc. Isso só se dá quando há a necessidade de decidir alguma questão de peso e quando há a participação de maior número de moradores. Apesar de as reuniões serem abertas a todos os vizinhos e existirem 48 *voceros* eleitos, costumam participar sempre entre cinco e 10 *voceros* mais mobilizados, em sua maioria *mulheres*. Aliás, uma das grandes características do socialismo do século XXI e da experiência dos CCs é o protagonismo feminino à frente dessas instituições. Essa lógica de participação se reproduz em vários outros CCs com os quais trabalhamos.

Nesse processo de formulação de um projeto no setor La Cañada, foi muito interessante ver os moradores discutirem engenharia, construção civil, materiais de construção, orçamento. Baseiam-se, sobretudo, em suas experiências cotidianas e não em um conhecimento técnico, à exceção de Avelino Maya, que trabalha no setor de construção e, portanto, tem um maior conhecimento sobre o assunto. Fazem todo o projeto/orçamento manualmente, sem grandes recursos, distribuem as tarefas e, depois, um deles, que tem um maior conhecimento de informática — escasso entre os *voceros* —, ficaria encarregado de passar as informações para o computador. Surgem muitas dúvidas, e os moradores contam com a ajuda da *vocera* do CFB pela *parroquia* 23 de Enero, Xiomara Paraguán, que, por ocasião desse projeto, se reúne todas as segundas-feiras, no Centro Municipal de Apoyo al Poder Popular (CMAPP), no setor Mirador, com a junta *parroquial*, composta por *voceros* de vários CCs do 23, além também da *vocera* da *parroquia*, Zulay Zambrano.

No projeto do CC La Cañada estava prevista a reabilitação de apenas 25 casas. Os critérios para a escolha das primeiras a serem atendidas se pautavam na necessidade — casas com risco de desabamento —, mas também priorizavam as casas daqueles que participavam das reuniões.

Mary Villalobos, depois de ir a um curso de "como fazer um projeto de inversão de recursos", levou à reunião, em 12 de janeiro de 2011, a preocupação em articular o projeto de reabilitação de moradias ao Plano Nacional Simón Bolívar. A *vocera* chamou a atenção para a necessidade de o CC fazer também um trabalho ideológico e político, não podendo ser resumido a uma resolução de problemas materiais.

A planilha a ser entregue ao CFB exigia que o CC relacionasse o projeto às diretrizes presentes no plano, isto é, a uma nova ética socialista; à suprema felicidade social; à democracia protagônica revolucionária; a um modelo produtivo socialista; à nova geopolítica nacional; à Venezuela potência energética mundial; ou à nova geopolítica internacional. Para cada diretriz, há um conjunto de objetivos intrínsecos a que os CCs devem se filiar:

- para a nova ética socialista: refundar ética e moralmente a nação;
- para a suprema felicidade social: reduzir a miséria a zero e acelerar a diminuição da pobreza; transformar as relações sociais de produção; fortalecer as capacidades básicas para o trabalho produtivo; promover uma ética, cultura e educação libertadoras e solidárias, entre outros;
- para a democracia protagônica revolucionária: construir a base sociopolítica do socialismo do século XXI; formar uma nova cultura política baseada na consciência solidária do cidadão; construir um setor público a serviço do cidadão que conduza à transformação da sociedade; ampliar os espaços de participação cidadã na gestão pública, entre outros;
- para o novo modelo produtivo socialista: desenvolver o novo modelo endógeno como base econômica do socialismo do século XXI; incrementar a soberania alimentar; fomentar a ciência e a tecnologia a serviço do desenvolvimento nacional, entre outros;
- para a nova geopolítica nacional: aproveitar as fortalezas regionais criando sinergia entre elas; fazer possível uma cidade inclusiva com qualidade de vida; proteger espaços para conservar a água e a biodiversidade; alcançar um modelo de produção e acumulação ambientalmente sustentável, entre outros;
- para a Venezuela como potência energética mundial: assegurar que a produção de energia contribua para a preservação do meio ambiente; propiciar uma mudança radical para a geração de energia térmica de energia elétrica adicional

com base no gás; converter a Venezuela em uma potência energética global e fortalecer a integração latino-americana, entre outros;
- para a nova geopolítica internacional: aprofundar o diálogo fraterno entre os povos; fortalecer a soberania nacional, entre outros.

O CC La Cañada decidiu, por fim, que seu projeto de reabilitação de moradias se enquadrava na diretriz suprema felicidade social, com o objetivo de reduzir a miséria a zero.

A postulação dos projetos ao CFB foi um evento realizado no Instituto Nacional de Capacitación y Educación Socialista (Inces) da Zona E, em janeiro de 2011. A *vocera* Xiomara Paraguán lembrou que, por se tratar de um fundo de investimento com recursos limitados, o governo privilegiaria projetos socioprodutivos com impacto social e que envolvessem o maior número de CCs articulados possível. Dois representantes do governo receberam os projetos e escutaram cada CC defender o seu perante a comunidade. Entre os principais apresentados por diferentes setores do 23, destacamos: restauração de calçadas; restauração de encanamentos; construção de casas *comunales*; restauração de moradias; impermeabilização dos edifícios; reformas nos dutos de lixo; construção de escadas; construção de muros de contenção para evitar desabamentos, entre outros. No que diz respeito aos projetos socioprodutivos, os CCs da Zona E propuseram o reaproveitamento de um posto de gasolina abandonado para construção de um centro de informática para a população; a comuna Juan 23 propôs a construção de uma serralheria comunal; e a comuna em construção da Zona F propôs a recuperação de áreas de deslize para a plantação de produtos agrícolas orgânicos para abastecer a comunidade.

Todos os projetos foram apresentados com uma preocupação muito grande por parte dos *voceros* em respaldá-los na Constituição, nas leis e no Plano Nacional Simón Bolívar, o que é interessante para pensarmos o exercício de buscar ir além da resolução de problemas imediatos materiais, mas de refletir também sobre um projeto de país, de cidadania, de poder popular.

A realidade dos edifícios é bastante diferente da realidade dos *barrios*. Segundo Manuel Diaz, *vocero* do bloco La Silsa, "as necessidades das casinhas são diferentes das dos blocos de edifício. Eles estão próximos de nós, mas têm outras necessidades, outros projetos" (Diaz, 2011). Desse modo, a população dos blocos se organizou em torno de temáticas como a impermeabilização dos edifícios, a restauração dos encanamentos de água, dos dutos de lixo, das quadras poliesportivas, a recuperação de jardins, a construção de um sistema de iluminação eficiente, entre outras.

Na Zona F, por exemplo, no bloco 37, Nancy Concepción conta que, quando houve a formação do CC em seu setor, uma das primeiras medidas foi colocar uma cartolina no térreo do edifício para que as pessoas escrevessem quais eram os principais problemas que afligiam a comunidade. Depois de definidas todas as demandas, foi convocada uma assembleia de cidadãos e cidadãs para estabelecer quais teriam prioridades, e o resultado foi: "impermeabilização, elevadores, gás, dutos de lixo, água potável e esgoto; cercamento". Segundo Concepción, quase todas as exigências foram atendidas pelo CC, recorrendo a diversas instituições públicas e privadas:

> Quando nós nos formamos como CC, fomos à Fundacomunal e levamos três projetos: o cercamento do perímetro; o parque e um elevador; à Fundacaracas, levei a quadra e a miniquadra de basquete; fui a PDVSA e levei o projeto de gás; fui à prefeitura de Libertador e levei o da cerca elétrica interna. [...] Depois, trouxe os organismos, fiz comunidade descer e mostrei a todos o dinheiro que se estava entregando ao CC para fazer a obra, e assim se concluiu tudo [Concepción, 2011].

Concepción buscava saber de outros CCs quais instituições estavam aprovando projetos e tentava ter o seu aprovado também, postulava o mesmo projeto várias vezes em diferentes lugares (o projeto de cercamento, por exemplo, foi postulado quatro vezes até que fosse aprovado). Às vezes, era necessário dividir o projeto em várias etapas para tê-lo aprovado. Em suma, depois de muitas lutas e pressões sobre as diferentes instituições, em janeiro de 2011, quando o CC estava em sua segunda gestão, faltava resolver ainda a problemática das águas (os encanamentos são os mesmos de 50 anos atrás, quando foram construídos os edifícios) e dos dutos de lixo. Inclusive, havia a meta de pintar os prédios também, tal como foram pintados os de outras zonas, porém, antes disso, era preciso cumprir as prioridades estabelecidas pela assembleia de cidadãos e cidadãs anteriormente (Concepción, 2011).

Na medida em que os projetos iam sendo aprovados e as obras do bloco 37 eram executadas, Concepción foi incentivando os moradores dos blocos ao lado para formar seus CCs, até chegar em La Silsa, onde está Miguel Diaz e, hoje, ambos trabalham na formação da comuna que envolve cerca de 15 CCs no total (10 edifícios grandes e cinco pequenos) — tema que aprofundaremos mais à frente.

Na entrevista de Miguel Padrón, *vocero* de finanças do bloco 34, da Zona E, percebemos demandas muito parecidas: impermeabilização, reforma do encanamento, dos dutos de lixo, aumentar o estacionamento, construção de um muro de contenção para impedir o desabamento de uma encosta que se localiza na parte traseira do edifício; reconstrução da quadra poliesportiva, dos jardins, das calçadas.

No dia 19 de janeiro de 2011, participamos de uma reunião com *voceros* desse bloco, o que foi muito interessante para observar também as tensões existentes entre os vizinhos devido a problemáticas cotidianas e às dificuldades de alcançar um consenso sobre os problemas mais imediatos: desde a permissão ou não de fazer churrascos no estacionamento nos finais de semana, de estacionar carros de familiares dentro do edifício até o consumo de bebidas alcoólicas pelos jovens de maneira indiscriminada durante as madrugadas. São temas que tocam na vida privada dos moradores, em costumes e valores, e o CC assume a tarefa de árbitro, de mediador de conflitos, porém o grande dilema que se coloca é que não é uma instituição imparcial, que está fora daquela realidade, mas sim formada pelos próprios vizinhos e, por essa razão, problemas pessoais vêm à tona, richas, desentendimentos, o que torna ainda mais complexa a dinâmica em seu interior. Conforme mencionamos, destacamos também o fato de grande parte dos moradores e *voceros* presentes na reunião considerarem Padrón o presidente da instituição, razão pela qual o responsabilizavam por todos os problemas não resolvidos. O *vocero* principal chegou a oferecer sua carta de renúncia, depois de criticar também a pouca participação de todos os demais membros, o que fez recair tudo sobre suas costas.

No último levantamento do Safonacc para a *parroquia* 23 de Enero, entre 2008 e 2010 foram reabilitadas mais de 200 moradias e 20 foram substituídas; foram aprovados projetos de substituição de elevadores nos edifícios; de remodelação de áreas comuns e recreativas; de construção de *casas comunales*, centros de informática, cercamentos, escadas e calçadas; de recuperação de módulos de saúde, escolas, parques infantis; de substituição de encanamentos de água, entre outros.

No total, foram 62 projetos aprovados somente por essa instituição e um montante de mais de BsF 26 milhões investidos nesse setor (Safonacc, 2011).

Num âmbito nacional, para o ano de 2008, a Fundación Centro Gumilla (FCG) fez uma pesquisa entre 1.138 CCs em todo o país, e os principais projetos aprovados seguiram uma lógica parecida com a que vimos até aqui, isto é, voltada principalmente para a melhoria da infraestrutura das comunidades: reformas/reconstruções de casas, instalação de redes de esgoto, encanamentos de água potável, rede elétrica, construção de calçadas, escadas e reforma de parques, escolas e praças.

> Assim, pode-se constatar que, pelo menos na fase inicial, as comunidades aproveitaram os CCs para solucionar problemas imediatos de infraestrutura e de serviços básicos, principalmente. Nessa categoria, se alcançam os êxitos mais rápidos e visíveis, o que aumenta a motivação para a participação coletiva [FCG, 2008:32 apud Azzelini, 2010:295-296].

Portanto, podemos perceber que os CCs, em seus primeiros anos, se consolidaram como uma via eficaz para transformar uma série de elementos da vida cotidiana, atendendo às demandas históricas das comunidades populares. Apesar de, na maioria dos casos, ter prevalecido uma postura mais pragmática, decorrente da situação precária em que se encontravam essas regiões, a expectativa é que, a partir do momento em que são geradas as mínimas condições de sobrevivência, os CCs se articulem e se dediquem a temáticas cada vez mais amplas e complexas. Esse seria o princípio norteador para a formação das comunas e, mais além, para o Estado comunal venezuelano.

Capítulo 4

Rumo a um Estado comunal?

O próximo passo: a formação das comunas

Conforme vimos, o passo seguinte à formação dos CCs é sua articulação em comunas, o que permitiria uma ampliação do seu raio de ação e de sua capacidade de executar projetos cada vez mais abrangentes, além de incorporar em uma única instituição os vários tipos de organização popular presentes em um dado território.

Se, numa primeira fase, os CCs estavam mais voltados para a resolução de problemas de infraestrutura — e ainda estão —, o incentivo à formação de comunas tem por objetivo impulsionar o componente produtivo, quer dizer, as comunidades passam a ter de desenvolver projetos socioprodutivos que contribuam para o desenvolvimento endógeno e autossustentável do país — não apenas em nível local, mas regional e nacional.

Esse processo de articulação de vários CCs e organizações populares em níveis mais complexos já se dava, na prática, antes da regulamentação de uma lei. Esta última foi aprovada recentemente, em dezembro de 2010, e é alvo de muitas críticas — aspecto que desenvolveremos mais adiante. Segundo Dario Azzelini (2010:300), "na prática, as comunas assumiram forma concreta sem que houvesse uma lei; sua construção é fomentada e financiada institucionalmente e até as cidades comunais são discutidas intensamente e, em alguns casos, já praticadas *desde abajo*". Para o ano de 2009, depois de um significativo impulso concedido pela *misión* 13 de Abril,[158] Chávez, em seu programa *Aló Presidente*, estimou que haveria cerca de 200 comunas em construção em todo o país e afirmou que era de fundamental importância impulsionar esse projeto, pois seria a base para a construção do socalismo do século XXI:

> Atualmente temos, em todo o país, 200 comunas que estão em construção; eu quero pedir a vocês todos que nos integremos a este esforço; todos, o partido, o povo, as comunidades, os governos dos estados, as prefeituras; porque a comuna é o espaço, a base territorial e humana para a construção do socialismo; nas comunas devemos concentrar todo o esforço cultural, político, econômico, produtivo, para a construção do modelo socialista [Chávez, 2009b:60].

Na *parroquia* 23 de Enero, já tivemos a oportunidade de mencionar a existência da comuna El Panal 2021, que conta com forte atuação do coletivo Alexis Vive e as comunas em construção da Zona F-Zona E e Sierra Maestra. Para o presente momento, gostaríamos de destacar a experiência da comuna Juan 23, que consideramos uma das mais emblemáticas desse movimento na região.

Segundo Nelson Solórzano, *vocero* principal da *comuna*:

> A Comuna é o próximo passo, é a autogestão [...] é aonde o povo assume o poder e o controle das políticas públicas e sociais [...] tratando de não depender do "papai Estado", mas sim de tratar para que sejamos nós mesmos protagonistas e façamos nosso próprio autogoverno [Solórzano, 2011].

A primeira tentativa de articular um espaço envolvendo vários CCs se deu ainda em 2006, com dois CCs do 23 e dois da *parroquia* vizinha, San Juan. O objetivo era desenvolver atividades culturais que envolvessem as duas *parroquias*, porém o projeto fracassou e voltou a ser proposto somente em 2008, pelo CC Las Delícias,

---

[158] A *misión* 13 de Abril foi lançada no programa *Aló Presidente*, n. 318, no ano de 2008, com o propósito de estimular a criação de comunas socialistas e fortalecer o poder popular. O nome é uma homenagem ao povo que foi às ruas no contexto do golpe de Estado de 2002 e que impediu a deposição de Chávez.

do setor Observatório do 23 de Enero — CC ao qual Solórzano pertence. Nesse momento, foram seis CCs que participaram e houve a criação de um *parlamento comunal*. Foram feitas várias reuniões para discutir quais projetos poderiam ser propostos que pudessem atender a todos os CCs. Chegaram, inclusive, a dividir os recursos recebidos por um CC.

> Dali se retomou o nome Juan 23, quer dizer, *parroquia* San Juan e *parroquia* 23 de Enero e fomos construindo um conceito de Comuna. [...] Quando começamos os primeiros CCs, começamos realizando um projeto de iluminação que envolvia todos os CCs. E depois fomos mais além, cobrindo a rota de outros CCs para chamá--los a participar. Porque isso ia ser importante para realizar outros projetos: de gás, de infraestrutura, de água, para todo o território. Fomos casa por casa, convidando os CCs, chamamos os amigos. [...] Unidos tínhamos mais resposta. Aí estava nossa força. Então, as pessoas foram incorporando [Solórzano, 2011].

Quando buscavam recursos nas instituições, ao falarem em nome de não apenas um mas de vários CCs, tinham mais força para tê-los aprovados. Era uma fórmula que dava certo e, portanto, conseguiram expandir para outros CCs. Dessas iniciativas, obtiveram muitas conquistas. Solórzano afirma que todos os projetos que propuseram foram aprovados e executados na comunidade.

Em janeiro de 2011, a comuna estava constituída por 15 CCs, sendo nove da *parroquia* 23 de Enero (setores Observatório e Mirador, principalmente) e seis da *parroquia* San Juan, além de várias organizações civis.

> Depois, veio uma frente de portadores de necessidades especiais que queria participar com projetos também. Eles queriam trabalhar e nós os incorporamos [...]. Outras organizações foram se incorporando [...] os transportadores se incorporaram à comuna com o projeto de reparar as ruas, tapar buracos, com nossos próprios recursos porque não íamos esperar que o Estado fizesse [Solórzano, 2011].

Atualmente, além dos CCs, participam também o coletivo Fuerza de Resistência Popular Tupamaros, a Cooperativa Futuro Colectivo, a Cooperativa Taxis Andrés Eloy Blanco, a Frente de Mujeres Princesa Urquía, a Frente de Personas con

Discapacidad Motora Juan 23, o Comité de Madres del Barrio, o Club de Abuelos, a Asociación Civil Jeeps Andrés Eloy Blanco, o Comité de Seguridad Integral e uma mesa de cultura.

A história do Comité de Seguridad Integral é muito interessante, pois aí houve uma curiosa inversão. Segundo Solórzano, nesse setor do 23 havia muita delinquência e o que eles fizeram foi sentar com o chefe desses grupos e propor uma integração com a *comuna*. De grupos de delinquentes, eles se converteram no Comité de Seguridad Integral Andrés Eloy Blanco e agora "eles cuidam de nós; transformamos a insegurança em segurança. Esses caras que você vê chegando de jaqueta preta, são eles" (Solórzano, 2011).

A comuna se constitui por uma estrutura horizontal, representada por, pelo menos, um *vocero* ou *vocera* eleitos de cada CC, comitê, associação, frente e cooperativa que participam. Semanalmente ocorrem as reuniões no chamado *parlamento comunal*, espaço onde se deliberam os projetos, tanto os que estão em execução quanto os que seus membros têm a intenção em postular.

Entre os projetos executados, estão: a instalação da *misión* Barrio Nuevo, Barrio Tricolor, que foi um sucesso na região, conseguindo restaurar várias moradias; a reativação do ambulatório Andrés Eloy Blanco, onde passou a trabalhar um médico cubano da *misión* Barrio Adentro; a oferta de cursos de formação educativa em diferentes áreas para os moradores da região (cursos de horta comunal, ideologia política, artesanato, comercialização de alimentos, economia social, serralheria, corte e costura); a realização de atividades culturais, desportivas, recreativas e com portadores de necessidades especiais, entre outras atividades.

Os projetos que, naquele momento, estavam em debate na assembleia comunal eram: a construção ou aquisição de um local para o funcionamento do parlamento comunal (que, atualmente, ocorre numa quadra poliesportiva ao lado do CMAPP, no Observatório); a construção de uma creche para a comunidade e de uma escola de artes circenses; a instalação de gás direto nas casas de todo o território correspondente à comuna e o desenvolvimento de empresas de produção social (como a fábrica de blocos de concreto e a serralheria comunais).

Em relação a estas últimas, Nelson Solórzano destaca em muitos momentos da entrevista a importância de se tornarem independentes do Estado e de gerarem os próprios recursos para financiar os projetos. Quando precisam de alguma assessoria, crédito ou investimento, não hesitam em buscar o apoio das instituições, porém o objetivo é não depender tanto do governo:

> As instituições nos apoiam, nos enviam técnicos para trabalhar conosco. Mas primeiro nós e depois o Estado. Naquilo que nós não podemos, pedimos assessoria do Estado. Mas tratando de não depender tanto do governo, do Estado, mas sim que nós possamos fazer nossas próprias políticas [Solórzano, 2011].

Apesar dessa preocupação em se tornarem independentes do Estado, em serem autônomos, a liderança de Chávez é inquestionável e considerada extremamente necessária, pelo menos "por agora", parafraseando a emblemática frase do presidente na época da insurreição de 1992. Nas palavras de Solórzano (2011): "Nós temos aqui nesse país, um líder, um projeto e um modelo. O líder é Chávez, o projeto é o Plano Nacional Simón Bolívar e o modelo é o socialismo. Sem uma dessas peças, por agora, não é possível fazer a revolução". Se colocada a hipótese de Chávez perder uma eleição ou alguma situação em que tivesse de deixar a presidência, o líder comunitário afirma que somente se preocupariam com um substituto quando Chávez não pudesse mais estar lá, mas torce que "Deus lhe dê vida" para que permaneça o maior tempo possível.

Quando estivemos na Venezuela em 2011, houve uma atividade muito interessante em que uma comuna vinda do Valle del Tuy, estado Miranda, foi fazer um intercâmbio com a comuna Juan 23. Há muitas atividades nesse sentido.

Em Miranda, há uma experiência na qual várias comunas estabeleceram o sistema de *trueke*, isto é, uma moeda social foi criada, chamada *zamorano*, com o objetivo de fomentar a economia comunal através da troca de serviços, produtos, saberes e culturas, observando as potencialidades de cada uma e se articulando de maneira complementar.

Segundo a Red Nacional de Truekes, existem hoje 13 sistemas de *truekes* em todo o país: em Yaracuy, Falcón, Trujillo, Nueva Esparta, Sucre, Barinas, Monagas-Sucre-Anzoátegui, dois em Zulia, dois em Miranda e em Mérida. O modelo se inspira nas tradições de muitas comunidades originárias do continente e é incentivado e impulsionado pelo Estado.

Nos sistemas de *trueke* modernos, as comunidades buscam novas formas solidárias de resolver suas necessidades e gerar mercados locais onde intercambiem justamente seus produtos, serviços e saberes, sem necessidade de utilizar o dinheiro. Foi assim como voltamos a praticar o *trueke* direto, e, além disso, também se criaram *as moedas locais (ou moedas comunais ou facilitadores de trueke como os chamamos aqui na Venezuela)*, instrumentos que se utilizam como facilitadores dos intercâmbios e que circulam somente a nível local [Red Nacional de Truekes, 2010, grifo no original].

Na ocasião do encontro entre as comunas, houve palestras, trocas de experiências, acordos de comércio e de intercâmbio. A tendência, portanto, vai mais além: depois de formadas as comunas, o objetivo é a articulação de várias comunas rumo a uma cidade comunal e, por conseguinte, um Estado comunal ou a uma confederação de comunas.

Se no plano ideal e em algumas experiências o projeto da comuna parece caminhar num sentido emancipatório, autogestionário e produtivo, há também algumas críticas que precisam ser consideradas.

Para Roland Denis, *ex-viceministro* de Planificación y Desarrollo Regional, a Ley de las Comunas (LOC) pretende criar um "Estado corporativo-burocrático" com instâncias de "autonomia controlada" e sustentado por um "capitalismo de Estado", pois

> ao se promover estas leis, na realidade o que estão fazendo [...] é criando a norma necessária para controlar e bloquear desde a maquinaria do Estado, o processo revolucionário mesmo, tentando mimetizar os princípios e regras de uma ordem já constituída [...] com a ação política emancipadora e constituinte do coletivo [Denis, 2010:1].

A grande preocupação desse ativista político reside na ameaça da burocratização de um rico processo que se desenvolve nas bases sociais do governo — segundo o autor, um "outro poder paralelamente à ordem constituída" (Denis, 2010:2). A normatização das condições, processos e formatos de poder popular é prejudicial para um processo transformador *desde abajo*, pois agride a pluralidade de experiências que se desenvolvem na prática através de uma imposição *desde arriba*. Trata-se de preestabelecer a norma e a forma antes do ato propriamente dito de ação política. Sobre essa problemática de a lei impor um modelo único de organização popular, o discurso de Denis tem

> a ver com o seu lugar de enunciação, no caso, representando muitos grupos sociais indígenas e campesinos que estão tendo muitas dificuldades diante do governo de reconhecer suas formas de autogoverno, sobretudo grave no caso dos indígenas que já são comunais desde sempre e que o governo não reconhece seus territórios e vem autorizando empresas transnacionais a explorar minérios[159] [Porto-Gonçalves, 2010:1].

Ainda para Roland Denis, a LOC prevê as "comunas como um órgão territorial a mais — uma soma mecânica de *consejos comunales* — que ajuda o Estado a aumentar a eficácia de sua ação, reproduzindo aquela velha visão arquineoliberal de reduzir o estado a um órgão de gestão do público" (Denis, 2010:2). O poder popular seria somente um espaço de participação, "espaço de permissão", conforme disposto no artigo 64 da lei:

> A República, os estados e municípios [...] transferirão às comunas ou aos sistemas de agregação que destas surjam, funções de gestão, administração, controle de serviços e execução de obras, atribuídos aqueles pela Constituição da República, em prol de melhorar a eficiência e os resultados do benefício coletivo [LOC, 2010].

Além desses aspectos, haveria problemas ainda na concepção de território da comuna (artigo 4º) pautado por vínculos culturais de uma identidade local, quando na verdade deveria ser mais amplo, partindo de identidades coletivas que se constituem enquanto "povo" ou "classe", ou no caráter verticalizado de sua estrutura, que vai desde o parlamento comunal aos conselhos executivos, de

---

[159] Sobre a relação entre os povos originários e o governo Chávez, ver artigo de nossa autoria para o *Boletim Tempo Presente*, da UFRJ, "Os povos indígenas e a revolução bolivariana" (Bruce, 2010).

planejamento comunal, de justiça comunal,[160] de controladoría social e banco comunal,[161] compostos por *voceros* e *voceras*, que delimitam a carta de fundação da *comuna*, o plano de desenvolvimento e redigem até as chamadas cartas comunais, que estabelecem as normas de vida dentro do seu território. Estas últimas estão definidas na lei:

> Cartas Comunais são instrumentos propostos pelos habitantes da Comuna e aprovados pelo Parlamento Comunal, destinados a regular a vida social e comunitária, contribuir com a ordem pública, a convivência, a primazia do interesse coletivo sobre o interesse particular e a defesa dos direitos humanos, em conformidade com a Constituição e as leis da República [LOC, 2010, artigo 18].

Mais uma vez, é necessário destacar os problemas intrínsecos ao estabelecimento de normas subjetivas (imposições morais) para a convivência no interior de uma comunidade. Nas palavras de Denis (2010:4): "O que será isso? A ver se um dia não nos permitem andar de chinelos pela rua ou tomar uma cervejinha sob pena de passarmos às instâncias de justiça comunal também preestabelecidas".

Portanto, a construção do Estado comunal venezuelano é permeada por conflitos, tensões, dilemas e desafios. Para além da bipolaridade entre chavistas e não chavistas, há um rico debate sobre os rumos do processo. Roland Denis é expressão desse movimento. Apesar de todas as críticas, consideramos válido destacar que se um dia o debate sobre a democracia residiu na luta pela representação, depois pelo sufrágio universal, pela representação qualificada (isto é, a possibilidade de eleger representantes das classes trabalhadoras, classes mais pobres e, mais

---

[160] A justiça comunal consiste em "um meio alternativo de justiça que promove o arbítrio, a conciliação, a mediação e qualquer outra forma de solução de conflitos, diante de situações derivadas do exercício do direito à participação e à convivência comunal, de acordo com os princípios constitucionais do Estado democrático e social de direito e de justiça, sem contrapor as competências legais próprias do sistema de justiça ordinário" (LOC, 2010, artigo 56).

[161] "Organização econômico-financeira de caráter social que gerencia, administra, transfere, financia, facilita, capta e controla, de acordo com as diretrizes estabelecidas no Plano de Desenvolvimento Comunal, os recursos financeiros e não financeiros de âmbito comunal, retornáveis e não retornáveis, impulsionando as políticas de participação democrática e protagônica do povo, sob um enfoque social, político, econômico e cultural para a construção do modelo produtivo socialista" (LOC, 2010, artigo 4º; parágrafo 1º).

recentemente, minorias de todos os tipos) e, finalmente, pela participação política, hoje, o que se está discutindo na Venezuela é a *qualidade* dessa participação.

Desse modo, para aprofundar o debate, acreditamos que o tema da burocracia estatal e do poder popular, dos poderes constituídos e constituintes, merecem uma atenção maior por considerarmos que se trata de um dos pontos nevrálgicos para a discussão acerca da "democracia participativa e protagônica".

Burocracia estatal e poder popular

Ao longo deste livro, foi possível observar que há uma tensão bastante significativa entre as novas instituições de poder popular e o aparato burocrático estatal. Essa tensão diz respeito ao permanente conflito entre a dependência e a autonomia dos movimentos sociais em relação ao Estado, entre os poderes constituintes e constituídos, entre a burocracia estatal e o povo, entre o movimento *desde arriba* e o *desde abajo*.

Em primeiro lugar, é preciso considerar com um pouco mais de detalhe, mas sem nos aprofundarmos muito, o fenômeno da burocratização das sociedades modernas, isto é, conforme demonstrado por Max Weber (1980:16), as burocracias constituídas enquanto tais tendem a se tornar expressão de um *locus* de poder no interior dos Estados cuja função é a de se autorreproduzir. O temor de perder as vantagens oferecidas em contrapartida à sua função — retribuição material e prestígio social — "é a razão decisiva da solidariedade que liga o estado-maior administrativo aos detentores do poder" (Weber, 2011:59-60). Em consequência, historicamente, há um esforço por parte das burocracias em controlar processos dinâmicos que fogem ou ameaçam seu *status*, domesticando-os e utilizando-os para potencializar seu poder diante de outras forças.

Uma característica que se sobressai no caso venezuelano é que a figura de Chávez é percebida pelos *voceros* como algo separado da burocracia formal do Estado (leia-se ministérios, fundações, prefeituras, governos estaduais etc.). Se as burocracias tendem a se articular com os "detentores de poder" para conter os movimentos sociais dinâmicos e mantê-los sob seu controle, há um paradoxo, na medida em que o impulso de Chávez à organização do poder popular é entendido por suas bases como um mecanismo para superar essa problemática. Porém, ao mesmo tempo, sua articulação com os ministérios e organizações sociais e o esforço no sentido de uma normatização do poder popular também podem ser compreendidos como um elemento que ratifica a premissa anterior lançada por Weber. Evidência deste último aspecto poderia ser, por exemplo, a política do governo de afastar uma parcela da burocracia que não estaria sob seu controle (prefeituras, governos estaduais etc.) e fortalecer aquela que lhe presta serviço diretamente (os ministérios, fundações etc.).[162] No entanto, por outro lado, incentivar concomitantemente o empoderamento do povo não significa que será tão fácil mantê-lo sob controle como supostamente se pode esperar.

No que tange à burocracia estatal, críticas não faltam por parte dos CCs, podendo ser representadas pela metáfora reproduzida por Mary Villalobos (2011): "O presidente segue 20 passos adiante; os *consejos comunales* vão a 10 passos atrás do presidente, mas as instituições parecem umas tartarugas. Não fazem nada".

Devido aos permanentes confrontos, gradativamente, houve uma melhora na relação entre os CCs e a burocracia. A demora das instituições em responder à aprovação dos projetos ou para a liberação dos recursos era — e continua sendo — um dos principais alvos dos CCs.[163] É uma das razões para que muitos acabem se desmobilizando. Conhecemos casos em que havia espera de dois anos para a aprovação de um projeto, abrindo, inclusive, um espaço fértil para a corrupção. Para Villalobos (2011), a problemática da corrupção está diretamente relacionada aos obstáculos impostos pela burocracia:

---

[162] Esse processo se reproduz também em outras instâncias: há um fortalecimento da educação no âmbito das *misiones sociales* e *escuelas bolivarianas* em detrimento do sistema educacional tradicional; há um fortalecimento das *misiones sociales* Barrio Adentro (desde o nível de atendimento primário até aos centros de diagnóstico e reabilitação integral) em detrimento dos hospitais e clínicas tradicionais; há um fortalecimento da Policía Nacional Bolivariana em detrimento da tradicional Policía Metropolitana (que esteve à frente das repressões do Caracazo e do golpe de Estado de 2002, para citarmos alguns exemplos), e assim por diante.

[163] Atualmente, ao entregar um projeto na Fundacomunal é assinado um documento no qual é obrigatória uma resposta em até 30 dias, coisa que não existia antes e resultava em muitos projetos engavetados. Além disso, como mencionado, há a presença das instituições no interior das comunidades, o que facilita o diálogo com o povo. No 23 de Enero — como em todas as outras *parroquias* — há o governo *parroquial*. Todas as segundas-feiras há reuniões com a *vocera* competente e a cada semana uma instituição senta-se à mesa junto aos CCs e os orienta nos projetos específicos que lhes competem.

A burocracia é um mal. Por isso que o presidente disse que os trâmites têm que ser mais ligeiros para evitar essa burocracia. O que a burocracia traz? A corrupção! Porque uma pessoa — quem quer que seja —, no afã de resolver um problema — qualquer que se tenha —, essa burocracia a faz esperar, perder tempo, perder oportunidades. E no desespero de não perder tempo, nem perder oportunidades, vêm e dizem: "Olha, eu molho tanto sua mão para que me ajude". Nesse sentido, a burocracia tem sido a criadora da corrupção que temos hoje em dia.

Além disso, há também um crescente dinamismo do poder popular nas bases, que passa a reivindicar uma autonomia maior em relação à burocracia estatal e reivindica para si a criação de uma burocracia interna autônoma. Se esse processo avança, pode haver uma inversão, isto é, o poder popular conseguir instrumentalizar a burocracia estatal a seu favor. Se isso ocorrer, qual seria o papel assumido pelo líder nessa nova correlação de forças?

Porém torna-se necessário, para o CC, também conseguir combater a própria burocratização interna, no sentido dos riscos de haver uma elitização de um pequeno grupo de *voceros* mais mobilizados que se assenhoram da instituição, seja por possuírem um conhecimento técnico que faz a diferença no momento de pensar um projeto, seja pelo próprio voluntarismo em relação ao trabalho comunitário. A falta de prática e de conhecimentos específicos por parte dos *voceros* dos CCs resulta em uma série de projetos recusados por falta de documentos, problemas no orçamento, problemas técnicos de viabilização, entre outros. Assim, um mesmo CC é obrigado a refazer o mesmo projeto inúmeras vezes, constituindo-se isso como mais um fator de desmobilização. Apesar do apoio dado pelas instituições para assessorar a construção dos projetos, oferecendo cursos de formação, serões explicativos de como preencher as planilhas, disponibilização de funcionários públicos para atender especificamente a esses problemas, ainda assim o trabalho se faz difícil, sobretudo em regiões que não contavam com nenhum tipo de experiência com trabalho comunitário. Em decorrência, resulta que, na maior parte dos CCs com os quais trabalhamos, todas as responsabilidades acabam recaindo sobre um grupo de cinco a 10 pessoas mais mobilizadas — quando o corpo de *voceros*, muitas vezes, chega a 40 ou 50 pessoas, sem contar o conjunto generalizado de vizinhos que devem participar das assembleias de cidadãos e cidadãs. Trata-se de um obstáculo ainda a ser superado aquele de articular e discernir o que poderia ser um poder político flexível, dinâmico, responsável pela tomada de decisões e um corpo técnico de caráter mais fixo, responsável pelos trâmites burocráticos.

Portanto, a questão fundamental que se coloca é como constituir um poder político que seja capaz de se sobrepor ao burocrático estatal ou, em outras palavras, como alcançar uma fórmula ideal que permita uma articulação entre a agilidade das decisões políticas tomadas pelo povo em seus respectivos espaços de decisão e o aproveitamento do conhecimento técnico especializado dos burocratas, já que estes últimos, justamente por seu grau técnico especializado, acabam se tornando a entidade que verdadeiramente detém o poder. Em certa medida, todas as demais experiências de poder popular dos séculos XIX e XX acabaram derrotadas nesse aspecto, quer dizer, não sobreviveram à burocratização. No entanto, o projeto da "democracia participativa e protagônica", apesar de todos os seus dilemas e conflitos, pode indicar novos caminhos para a resolução desse problema.

No âmbito das leis, além das que analisamos anteriormente, há também a Ley Orgánica del Poder Popular (LOPP), aprovada em dezembro de 2010, que dispõe sobre princípios que caminham no sentido de uma gradativa transferência de competências do aparato institucional tradicional para os CCs e comunas, visando à formação de autogovernos comunitários e comunais que permitam o exercício direto do poder pelos cidadãos e cidadãs (artigo 1º). A lei admite, como instâncias do poder popular: os *consejos comunales*, espaço em que o povo organizado exerce a gestão direta das políticas locais de seu setor; as comunas, consideradas espaços locais socialistas, constituídas por uma integração de *consejos comunales* e outras formas de associações civis comprometidas com o desenvolvimento de um regime de produção social; a cidade comunal, constituída pela agregação de várias comunas; e os diferentes sistemas de agregação entre *consejos comunales* e comunas.

A função dos órgãos públicos, no caso, tal como descrito na lei, é incentivar, apoiar e assessorar todas estas instâncias de poder popular com vistas à formação de autogovernos. Por essa razão, deve transferir suas competências no âmbito da administração pública, controle de serviços e execução de obras às comunidades organizadas (artigo 27).

Portanto, hoje, na Venezuela, temos um horizonte de transferência de competências que tende a retirar, cada vez mais, o papel predominante das prefeituras e governos estaduais na gestão das políticas, apesar de não necessariamente extingui-lo. Sua função passa a estar, mais e mais, submetida às instâncias de poder popular citadas em termos de liberação de recursos, fiscalização e promoção da descentralização dos poderes.

Apesar de haver um projeto nesse sentido, na prática o que percebemos é que a presença da prefeitura no âmbito dos governos *parroquiais* ainda é de significativa importância, tanto no apoio quanto na abertura para o diálogo entre os CCs e as diferentes instituições públicas e privadas para que possam atendê-los em seus projetos. No 23 de Enero, mencionamos, por exemplo, as reuniões semanais que ocorrem no Centro Municipal de Apoyo al Poder Popular (CMAPP), instituição adstrita à prefeitura de Caracas. Ainda assim, para muitos entrevistados, o objetivo dessa organização popular é, de fato, a substituição desses poderes.

Para muitos críticos, o estabelecimento de uma instituição de base que não responde aos poderes constituídos municipais e estaduais gera uma sobreposição de atribuições. Afinal, onde começam e onde terminam as atribuições dos CCs e das prefeituras e governos estaduais? A formação das comunas vem complexificar ainda mais esse quadro. Supõe-se, nesse caso, que se trata de um projeto do presidente em estabelecer uma relação direta com o povo através de seus ministérios: "A criação e impulso do Poder Comunal pode descentralizar funções, mas também as centraliza no Presidente da República" (Martín e Muñoz, 2007:165). Para Américo Martín e Freddy Muñoz, 2007:184), os CCs, cidades comunais, conselhos operários, cooperativas criados pelo governo "carecem de autonomia, não são soberanos [...] e consolidam a centralização e o papel do presidente como centro do sistema solar, com seus planetas satélites.

Considerando essas dimensões, poderíamos nos perguntar se, afinal, toda essa participação representa um instrumento de controle do Estado (leia-se, do Executivo) sobre a sociedade ou se é da sociedade sobre o Estado. A fronteira entre uma e outra possibilidade é tênue, e não há como definir ao certo em que lugar se encontram os CCs. É certo que há esforços no sentido de estabelecer uma institucionalização paralela à formal rumo à construção de um Estado comunal, porém isso fortalece ou não a capacidade de controle do Executivo sobre essas instituições? Pode fortalecer, na medida em que os CCs dependam das instituições públicas, sobretudo dos ministérios, para a liberação de recursos e aprovação de projetos. Contudo, seria bastante reducionista desconsiderar também que essa "tomada de poder" — quer dizer, a capacidade do povo, em especial das classes populares, de se organizar, de se conhecer, de produzir projetos (desde os mais pontuais até os socioprodutivos, de desenvolvimento endógeno) — possa gerar consequências que subvertam qualquer tentativa de controle.

O papel do líder e as transformações da cultura política

A dependência em relação ao presidente está presente na grande maioria dos discursos. Para os *voceros*, a liderança de Chávez é de fundamental importância para o avanço do processo. Nas entrevistas, quando perguntados sobre uma situação hipotética em que Chávez perdesse uma eleição ou não estivesse mais no poder, praticamente todos foram relutantes em considerar tal realidade, mesmo como hipótese. Antes de responder à pergunta, todos fizeram questão de deixar claro que esta não era uma possibilidade real, que isso jamais aconteceria, que Chávez tinha a maioria e o povo não deixaria que ele saísse do poder. Em muitos casos, o vínculo a Chávez não é apenas no sentido político, mas há um verdadeiro amor pelo líder, provocando suspiros, lágrimas, entrega, dedicação, admiração. Mary Villalobos (2011), por exemplo, reconhece a importância das leis, mas diz também que ela não poderia mais viver sem Chávez:

> Eu, por exemplo, não vivo sem ele. Eu. No entanto, os *consejos comunales* têm uma lei, são uma pessoa jurídica [...]. Mas, [hesitação], sem Chávez, não sei... [risos]. Porque o promotor tem sido ele, o impulsionador tem sido ele, o garantidor tem sido ele... Como visualizar isso sem ele? Não acredito... De toda maneira, bom, Chávez é um tipo jovem, são mais uns 12 anos [risos] e estará tudo mais consolidado, me refiro aos *consejos comunales*, comuna e, mais além disso, a consciência.

É interessante notar que, em casos como o de Villalobos, há um expressivo processo de reconstrução da memória a partir da eleição de Chávez. Para muitos simpatizantes e atuais lideranças comunitárias, não havia praticamente nada em termos de organização até que o presidente fosse eleito. Todo aquele passado de lutas e de iniciativas de construir espaços de participação que antecederam Chávez (e que, por sua vez, são a fonte de onde surgiu todo esse projeto) é apagado ou relegado a segundo plano, diante da imagem e das ações do "comandante".

Tal perspectiva de dependência em relação a Chávez é reiterada em vários outros casos, porém com sentidos diferenciados. Juan Contreras, por exemplo, líder comunitário de maior tradição, que já atuava politicamente na *parroquia* desde muito tempo antes de Chávez, ressalta que há a necessidade de construir uma direção coletiva para o processo, que a ausência desta representa uma debilidade, porém, naquele momento, o presidente era o líder incontestes e, paradoxalmente, representava também a força daquele projeto:

> O papel de Chávez é o papel de líder, o papel de educador, é o papel de direção. Eu creio que nós temos uma força e uma debilidade. Se é certo que temos um líder como Chávez, não temos uma direção coletiva. Então, hoje, o movimento reclama construir essa direção com as diferentes lideranças [Contreras, entrevista, 2010].

Setores mais radicais da *parroquia* dizem, inclusive, que estão dispostos a pegar em armas se a direita voltar ao poder, pois isso representaria um retrocesso de tudo o que foi conquistado até aquele momento. Segundo David Romero (2011), militante do coletivo La Piedrita e *vocero* de segurança e defesa territorial, do CC Andrés Bello, bloco 7, de Monte Piedad:

> Ao passado não voltaremos jamais [...] Aqui na Venezuela, se Chávez chegar a perder as eleições e chegue um governo contrarrevolucionário, ou seja, da direita, não tenha dúvidas do que estou te dizendo: aqui começariam combates [...]. Seria triste e custaria muitas vidas.

Se é notória a dependência em relação ao líder, é importante destacar que esta só existe porque os *voceros* identificam em Chávez um meio para continuar tendo suas demandas atendidas. Não podemos considerar o povo refém de um discurso ou de uma manipulação, mas compreender que, direta ou indiretamente, o líder é um meio para atingir um fim. Se há uma delegação — talvez até excessiva — do poder, esta está ancorada no princípio da participação nas esferas locais e no progressivo empoderamento do povo. Além disso, a relação com o presidente não isenta os *voceros* de tecerem suas críticas ao processo quando necessário, tanto em relação às leis, quanto em relação à burocracia (ministérios, governos municipais, estaduais etc.).

Em linhas gerais, podemos considerar que há um processo gradual de transformação da cultura política do cidadão venezuelano. A ideia de cultura política nos parece válida porque não se trata apenas de uma transformação das posturas políticas dos cidadãos, mas da cultura propriamente dita, da concepção de mundo, de indivíduo, de política.[164] Se antes a democracia parecia um conceito estranho, pouco a pouco a política e a gestão pública vão se tornando temas cotidianos, transformando culturalmente a vida daquelas pessoas e, por conseguinte, suas posturas políticas. Num país onde a população jamais havia sido convocada a participar, as atividades políticas e, em especial, a esfera pública não haviam se constituído enquanto espaços legítimos de deliberação de ideias e aprovação de projetos, onde política e cotidiano estavam dissociados, salvo nos dias de eleição, quando o exercício da cidadania começava e terminava no ato de votar, nesse país, todos esses comitês de trabalho, os CCs e agora as comunas assumem um papel de grande importância de recuperar esses espaços da esfera pública — (re)legitimando-os e ampliando-os para o interior das comunidades —, através dos quais as pessoas comuns passam a ter poder deliberativo e decisório nas instâncias que mais atingem suas vidas.

Se, num primeiro momento, pode prevalecer o interesse em resolver uma mazela específica que aflige a comunidade, é possível também que essa mobilização inicial possa desencadear outro processo mais amplo e mais rico que o meramente local. Ao se criar um espaço de convivência entre os vizinhos, os assuntos discutidos ali caminham paralelamente à vida política: se houve uma decisão polêmica do governo, se há um período de eleições ou de referendos, se há problemas de caráter mais amplo que os que se relacionam à realidade local, as reuniões permitem que essas opiniões encontrem um espaço comum para serem colocadas, questionadas e debatidas. Portanto, se, *a priori*, a função de um CC é fundamentalmente atender às demandas locais, esses espaços podem ser potencializados para um sentido mais amplo que o original. Em certa medida, é essa aposta que o governo

---

[164] Para uma reflexão sobre o conceito de "cultura política", ver Berstein (1998).

bolivariano vem fazendo e à qual as classes populares junto aos CCs e às comunas vêm respondendo de maneira significativa, mas cujas consequências somente os próximos anos poderão esclarecer.

Sem dúvida, existem muitos outros limites e desafios a serem enfrentados. Em que medida essa dependência do Estado impede maior democratização efetiva desses espaços de decisão política? Será que essas novas instituições teriam força e legitimidade para sobreviver sob um governo de oposição? Se a autonomia de um CC, *a priori*, é assegurada pela soberania da assembleia de cidadãos e cidadãs, qual será a real interferência dos partidos políticos e de interesses clientelistas no interior dessas organizações? A presença de lideranças locais carismáticas ou então de indivíduos articulados com redes clientelistas mais amplas ou partidárias pode influenciar a tomada de decisões da assembleia de diferentes formas: pela retórica, pela troca de favores, pela coerção, pelo constrangimento.[165] Será, então, que ao romper uma forma de clientelismo, os CCs possam vir a reestruturar outra, com novos sujeitos à frente? (Del Búfalo, 2006.)

Essas são apenas algumas das inúmeras questões que saltam a partir da experiência da "democracia participativa e protagônica" na Venezuela. Não temos a intenção, nem as condições, de respondê-las neste estudo. Porém, a partir do que foi analisado anteriormente é possível levantar algumas *potencialidades* emancipatórias que decorrem dessas tensões existentes entre os poderes constituídos e constituintes. Para tanto, um olhar mais atento à obra do filósofo Antonio Negri, *O poder constituinte* (2002), à luz do que trabalhamos até aqui, pode ser um caminho interessante para vislumbrarmos algumas expectativas para o futuro.

Entre poderes constituídos e constituintes: potencialidades emancipatórias

Conforme vimos, são muitos os desdobramentos da experiência dos CCs e das comunas. No entanto, para Roland Denis (2010:4), a questão fundamental que

---

[165] O "constrangimento" a que nos referimos pode ocorrer de diferentes formas. Uma delas é na hora do voto da assembleia. Em muitos *consejos* as eleições são abertas, o que pode inibir um indivíduo a votar contra a maioria, com receio de algum tipo de retaliação dos vizinhos.

deve ser colocada, desde uma perspectiva preocupada em superar a concepção de um Estado liberal, é a de criar leis, não para normatizar a participação política do povo, mas sim para controlar e definir qual é o papel do Estado no âmbito dessa nova dinâmica do poder popular. É o Estado que precisa de uma normativa que controle seu poder, e não o inverso:

> Perguntamos: por que são feitas essas leis com um espírito tão rígido e normativo onde o Estado predispõe uma nova ordem social ao invés de fazer leis onde esteja muito claro quais são os deveres do Estado ante a insurgência destas novas ordens? [...] Linda seria uma lei onde desde mesmo o preâmbulo se fale do infinito constitutivo do povo e a partir dali se estabeleçam as obrigações legais, de apoio em recursos técnicos, organizativos, legais que a mesma realidade supõe, mudando, desta forma, a razão mesma do Estado.

A crítica de Denis pode estar relacionada com o que Antonio Negri chama de juridicização do princípio constituinte, isto é, o poder constituído controlando sua fonte constituinte, como um fator que limita um processo revolucionário e limita a democracia (Negri, 2002:175). Para o nosso caso, podemos interpretar que a normatização das diferentes formas de participação construídas no seio das classes populares representaria seu sufocamento e controle. Segundo Negri (2002:7), o poder constituinte tem uma natureza híbrida, pois, se por um lado é a "fonte onipotente e expansiva que produz as normas constitucionais de todos os ordenamentos jurídicos" e "o sujeito desta produção", por outro lado esse poder constituinte resiste a sua constitucionalização. Se os CCs e a comuna são produzidos por esse poder constituinte, ao convertê-los em normas, em leis, em Constituição, haveria um afastamento desse poder criativo das bases, esvaziando essas normas de sentido. Ao se converterem em poderes constituídos formais, deixam de ser constituintes, pois perdem o vínculo com as fontes responsáveis por sua existência e acabam se transformando. "Uma vez limitado e concluído, o poder constituinte é então retido em redes hierárquicas que articulam produção e representação e, assim, é reconstruído conceitualmente, não como causa, mas como resultado do sistema" (Negri, 2002:25).

Portanto, "a potência que o poder constituinte oculta é rebelde a uma integração total em um sistema hierarquizado de normas e de competências [...] o poder constituinte permanece sempre estranho ao direito" (Burdeau, 1983:171 apud Negri, 2002:7-8). Ou então, nas palavras do próprio Negri (2002:21):

> O paradigma de um poder constituinte é aquele de uma força que irrompe, quebra, interrompe, desfaz todo o equilíbrio preexistente e toda continuidade possível. [...] Portanto, o conceito de poder constituinte, compreendido como força que irrompe e se faz expansiva, é um conceito ligado à pré-constituição da totalidade democrática. Pré-formadora e imaginária, esta dimensão entra em choque com o constitucionalismo de maneira direta, forte e duradoura. [...] A pretensão do constitucionalismo em regular juridicamente o poder constituinte não é estúpida apenas porque quer — e quando quer — dividi-lo; ela o é sobretudo quando quer bloquear sua temporalidade constitutiva.

Considerando essa peculiaridade de o poder constituinte não ser jamais submetido a um constitucionalismo ou ordenamento jurídico qualquer ou a redes de representação, o autor o relaciona diretamente a um princípio revolucionário e de crise: é o "motor ou expressão principal da revolução democrática" (Negri, 2002:22):

> Quando se fala em revolução se fala em poder constituinte: figuras de rebelião, de resistência, de transformação, de criação, de construção do tempo e da lei aglomeram-se nessa síntese. [...] O poder constituinte manifesta-se como expansão revolucionária da capacidade humana de construir a história [Negri, 2002:40].

Os poderes constituídos devem estar a reboque do poder constituinte e não o inverso. "O direito e a constituição seguem-se ao poder constituinte — é ele que dá racionalidade e forma ao direito" (Negri, 2002:40). Quer dizer, se o poder constituinte pode encarnar ou estabelecer a Constituição, ele não pode ser encerrado ("enclausurado", diria o autor) nesse processo, pois "está sempre em aberto [...] flui, potente como a liberdade — é, ao mesmo tempo, resistência à opressão e construção de comunidade, é discussão política e tolerância, é povo em armas, é afirmação de princípios através da invenção democrática" (Negri, 2002:48).

Em certa medida, é esse o caminho proposto por Roland Denis ao afirmar que, apesar de reconhecer que não se trata de uma tarefa fácil devido à cultura clientelista e corporativista de muitos movimentos *desde abajo* em relação ao Estado e ao presidente, as novas organizações sociais que emergem, como CCs, comunas, sindicatos, conselhos de trabalhadores, cooperativas e movimentos camponeses e indígenas podem e deveriam promover uma nova rebelião, desta vez, "antiburocrática, anti-hierárquica, igualitária, autogovernante e autogestionária" (Denis, 2009). Esta seria uma das potencialidades abertas por esse processo, isto é, a de construir uma "forma formante", para voltarmos a Negri (2002:423) — objetivo, diga-se de passagem, não alcançado pela Revolução Renascentista (capítulo II), Revolução Inglesa (capítulo III), Revolução Americana (capítulo IV) e Revolução Bolchevique (capítulo V).[166]

> O processo constituinte é, explicitamente, um projeto de criação. A democracia […] transforma a potencialidade teórica em projeto político. O projeto já não consiste em fazer com que o político corresponda ao social, mas em inserir a produção do político na criação do social. A democracia é o projeto da multidão enquanto força criadora […] Este é o segundo terreno da continuidade histórica do conceito de poder constituinte [e este] continua em aberto mesmo depois deste desenvolvimento […] porque este curso nunca é superado, mas ao contrário se desenvolve [Negri, 2002:425-426].

No mundo atlântico, isto é, nas revoluções inglesa e estadunidense, por exemplo, o poder constituinte foi aprisionado devido à separação do político e do social. A "racionalização do espaço político" diluiu o poder constituinte nos mecanismos de representação (mediação vertical) e limitou sua ação a determinados espaços políticos. Houve, assim, o isolamento da multidão no social, neutralizando sua capacidade inovadora no político. Ora, o processo é justamente o oposto. O poder

---

[166] No livro *O poder constituinte*, Negri (2002) analisa em cada capítulo um processo revolucionário em que teriam ficado evidentes as forças dinâmicas do poder constituinte e a maneira como se relacionaram e sucumbiram ao poder constituído. Apesar de terem sido sufocadas pelos poderes constituídos, as experiências desses poderes constituintes são válidas, na medida em que provocaram um alargamento do próprio conceito e da práxis revolucionária.

constituinte significa conceber o social e o político de maneira integrada (tal como Marx já ressaltava), segundo uma nova ética, valores e visões de mundo ou, nas palavras de Negri, segundo uma nova *racionalidade*. Trata-se, em termos práticos, de alcançar um modelo de autogoverno pleno, de autogestão, no qual o povo tenha condições de decidir e deliberar sobre as diretrizes políticas sem encerrar essa prática em determinados "espaços políticos" e sem limitá-la a determinado formato, já que o poder constituinte é ininterrupto, desmedido e permanentemente revisado e transformado (Negri, 2002:453-457).

Se a história irá rumar nesse sentido, não sabemos. Porém é importante destacar que se os caminhos a serem tomados forem outros, isso representará uma opção histórica do povo venezuelano, imerso em suas contradições internas e interesses coletivos, por sua vez, produtos do contexto no qual estão inseridos. Não há uma fórmula que indique qual é o caminho certo. Não há *erros* nesse processo. Se pensássemos assim, estaríamos reproduzindo aquele pensamento que predominou durante muitos anos nas reflexões a respeito do populismo clássico, quando vários autores identificaram que a opção do povo pela cultura corporativista e pela conciliação com Estado teria sido consequência de uma falsa consciência, de um equívoco ou de uma manipulação.

Aqui vislumbramos apenas *potencialidades* emancipatórias, partindo de uma preocupação em construir uma realidade pós-capitalista e pós-liberal. Entretanto, reiteramos, esse não precisa ser, necessariamente, o desejo do povo venezuelano enquanto agente histórico.[167] Devemos analisá-lo dentro de suas ambições, realizações e diversidades e não imputar-lhes um caminho que seria o correto. Dadas as permanentes tensões entre a autonomia e a dependência desses movimentos sociais em relação ao Estado personificado em seu líder, essa seria apenas uma das inúmeras possibilidades. Não foram poucos os casos analisados em que havia uma preocupação nesse sentido, quer dizer, que o povo de fato construísse as condições para assumir o poder e que a dependência em relação a Chávez e às instituições formais, apesar de necessária para o momento, fosse superada posteriormente. Porém, *por ahora*, não temos condições de dizer para onde exatamente o processo está se-

---

[167] À parte do conceito *populismo*, para uma reflexão mais aprofundada sobre a constituição do povo enquanto agente histórico, ver Laclau (2007).

guindo, para qual lado essa tensão será resolvida. Ainda assim, independentemente do resultado, acreditamos que só o fato de podermos estar discutindo essa *possibilidade* já torna válida essa rica experiência, constituindo-se como mais uma grande contribuição para aqueles que acreditam e que almejam um *otro mundo posible*.

Democracia, participação e poder popular: uma experiência em aberto

> *Si Chávez es populista, ceresoloiano, militarista social-demócrata, proyanqui, o revolucionario y guevarista, ese es su problema o en todo caso de su gobierno. El proceso por más que sea afectado por estas definiciones, sin embargo camina por otro lado, cuya voluntad de poder no comienza ni termina en un gobierno.*
>
> Roland Denis (2001:6)

A frase de Roland Denis pode soar como ingênua ou iludida para alguns, porém a provocação nos parece interessante para refletirmos sobre todo esse processo que discutimos até aqui. Trata-se, primeiramente, de pensar a "democracia participativa e protagônica" como algo que não nasceu pronto, que não é produto de um único líder, que não é o único tributário dessa iniciativa, tampouco seu governo, mas, sim, que estamos falando de um projeto que encontra suas raízes em tradições populares, em práticas sociais que antecederam essa institucionalização e coexistem com ela. O governo teria, sim, um papel importante na catalização e no redimensionamento do projeto. Segundo Dario Azzelini (2010:285), "os CCs surgiram desde a base, mas seu papel destacado e seu crescimento exponencial se devem ao Estado que os apoia e difunde de maneira massiva".

Portanto, se esse projeto não começa no governo Chávez, se podemos buscá-lo na crise do modelo *puntofijista*, na articulação da sociedade civil, nos anos 1980 e 90, em torno do movimento assembleísta dos *barrios*, das mesas técnicas de água, das *coordinadoras culturales* etc., não podemos dizer também que ele necessariamente se encerraria com o mandato do presidente. Apesar da profunda dependência que existe em relação ao líder, o sucesso e a popularidade desse projeto não podem ser explicados apenas pelo impulso dado pelo residente a seu governo.

Quantas experiências no Brasil existiram no sentido de uma ampliação da democracia e da implementação de reformas radicais para transformar a sociedade? Guardadas as devidas proporções, nós também tivemos nossos líderes, a exemplo de Luís Carlos Prestes, Jango e Leonel Brizola, mas nossas circunstâncias históricas e interesses coletivos não permitiram que se avançasse muito nesse sentido. Quer dizer, é claro que houve muitos avanços e mudanças, mas nossas estruturas políticas ainda são expressão de um aparato liberal que se fundamenta na premissa do voto como fonte — praticamente única — de participação política, e há a persistência de seculares relações corporativistas, clientelistas, fraudulentas e corruptas que afastam nossos parlamentares do povo.

Nesse sentido, o que faz da Venezuela diferente, pelo menos, no sentido de ter se consolidado ali uma via de transformação daquela realidade considerada factível para a maioria das classes populares? O que permitiu que esse projeto de "democracia participativa e protagônica" se popularizasse tanto e fosse reiteradamente apoiado em diversas eleições, plebiscitos, referendos e práticas? Reservados os créditos ao presidente, devemos buscar essas respostas no povo, nas tradições democráticas e antidemocráticas desse país, na irredutibilidade das elites diante das pressões *desde abajo* e na forma como houve a articulação do povo enquanto agente histórico no âmbito desse projeto transformador sob uma permanente tensão entre dependência e autonomia.

Estamos certos de que cada país tem sua própria história e esta não é importável. Mas sendo brasileira e partindo do pressuposto que este livro não deve ser apenas uma contribuição para a reflexão sobre o processo histórico de um país vizinho, acreditamos que desvendar os meandros que vinculam o líder e o povo, o projeto e a prática, as expectativas e as projeções para o futuro pode nos ajudar a refletir também sobre nossa própria história, no sentido de nos indagarmos para onde estamos indo ou para onde podemos ir a partir de uma perspectiva de superação do estado de coisas em que nos encontramos. Acreditamos que tal esforço seja válido e necessário, pois, com todos os problemas que possamos identificar na experiência venezuelana, a fórmula dessa nova democracia que se baseia no empoderamento do povo, no alargamento da esfera pública para o interior das comunidades populares, na busca pela interpenetração do político e do social e na construção de uma nova racionalidade pode ser caminho fértil para refletirmos sobre um modelo ideal que nos faça avançar e superar, a nosso modo, a institucionalidade liberal representativa.

Ao fazer um balanço sobre a primeira década do governo de Hugo Chávez, Steve Ellner (2010) chama a atenção para um aspecto interessante que é o de evitar encerrar essa reflexão em modelos paradigmáticos. Segundo o autor, se partíssemos de um parâmetro exclusivamente liberal, é provável que identificássemos nessa experiência, sobretudo, deficiências e problemas críticos. Já se partíssemos de critérios de uma democracia radical, a conclusão poderia seguir para outro caminho, de provável celebração. Porém, ao invés de nos filiarmos a uma ou a outra vertente, a reflexão sobre as potencialidades e limites da "democracia participativa e protagônica" deve considerar elementos de ambos os modelos e incluir, ainda, outras referências.

No campo da crítica liberal, a premissa da autonomia dos poderes seria um dos campos mais questionados, já que o fiscal general, o controlador nacional, a maioria dos membros do Consejo Nacional Electoral, os funcionários da administração pública e, poderíamos incluir também, o Supremo Tribunal de Justicia são — ou pelo menos se espera que sejam — chavistas (Ellner, 2010:30). Na Assembleia Nacional, até as últimas eleições parlamentares de 2010, o chavismo também era maioria absoluta, já que a oposição havia se retirado do pleito em 2005.[168] Inclusive, para compreendermos o dinamismo com o qual as leis eram aprovadas e a radicalização do processo, sobretudo no segundo mandato de Chávez (2007-2012), é necessário levar em consideração esse ambiente político favorável. Houve também um gradativo fortalecimento do Executivo, com a aprovação da reeleição indefinida, e a sistemática utilização de leis habilitantes, referendos e plebiscitos — estes dois últimos entendidos pela oposição como uma "democracia plebiscitária" que termina "formulando os termos do debate público sem a participação [da oposição]" (Ellner, 2010:31).

Já no campo da "democracia radical", a importância concedida à participação política de setores populares caminha no sentido do "empoderamento, a incorporação e a 'aprendizagem política' por parte dos anteriormente excluídos — fatores

---

[168] Na nova composição da Assembleia Nacional, a aliança PSUV-PCV obteve maioria simples, 48,13%; a coalizão da oposição, Unidad Nacional, obteve 47,22%; e o Pátria Para Todos (partido independente, mas que vem aprofundando laços com a oposição), 3,15% (CNE, 2010).

em grande medida subjetivos e difíceis de medir" (Ellner, 2010:32). Porém, apesar dessa dificuldade em medi-los, são elementos significativos dessa reestruturação da democracia no país.

Os efeitos dessas transformações são possíveis de ser observados, por exemplo, no processo de politização da sociedade, especialmente das classes populares, que se fazem presentes nas marchas, nas eleições, nas instituições, na audiência do programa dominical *Aló Presidente* (tema mais debatido nos diferentes espaços nas segundas-feiras — no ônibus, no metrô, nas praças, nos jornais, na televisão, nas reuniões de CCs etc.), nos eventos culturais e nos debates na rua. Peculiar, porém emblemática, é a praça Simón Bolívar, no centro de Caracas, por exemplo. Ali militantes do PSUV disponibilizaram uma televisão na qual são reproduzidos os discursos de Chávez em diversas ocasiões, e a qualquer hora do dia há algumas dezenas de populares em volta, assistindo. Edgard Lander (2010:1) destaca que, se anteriormente "o tema principal de conversa em qualquer transporte popular e de classe média era a novela brasileira, hoje é a política". Ellner (2010:32) também ressalta essa capacidade de mobilização do governo:

> Nunca na história da Venezuela um número massivo de pessoas havia participado em marchas e encontros em um período tão prolongado como durante a presidência de Chávez. De fato, a chave para a sobrevivência política de Chávez frente às táticas de rua agressivas da oposição, que começaram no final de 2001, tem sido seu poder de convocação, que a princípio era igual e logo superior ao de seus adversários.

Nas inúmeras eleições, plebiscitos e referendos (foram cerca de 15 pleitos, entre eles o referendo aprobatório da Constituição de 1999, as eleições presidenciais de 2000 e 2006, o referendo revogatório de 2004, a reforma constituicional de 2007 e a emenda constitucional de 2009), os chavistas ganharam na maior parte das vezes com porcentagens significativamente altas e com taxas de abstenção baixas (Ellner, 2010:31). Acompanhado dos referendos, o país se viu imerso em amplos debates públicos sobre as reformas e emendas constitucionais — tendência que se reproduziu em menor escala na aprovação das leis orgânicas de diversas temáticas.

O apoio ao chavismo pode ser explicado, em grande medida, por certo sucesso dos programas sociais do governo. Segundo relatório feito por Mark Weisbrot,

Rebecca Ray e Luis Sandoval, do CEPR (Center for Economic and Politic Research), de Washington, em balanço sobre os 10 anos do governo Chávez, houve uma significativa melhora dos índices sociais, sobretudo a partir de 2003, quando o governo passa a contar com os recursos da PDVSA: a pobreza foi reduzida pela metade, passando de 54%, em 2003, para 26%, em 2008; a pobreza extrema caiu 72%; segundo o Índice de Gini, a desigualdade caiu de 47%, em 1999, para 41%, em 2008; entre 1998 e 2006, a mortalidade infantil caiu 1/3; o acesso à educação, incluindo educação superior, dobrou de 1999-2000 para 2007-2008; o desemprego caiu de 11,3% para 7,8%; a aposentadoria hoje atende ao dobro de beneficiários atendidos há 10 anos; as dívidas do governo caíram de 30,7% para 14,3% do PIB e a dívida externa caiu de 25,6% para 9,8% do PIB (Weisbrot, Ray e Sandoval, 2009).

Esses índices se refletem na prática, com o povo venezuelano contando, hoje, com uma oferta de serviços básicos a baixíssimos preços, subsidiados pelo Estado. Água, luz, gás, telefonia e transporte não pesam no bolso do contribuinte em razão dos subsídios. Da mesma forma, as *misiones* sociais garantem um suporte gratuito em áreas como educação, saúde e alimentação: as *misiones* de educação abrangem desde a alfabetização até a educação superior e atendem a milhares de venezuelanos que não tiveram condições de acompanhar o ensino formal; as *misiones* de saúde, como a Barrio Adentro, levam atendimento médico para o interior das comunidades e fornecem também centros de diagnóstico integral e centros de reabilitação integral; já as de alimentação, oferecem os restaurantes populares, que garantem refeições gratuitas para os mais necessitados, e as redes de supermercado Mercal, que distribuem alimentos de primeira necessidade a preços subsidiados.

No entanto, em outra via, para aqueles setores que vivem fora do circuito de primeira necessidade, o alto custo de vida é uma das principais críticas dirigidas ao governo. Colégios e universidades particulares, planos de saúde, artigos de vestuário, eletroeletrônicos e artigos alimentícios não subsidiados pela rede estatal representam um pesado ônus, principalmente para os setores de classe média (para esse balanço e uma discussão sobre a economia do governo bolivariano nos últimos anos, ver Bruce e Araújo, 2010b). Além disso, as intervenções nos meios de comunicação,[169] os desabastecimentos de água e eletricidade — considerados

---
[169] Sobre a relação do governo com os meios de comunicação, ver Bruce e Araújo (2010a).

produto de uma má gestão do setor energético —, a corrupção na burocracia do Estado, os altos índices de criminalidade, a política econômica com a maxidesvalorização do bolívar e a inflação, os conflitos de terra no interior do país e a política de expropriações de empresas pelo governo[170] são outras críticas que alimentam as marchas de oposicionistas e expressam um descontentamento com o governo, sobretudo entre os setores médios e altos da sociedade venezuelana.

No âmbito da participação nas instituições, segundo o Ministerio del Poder Popular para las Comunas y Movimientos Sociales, em seu Censo Comunal de 2013, existem hoje na Venezuela mais de 40 mil *consejos comunales*, 1.150 comunas, além de quase 30 movimentos sociais registrados. Azzelini (2010:287) menciona, por exemplo, que no estado de Falcón se formou uma rede comunal com cerca de 400 CCs baseada no trabalho de *mesas técnicas de água* preexistentes. São, portanto, números bastante razoáveis do ponto de vista de pessoas minimamente mobilizadas politicamente e de inversão de recursos. Segundo Ellner (2010:46):

> Os *consejos comunales* e os programas das *misiones* educativas têm sido inegavelmente exitosos. Têm oferecido oportunidades a centenas de milhares dos não privilegiados de aprender e participar na tomada de decisões, o que, por sua vez, realça seu sentido de empoderamento. Além disso, sua participação não é meramente simbólica. Um número significativo de projetos de obras públicas empreendidos pelos *consejos comunales* em todo o país tem sido concluído satisfatoriamente.

---

[170] Em 2002, havia sido aprovada a Ley de Expropriación por Causa de Utilidad Pública o Social (*Gaceta Oficial*, n. 37.475), que permite a expropriação de imóveis de utilidade pública que não cumpram sua função social. Uma lei de expropriação mais radical, que submete toda propriedade privada ao amparo do "interesse nacional", foi rechaçada no referendo da Reforma Constitucional de 2007. Em 2009, foi aprovada uma lei orgânica que garante ao Estado bens e serviços conexos às atividades primárias de hidrocarbonetos que permitiu, por exemplo, que o presidente expropriasse das mãos de grupos privados todos os bens e serviços considerados "essenciais" à atividade petroleira do lago de Maracaibo. Em 2010, foi aprovado na Assembleia Nacional o projeto de reforma da Ley de Defensa de las Personas en el Acceso a los Bienes y Servicios que permite que o governo imponha sanções e exproprie comércios e estabelecimentos que aumentem de forma especulativa e arbitrária os preços dos produtos ou atentem contra o bem-estar social do povo. Na esteira dessas leis foram expropriadas as redes de supermercados Exodus, Polar e Sambil.

Porém, se a liderança de Chávez cumpriu um papel de fundamental importância no impulsionamento desse projeto, paradoxalmente também consistiu num elemento que limita seu desenvolvimento em um sentido emancipatório. Nas palavras de Roland Denis (2009:1):

> A figura de Hugo Chávez desempenha um papel contraditório. Por um lado, é o libertador de um conjunto de sinais de emancipação e coesão para as pessoas. Por outro lado, é a figura que impediu, através de sua imensa capacidade de liderança, que essa rebelião não chegue até o ponto de romper o Estado tradicional venezuelano.

Os discursos do presidente e seu incentivo à polarização da sociedade entre povo e *escuálidos* acabam por gerar problemas no sentido de uma intolerância à crítica interna no próprio chavismo. A democratização da sociedade, no sentido de um empoderamento do povo em suas instituições de base participativas, não vem acompanhada de uma democratização interna do movimento. Este tende a apontar para um único caminho, um único partido, um único líder. A onipresença de Chávez, mesmo após sua morte, e a consequente dependência dos *voceros* em relação ao mesmo (ou ao seu legado) inibem o surgimento de uma liderança coletiva e obstaculiza o desenvolvimento de instituições intermediárias, mediadoras, como sindicatos e partidos políticos.

Em relação a este último aspecto, ao longo deste livro foi possível perceber que praticamente não nos referimos aos partidos políticos. Isso se deve ao fato de, apesar de o PSUV contar com mais de 7 milhões de filiados, ainda se trata de uma instituição extremamente frágil quanto à sua real capacidade de representação. Se é certo que praticamente todos os *voceros* tenham admitido que são militantes do PSUV e que participam das reuniões semanais, o partido ainda carece de uma estrutura que supere o modelo burocrático tradicional em que prevalece uma camada oligárquica nos altos escalões e uma rarefeita oxigenação com as bases. A ausência também de um maior debate interno no próprio chavismo resultou em dissidências de importantes quadros e, em determinadas circunstâncias, na aproximação destes com a oposição, conforme destaca Ellner (2010:35):

O papel onipresente de Chávez e a tendência dos chavistas de depender dele para formular as posições oficiais desalentam o debate interno e a criação de mecanismos bem definidos e viáveis para a tomada de decisões. Além disso, a tendência dos chavistas com posições críticas de desertar à oposição (como o grupo dissidente liderado por Francisco Arias Cárdenas em 2000, o *Movimiento al Socialismo* e Luis Miquilena em 2001-2002, e *Podemos* junto com o general Raúl Baduel em 2007) milita contra a tolerância e o pluralismo dentro do movimento, que é uma condição *sine qua non* para a democracia interna.

A morte de Chávez, ao invés de conduzir a um arrefecimento dos movimentos, acabou por construir-se em uma referência quase mística para dar continuidade ao processo. Assim como ocorreu com Getúlio Vargas, no Brasil, ou Juan Domingo Perón, na Argentina, a morte dessas lideranças construiu tendências, partidos e novos movimentos que determinaram os rumos de seus respectivos Estados nacionais. Com Chávez não será diferente.

Chávez já governou a Venezuela por quase 14 anos, pouco menos que a duração da primeira era Vargas (1930-1945) e bem mais que a soma dos dois governos de Perón (1946-1955 e 1973-1974), com a diferença de ter sido sempre escolhido em eleições livres e sem fraudes (com forte ajuda da máquina estatal, sim, mas é outra questão). Tanto quanto ambos, se não mais, transformou seu país de forma a deixar sua marca por muito tempo e influenciou mais os rumos das nações vizinhas que qualquer um deles. Pode não ser mais o sucessor aparente de Fidel Castro como porta-voz das esquerdas latino-americanas (e não é impossível que o idoso cubano lhe sobreviva), mas tudo indica que seu futuro como símbolo, ao menos, parece tão assegurado quanto o de Che Guevara, Salvador Allende ou o próprio Simón Bolívar [Costa, 2012:46].

Mesmo sem Chávez, as tensões entre dependência e autonomia do povo organizado nos CCs e nas comunas e o Estado continuam e são também sintomáticas para esses desafios que ainda estão por vir. Segundo Negri (2002:22), essa tensão entre um poder constituinte dinâmico, plural e criativo e o Estado, com suas pretensões juridicializantes e controladoras, representa o processo revolucionário em si. A fronteira entre a reforma e a revolução é tênue, e não podemos afirmar com clareza se esse processo transformador realmente caminhará no sentido de uma rutpura completa com o capitalismo em seu sentido amplo (envolvendo não apenas a dimensão econômica e política, mas cultural também, de construção de uma nova racionalidade, de novos valores, de uma nova visão de mundo). Para os *voceros* com os quais trabalhamos, o horizonte socialista é muito claro, e a crença de viver um processo revolucionário também — ainda que a especulação sobre esse futuro seja algo bastante vago. Ao invés de classificar se é ou não é revolução, o que podemos afirmar com clareza é que não há necessariamente uma descontinuidade entre reforma e revolução, pois esta última é, antes de qualquer coisa, um processo — que não possui uma data inaugural e tampouco um prazo para terminar. Segundo Atílio Borón:

> As revoluções não nascem como tais, mas vão se definindo na medida em que a luta de classes desatada pela dinâmica dos processos de transformação radicaliza posições, supera velhos equilíbrios e redefine novos horizontes para as iniciativas das forças contestadoras [Borón, 2005].

Se o papel do Estado persiste como um instrumento imprescindível para que as classes populares prossigam com seu processo de transformação, a fronteira entre uma e outra possibilidade — entre reforma e revolução — reside na própria concepção que se tem desse Estado, isto é, como um fim em si mesmo ou como uma possibilidade para que se continue abrindo espaços para a participação protagônica do povo e garantindo as condições materiais "para que o novo possa surgir *desde abajo*" (Azzelini, 2010:371).

Teoricamente, os discursos do presidente, os princípios dispostos nas leis e a visão que os próprios *voceros* possuem do processo apontam para a segunda opção. Porém, o que precisamos observar com maior cautela é se, na prática social, realmente é possível caminhar nesse sentido. Para o presente momento, não podemos endossar com segurança nenhuma das duas hipóteses, pois se trata de um processo extremamente recente e permeado por conflitos. A formação das comunas teria como horizonte uma diminuição da dependência em relação ao Estado, já que seu fundamento é tornar as comunidades cada vez mais autossustentáveis, desenvolvendo no interior dos mesmos projetos socioprodutivos que gerem recursos para executar outros projetos de forma autônoma.

O processo de transformação da cultura política do cidadão venezuelano, no sentido de incorporar o princípio da participação política como parte de suas atividades cotidianas, é também bastante lento, sobretudo em um país no qual a democracia sempre pareceu um conceito estranho para a maior parte da população. Em meio aos processos férteis de cooperativismo que estão sendo desenvolvidos no interior das comunidades, de autorreconhecimento, de construção de identidades locais e coletivas, de "equivalenciação de demandas" (Laclau, 2007) e de empoderamento, o que se nota é que os fantasmas do burocratismo, da centralização e do clientelismo ainda persistem como possibilidades inegáveis.

Persiste também o desafio de o povo ser capaz de assumir um papel ainda mais decisivo nos altos escalões do governo, não apenas deliberando e executando projetos e políticas locais, mas também delimitando as diretrizes das políticas públicas; de o povo ser capaz de, uma vez organizado, domesticar todas as burocracias — internas e externas aos CCs — e colocá-las a seu serviço; de ser hábil em articular os dinamismos de suas decisões com um corpo técnico especializado. Persiste, por fim, a *possibilidade* também de essa força constituinte do povo não sucumbir aos esforços de constitucionalização de seu poder, mantendo-se viva, pujante, criativa, transformadora, com ou sem Chávez. Todas essas são tarefas que ainda precisam ser feitas, se partirmos do pressuposto de que há realmente uma busca por superar de forma radical e revolucionária as estruturas políticas, econômicas e culturais do mundo em que vivemos.

Sem dúvida alguma, esse não é o único caminho. Vivemos um período histórico extremamente fértil, de diferentes buscas por *otro mundo posible* — sejam elas mais, sejam menos radicais — e todas, de alguma forma, nos trazem diferentes soluções para a problemática da democracia. Do México, com os zapatistas, passando pela Venezuela e a "democracia participativa e protagônica", pelo Equador e a experiência de governos participativos liderados pelo movimento indígena Pachakutik, até a Bolívia, com a solução plurinacional para a refundação do Estado. Todos, de alguma forma, apontam caminhos inusitados para refletirmos sobre esse futuro, com outras e novas tensões entre líderes e povo, entre dependências e autonomias, entre poderes constituintes e poderes constituídos. Apesar de cada experiência corresponder a seu contexto específico e possuir características próprias, todas vão na direção da busca por uma *forma formante*, que viabilize a prática do *mandar obedecendo*.

Esses são caminhos que só podem ser pensados desse modo, porque foram construídos no seio da maioria, no seio das classes populares, no seio do *poder constituinte* que novamente temos o privilégio de enxergar de forma explícita e que torcemos para que, nos anos que virão, não sejam *enclausurados* mais uma vez.

Bibliografia

Referências

AARÃO REIS, Daniel. *Ditadura militar*: esquerdas e sociedade. 2. ed. Rio de Janeiro: Zahar, 2002a.

____. *Socialismo e democracia*: desafios para o século XXI. Rio de Janeiro: Polêmica, 2002b. v. 4.

____. Apresentação geral: os processos de modernização e as modernidades alternativas. In: ____; AZEVEDO, Cecília; BRUCE, Mariana et al. (Org.). *Outras modernidades*: Nuestra América e EUA (textos e propostas). Rio de Janeiro: Ed. FGV, 2009. v. 1, p. 6-16. Encarte.

____. Anistia, uma revisão. *O Globo*, Rio de Janeiro, 14 jan. 2010, p. 7.

ALBERTI, Giorgio. *"Movimientismo" and democracy*: an analytical framework and the Peruvian case study. *Paper* para a conferência internacional: The Challenge of Democracy in Latin America: rethinking State/society relations. Rio de Janeiro, Iuperj, IPSA, out. 1995.

ALI, Tariq. *Piratas del Caribe*: el eje de la esperanza. Buenos Aires: Luxemburg, 2007.

ANDERSON, Benedict. *Comunidades imaginadas*: reflexões sobre a origem e expansão do nacionalismo. Lisboa: Edições 70, 2005.

ANTILLANO, Andrés. La lucha por el reconocimiento y la inclusión en los barrios populares: la experiencia de los comités de tierras urbanas. *Revista Venezolana de Economia y Ciencias Sociales*, Caracas, v. 11, n. 3, p. 205-218, 2005.

ARCONADA, Santiago. Mesas técnicas de agua y consejos comunitarios de agua. *Revista Venezolana de Economía y Ciencias Sociales*, Caracas, v. 12, n. 2, ago. 2006.

AVRITZER, Leonardo. *Participatory institutions in Brazil*. Baltimore: The Johns Hopkins University Press, 2009.

AYALA, Santiago Key. *Historia en long-primer*. Caracas: [s.n.], 1949.

AZZELLINI, Dario. *Democracia participativa y protagónica en Venezuela*: la busqueda de una nueva democracia, la construcción de dos lados y los consejos comunales como mecanismo de autogobierno local. Tese (doutorado em sociologia) — Benemerita Universidad Autónoma de Puebla, México, DF, 2010.

BARRETO, Morella. História de la *parroquia* 23 de Enero. In: FUNDACIÓN PARA LA CULTURA Y LAS ARTES (FUNDARTE). *El 23 de Enero*. Caracas: Fundarte, 1990.

BERSTEIN, Serge. A cultura política. In: RIOUX, Jean-Pierre; SIRINELLI, Jean-François (Org.). *Por uma história cultural*. Lisboa: Estampa, 1998. p. 349-363.

_____. *La démocratie libérale*. Paris: PUF, 1999.

BETANCOURT, Rómulo. *Venezuela, política y petróleo*. Caracas: Ucab, 2007.

BISBAL, Marcelino. Analisis formal de un nuevo diario. *La Voz de Catia, Caracas*, 1977, p. 35-44. Disponível em: <http://gumilla.org/biblioteca/bases/biblo/texto/COM197712_35-44.pdf>. Acesso em: nov. 2015.

BOBBIO, Norberto. *Marxismo e o Estado*. Rio de Janeiro: Graal, 1979.

BORGES, Gustavo. *El 23 de Enero*: retrospectiva de un barrio latinoamericano. [S.l.: s.n.], 2009. Disponível em: <www.el23.net>. Acesso em: 19 maio 2011.

BORÓN, Atílio. *La encrucijada boliviana*. [S.l.: s.n.], 2005. Disponível em: <www.rebelion.org>. Acesso em: 17 jun. 2011.

_____. *O socialismo do século 21*: há vida após o neoliberalismo? São Paulo: Expressão Popular, 2010.

BRUCE, Mariana. *Misiones sociales e poder popular na Venezuela bolivariana*. Monografia (graduação em história) — UFF, Niterói, 2008.

_____. Os povos indígenas e a revolução bolivariana. *Revista Eletrônica Tempo Presente*, Rio de Janeiro, ano 5, n. 31, 2010.

____; ARAÚJO, Rafael. A crise na Venezuela: mídia e revolução. *Revista Eletrônica Tempo Presente*, Rio de Janeiro, ano 5, n. 3, 2010a.

____; ____. Petróleo e (in)dependência: os desafios da economia bolivariana. *Revista Eletrônica Tempo Presente*, Rio de Janeiro, ano 5, n. 13, 2010b.

____; FEITOSA, Emilly. O nacionalismo popular em Nuestra América: revolução cubana e bolivariana em debate. In: AARÃO REIS, Daniel; ROLLAND, Denis (Org.). *Modernidades alternativas*. Rio de Janeiro: Ed. FGV, 2009. p. 323-345.

____; FERRERAS, Noberto; AARÃO REIS, Daniel (Org.). *Outras modernidades*: EUA e Nuestra América (séculos XIX e XX). Rio de Janeiro: Ed. FGV, 2010.

BURDEAU, Georges. *Traité de sciences politiques*. Paris: [s.n.], 1983. v. IV.

BUXTON, Julia. Política Económica y ascenso de Hugo Chávez al poder. In: ELLNER, Steve; HELLINGER, Daniel (Ed.). *La política venezolana en la época de Chávez*: clases, polarización y conflicto. Caracas: Nueva Sociedad, 2003. p. 145-166.

CAPELATO, Maria Helena Rolim. Populismo latino-americano em discussão. In: FERREIRA, Jorge. *O populismo e sua história*: debate e crítica. Rio de Janeiro: Civilização Brasileira, 2001.

CASTRO, Gregório (Ed.). *Debate por Venezuela*. Caracas: Faces/Alfa, 2007. v. 41.

CATALÁ, José Augustín. *Los archivos del terror (1948-1958 — la década trágica)*: presos, torturados, exilados, muertos. Caracas: El Centauro, 1998.

CHAKRABARTY, Dipesh. *Provincializing Europe*: postcolonial thought and historical differente. Londres: Princenton University Press, 2000.

COLAU, Ada. Los comités de tierras urbanas y el proceso de regularización de tierras en Venezuela. *Informe*, 2007. Disponível em: <www.descweb.org/files/articulo_venezuela.pdf>. Acesso em: 17 jun. 2011.

CONTRERAS, Juan. *La coordinadora Simón Bolívar*: una experiencia de construcción del poder local en la parroquia 23 de Enero. Monografia (graduação em serviço social) — Universidad Central de Venezuela, Caracas, 2000.

CORONIL, Fernando. *The magical State*: nature, money and modernity in Venezuela. Chicago: The University of Chicago Press, 1997.

COSTA, Antonio Luiz M. C. Nem Estado nem mercado. *Carta Capital*, São Paulo, ano 23, n. 447, p. 28-31, jun. 2007.

____. O fim do chavismo? *Carta Capital*, São Paulo, ano 28, n. 728, 19 dez. 2012. Disponível em: <www.cartacapital.com.br/internacional/o-fim-do-chavismo>. Acesso em: nov 2015.

_____. Chavismo de segunda mão. *Carta Capital*, São Paulo, ano 28, n. 740, p. 56-57, 20 mar. 2013.

DEL BÚFALO, Enzo. Venezuela. In: ELÍAS, Antonio; ABDALA, Marcelo. *Los gobiernos progresistas en debate*: Argentina, Brasil, Chile, Venezuela y Uruguay. Buenos Aires: Clacso, 2006.

D'ELIA, Yolanda (Coord.). *Las misiones sociales en Venezuela*: una aproximación a su compreensión y analisis. Caracas: Ildis, 2006.

DENIS, Roland. *Los fabricantes de la rebelión*: movimiento popular, chavismo y sociedad en los años noventa. Caracas: Primera Linea y Nuevo Sur, 2001.

_____. La profecía de Alcasa. *Aporrea.org*, Caracas, 2007. Disponível em: <aporrea.org>. Acesso em: abr. 2013.

_____. Chávez: avanço e freio na revolução bolivariana [Entrevista]. *Diário Público*, Madri, 2009. Disponível em: <massote.pro.br>. Acesso em: 17 jun. 2011.

_____. Por unas comunas "sin ley". *Analitica.com*, Caracas, 2010. Disponível em: <www.analitica.com>. Acesso em: 17 jun. 2011.

DI TELLA, Torcuato. *Para uma política latino-americana*. São Paulo: Paz e Terra, 1969.

DUQUE, José Roberto. El 23 de Enero y la historia del pueblo. *El Discurso del Oeste*, 22 jan. 2010. Disponível em: <www.discursodeloeste.blogspot.com>. Acesso em: 19 maio 2011.

ELLNER, Steve. Las estratégias desde "arriba" y desde "abajo" del movimiento de Hugo Chávez. *Cuadernos del Cendes*, Caracas, ano 63, n. 62, p. 73-93, maio/ago. 2006.

_____. *Rethinking Venezuelan politics*: class, conflit, and the Chávez phenomenon. Londres: Lynne Rienner, 2008.

_____. La primera década del gobierno de Hugo Chávez: logros y desaciertos. *Cuadernos del Cendes*, Caracas, v. 27, n. 74, p. 27-50, 2010.

_____; HELLINGER, Daniel (Ed.). *La política venezoelana en la época de Chávez*: clases, polarización y conflicto. Caracas: Nueva Sociedad, 2003.

FAIRCLOUG, Norman. *Discurso e mudança social*. Brasília: Ed. UnB, 2001.

FARÍAS, Erika. Nueva Ley de Consejos Comunales respaldará la construcción de la sociedad socialista [Entrevista]. *Aló Presidente*, Caracas, 9 fev. 2010. Disponível em: <www.alopresidente.gob.ve>. Acesso em: 31 ago. 2010.

FERNÁNDEZ, Maryori C. P. *Movimiento Revolucionario Tupamaro (MRT)*: un actor en la polarización política y social de la Venezuela actual. Monografia (graduação em sociologia) — Universidad Central de Venezuela, Caracas, 2006.

FERREIRA, Jorge. *Trabalhadores do Brasil*: o imaginário popular. Rio de Janeiro: Ed. FGV, 1997.

_____ (Org.). *O populismo e sua história*: debate e crítica. Rio de Janeiro: Civilização Brasileira, 2001a.

_____. O nome e a coisa: o populismo na política brasileira. In: _____. *O populismo e sua história*: debate e crítica. Rio de Janeiro: Civilização Brasileira, 2001b. p. 59-124.

_____. A democratização de 1945 e o movimento queremista. In: _____; DELGADO, Lucília de Almeida Neves (Org.). *O Brasil republicano*: o tempo da experiência democrática (da democratização de 1945 ao golpe civil-militar de 1964). Rio de Janeiro: Civilização Brasileira, 2003. v. 3.

FERREIRA, Marieta de Moraes. História, tempo presente e história oral. *Topoi*, Rio de Janeiro, v. 3, n. 5, p. 314-332, jul./dez. 2002. Disponível em: <www.revistatopoi.org/numeros_anteriores/topoi05.htm>. Acesso em: 17 jun. 2011.

FUKUYAMA, Francis. *O fim da história e o último homem*. Rio de Janeiro: Rocco, 1992.

FUNDACIÓN PARA LA CULTURA Y LAS ARTES (FUNDARTE). *El 23 de Enero*. Caracas: Fundarte, 1990.

GACETA MUNICIPAL. Caracas, ano LXIV, v. VII, n. 11.806

GEERTZ, Clifford. *The interpretation of cultures*. Nova York: Basic Books, 1973.

GERMANI, Gino. *Sociologia da modernização*. São Paulo: Mestre Jou, 1974.

GOMES, Angela de Castro. *A invenção do trabalhismo*. 3. ed. Rio de Janeiro: Ed. FGV, 2005a.

_____. História, historiografia e cultura política no Brasil: algumas reflexões. In: SOIHET, Raquel; BICALHO, M. Fernanda; GOUVÊA, M. de Fátima (Org.). *Culturas políticas*: ensaios de história cultural, história política e ensino de história. Rio de Janeiro: Mauad, 2005b. p. 21-44.

_____. Cultura política e cultura histórica no Estado Novo. In: ABREU, M., SOIHET, R.; GONTIJO, R. *Cultura política e leituras do passado*. Rio de Janeiro: Civilização Brasileira, 2007. p. 43-63.

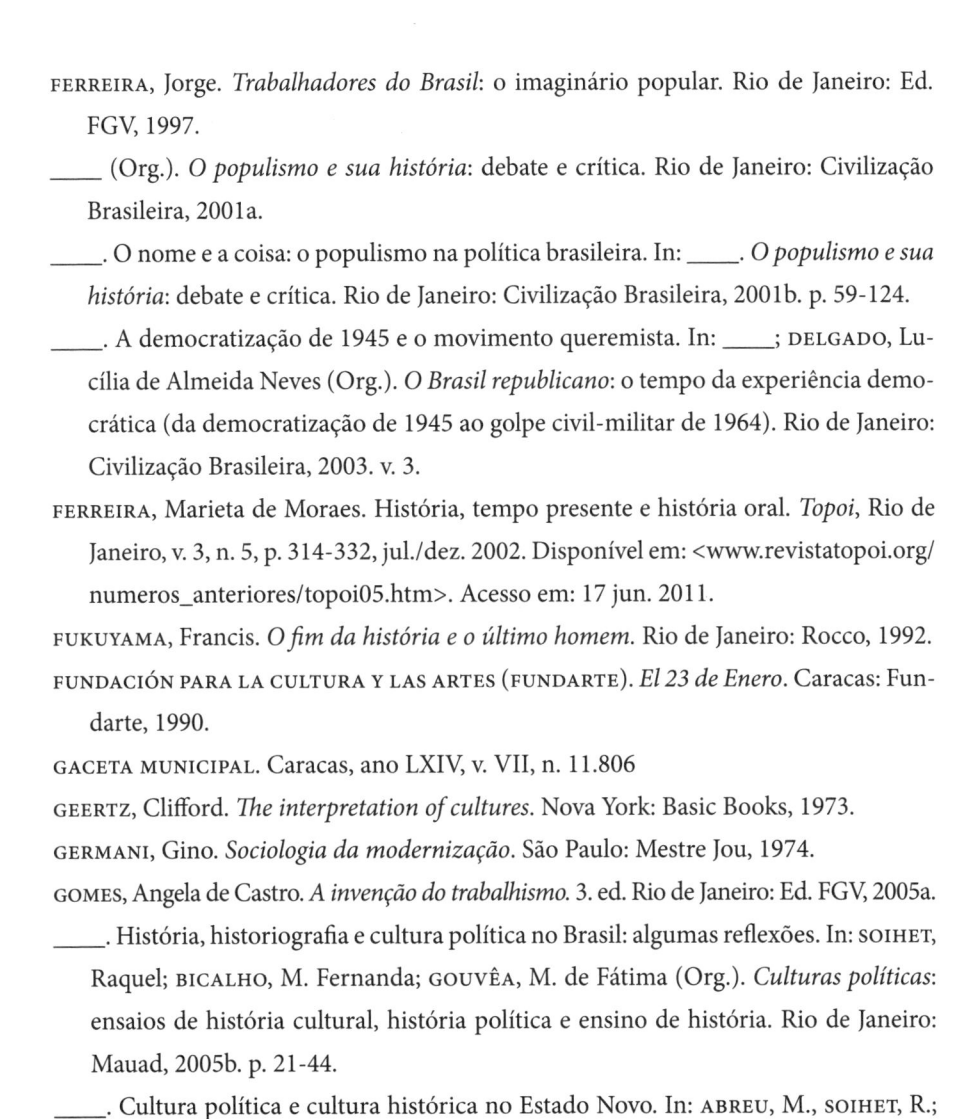

GONZÁLEZ, Zuleima; HERNÁNDEZ, Sol; SULBARÁN, María. *Estudio exploratorio de tipo etnografico sobre las caracasteristicas de la violencia y las actividades ilegales existentes en un barrio de Caracas para el año 1996*. Monografia (graduação em serviço social) — Universidad Central de Venezuela, Caracas, 1997.

GOTT, Richard. *À sombra do libertador*: Hugo Chávez e a transformação da Venezuela. São Paulo: Expressão Popular, 2004.

_____. *Hugo Chávez y la Revolución Bolivariana*. Madri: Foca, 2006.

GUÉDEZ, Rómulo Rodriguez. *Horizontes verticales*: estudio sobre la violencia en el 23 de Enero. Monografia (graduação em comunicação social) — Universidad Central de Venezuela, Caracas, 1998.

GUERRERO, Pedro Figueroa. El 23: territorio libre en América. *Aporrea.org*, Caracas, 2009. Disponível em: <www.aporrea.org/poderpopular/a70975.html>. Acesso em: 17 jun. 2011.

GURFINKEL, Laura. ¿Qué es un "liceo bolivariano"? *Analitica.com*, Caracas, 2004. Disponível em: <www.analitica.com>. Acesso em: 17 jun. 2011.

HALBWACHS, Maurise. *A memória coletiva*. São Paulo: Vértice: 1990.

HALL, Michael; SPARDIN JR., Hobart. A classe trabalhadora urbana e os primeiros movimentos trabalhistas na América Latina (1880-1930). In: BETHELL, Leslie (Org.). *História da América Latina*. São Paulo: Edusp, 2001. v. 4, p. 283-330.

HELLINGER, Daniel. Visión política general: la caída del puntofijismo y el surgimiento del chavismo. In: ELLNER, Steve; HELLINGER, Daniel (Ed.). *La politica venezolana en la época de Chávez*: clases, polarización y conflicto. Caracas: Nueva Sociedad, 2003. p. 43-74.

HOBSBAWM, Eric. *A era do capital (1848-1875)*. São Paulo: Paz e Terra, 1996.

_____. *A era dos extremos*: o breve século XX (1914-1991). São Paulo: Companhia das Letras, 2002.

_____. *A era das revoluções (1789-1848)*. São Paulo: Paz e Terra, 2004.

IANNI, Octavio. *A formação do Estado populista na América Latina*. Rio de Janeiro: Civilização Brasileira, 1975.

LACABANA, Miguel; CARIOLA, Cecilia. Construyendo la participación popular y una nueva cultura del agua en Venezuela. *Cuadernos del Cendes*, Caracas, ano 22, n. 59, p. 111-133, maio/ago. 2005.

LACLAU, Ernesto. *Política e ideologia na teoria marxista*: capitalismo, fascismo e populismo. Rio de Janeiro: Paz e Terra, 1979.

_____. *La razón populista*. Buenos Aires: Fondo de Cultura Económica, 2007.

LANDER, Edgardo (Org.). *A colonialidade do saber*: eurocentrismo e ciências sociais — perspectivas latino-americanas. Buenos Aires: Clacso, 2005.

_____. El Estado y las tensiones de la participación popular en Venezuela. *Osal*, Buenos Aires, ano VIII, n. 22, p. 65-86, set. 2007.

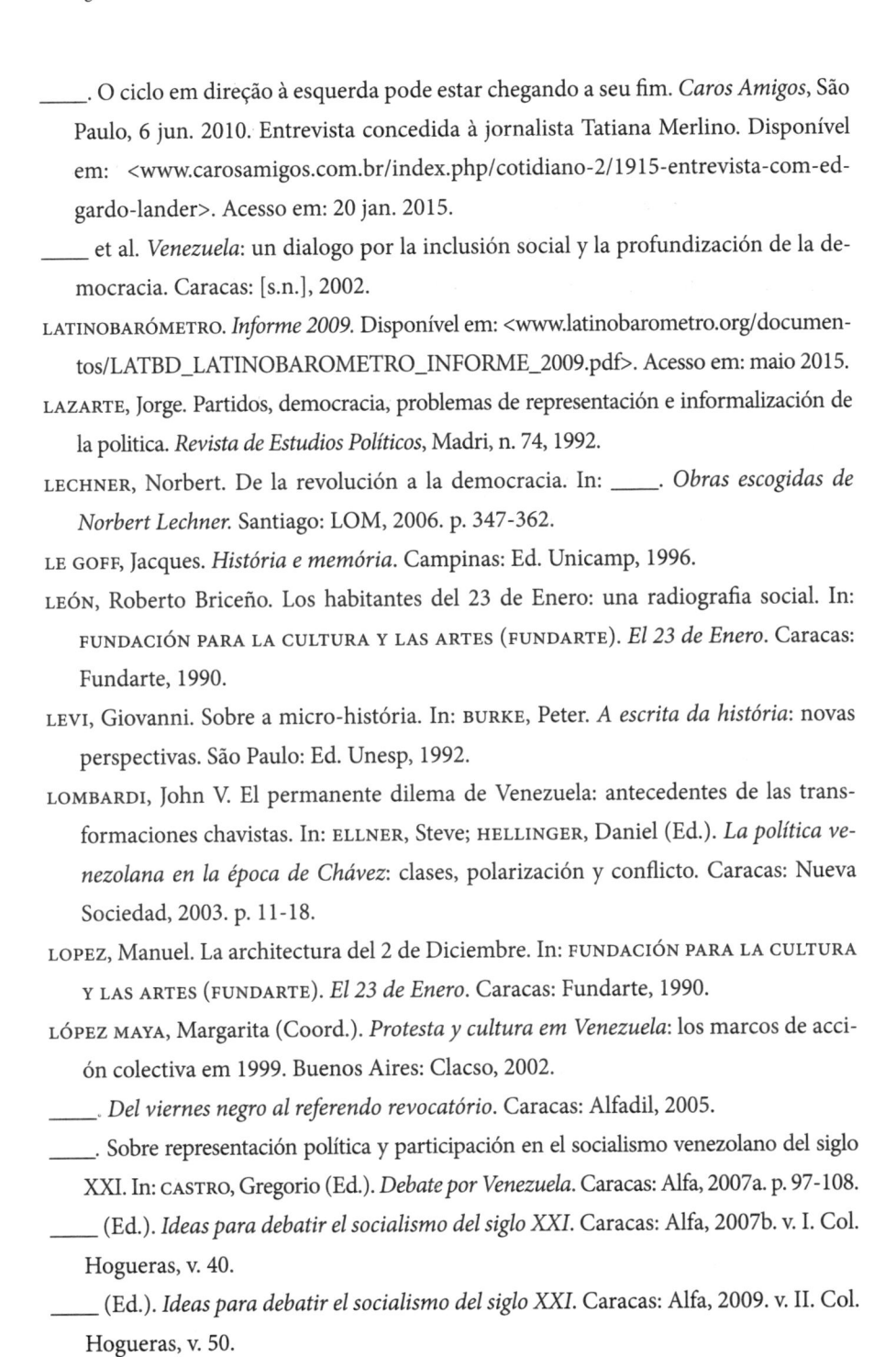

_____. O ciclo em direção à esquerda pode estar chegando a seu fim. *Caros Amigos*, São Paulo, 6 jun. 2010. Entrevista concedida à jornalista Tatiana Merlino. Disponível em: <www.carosamigos.com.br/index.php/cotidiano-2/1915-entrevista-com-edgardo-lander>. Acesso em: 20 jan. 2015.

_____ et al. *Venezuela*: un dialogo por la inclusión social y la profundización de la democracia. Caracas: [s.n.], 2002.

LATINOBARÓMETRO. *Informe 2009*. Disponível em: <www.latinobarometro.org/documentos/LATBD_LATINOBAROMETRO_INFORME_2009.pdf>. Acesso em: maio 2015.

LAZARTE, Jorge. Partidos, democracia, problemas de representación e informalización de la politica. *Revista de Estudios Políticos*, Madri, n. 74, 1992.

LECHNER, Norbert. De la revolución a la democracia. In: _____. *Obras escogidas de Norbert Lechner*. Santiago: LOM, 2006. p. 347-362.

LE GOFF, Jacques. *História e memória*. Campinas: Ed. Unicamp, 1996.

LEÓN, Roberto Briceño. Los habitantes del 23 de Enero: una radiografia social. In: FUNDACIÓN PARA LA CULTURA Y LAS ARTES (FUNDARTE). *El 23 de Enero*. Caracas: Fundarte, 1990.

LEVI, Giovanni. Sobre a micro-história. In: BURKE, Peter. *A escrita da história*: novas perspectivas. São Paulo: Ed. Unesp, 1992.

LOMBARDI, John V. El permanente dilema de Venezuela: antecedentes de las transformaciones chavistas. In: ELLNER, Steve; HELLINGER, Daniel (Ed.). *La política venezolana en la época de Chávez*: clases, polarización y conflicto. Caracas: Nueva Sociedad, 2003. p. 11-18.

LOPEZ, Manuel. La architectura del 2 de Diciembre. In: FUNDACIÓN PARA LA CULTURA Y LAS ARTES (FUNDARTE). *El 23 de Enero*. Caracas: Fundarte, 1990.

LÓPEZ MAYA, Margarita (Coord.). *Protesta y cultura em Venezuela*: los marcos de acción colectiva em 1999. Buenos Aires: Clacso, 2002.

_____. *Del viernes negro al referendo revocatório*. Caracas: Alfadil, 2005.

_____. Sobre representación política y participación en el socialismo venezolano del siglo XXI. In: CASTRO, Gregorio (Ed.). *Debate por Venezuela*. Caracas: Alfa, 2007a. p. 97-108.

_____ (Ed.). *Ideas para debatir el socialismo del siglo XXI*. Caracas: Alfa, 2007b. v. I. Col. Hogueras, v. 40.

_____ (Ed.). *Ideas para debatir el socialismo del siglo XXI*. Caracas: Alfa, 2009. v. II. Col. Hogueras, v. 50.

____; LANDER, Luis E. Venezuela, golpe e petróleo. *Osal*, Buenos Aires, p. 15-18, jun. 2002.

____; MEDINA, Medófilo. *Venezuela*: confrontación social y polarización política. Bogotá: Aurora, 2003.

MACHADO, Jesus. *I Estudio de los consejos comunales en Venezuela*. Caracas: Fundación Centro Gumilla, 2008.

____. *II Estudio de los consejos comunales en Venezuela*. Caracas: Fundación Centro Gumilla, 2009.

MACKINNON, Maria M.; PETRONE, Mario A. *Populismo y neopopulismo en América Latina*: el problema de la cenicienta. Buenos Aires: Eudeba, 1999.

MARINGONI, Gilberto. *A Venezuela que se inventa*. São Paulo: Perseu Abramo, 2004.

____. *A revolução venezuelana*. São Paulo: Unesp, 2008.

MARQUES, P. L. *Trabalho emancipado*: experiência autogestionária dos metalúrgicos gaúchos. Dissertação (mestrado) — Programa de Pós-Graduação em Sociologia, UFRGS, Porto Alegre, 2006.

MARTÍN, Américo; MUÑOZ, Freddy (Ed.). *Socialismo del siglo XXI*: ¿Huida en el laberinto? Caracas: Alfa, 2007. v. 42.

MASSEY, Doreen. Power-geometry and a progressive sense of place. In: BIRD, John et al. (Ed.). *Mapping the futures*: local cultures, global change. Londres: Routledge, 1993. p. 59-69.

MCCOY, Jennifer. From representative to participatory democracy? Regime transformation in Venezuela. In: ____; MYERS, David (Ed.). *The unravelling of representative democracy in Venezuela*. Londres: The Johns Hopkins University Press, 2004. p. 263-295.

____; MYERS, David (Ed.). *The unravelling of representative democracy in Venezuela*. Londres: The Johns Hopkins University Press, 2004.

MED (Ministerio de Educación y Deportes). *La educación bolivariana*: políticas, programas y acciones ("Cumpliendo las metas del milenio"). Caracas: MED, 2004.

MICHELS, Robert. *A sociologia dos partidos*: pensamento político. Brasília: Ed. UnB, 1982.

MIGNOLO, Walter D. *Histórias locais/poderes globais*: colonialidade, saberes subalternos e pensamento liminar. Belo Horizonte: Ed. UFMG, 2003.

MIGUEL, Luis Felipe. Teoria democrática atual: esboço de mapeamento. *BIB*, São Paulo, n. 59, p. 5-42, 1. sem. 2005.

MINISTERIO DE EDUCACIÓN PÚBLICA (MEP). *Liceo Bolivariano*: adolescencia y juventud para el desarrollo endógeno y soberano. Caracas: MEP, 2004.

MINISTERIO DEL PODER POPULAR PARA LAS COMUNAS Y MOVIMIENTOS SOCIALES (MP-COMUNAS). *Geocenso comunal 2013*. Caracas: MPComunas, 2014. Disponível em: <www.mpcomunas.gob.ve/>. Acesso em: jan. 2014.

MIR, M.; TORRES, N.; VALOR, H. *Politica de desarrollo habitacional del Estado venezolano durante el período 1952-1970*: parroquia "23 de Enero" de Caracas. Monografia (graduação em história) — Universidad Central de Venezuela, Caracas, 2000.

MYERS, David J. The normalization of Punto Fijo democracy. In: MCCOY, Jennifer L.; MYERS, David. J. *The unravelling representative democracy in Venezuela*. Baltimore: The Johns Hopkins University Press, 2004. p. 11-29.

NEGRI, Antonio. *O poder constituinte*: ensaio sobre as alternativas da modernidade. Rio de Janeiro: DP&A, 2002.

OURIQUES, Nildo (Org.). *Raízes no libertador*: bolivarianismo e poder popular na Venezuela. 2. ed. rev. Florianópolis: Insular, 2005.

PACHECO, M.; ALVAREZ, E. R.; ROMAN, M. E. R. *Aproximación al estudio de la parroquia 23 de Enero*. Monografia (graduação em serviço social) — Universidad Central de Venezuela, Caracas, 1987.

PÊCHEUX, Michel. *O discurso*: estrutura ou acontecimento. Campinas: Pontes, 1990.

PITKIN, Hanna Fenichel. Representation and democracy: uneasy alliance. *Scandinavian Political Studies*, v. 27, n. 3, p. 335-342, 2004.

PLAZA, Helena. *El 23 de Enero de 1958 y el proceso de consolidación de la democracia representativa en Venezuela (ensayo de interpretación sociopolitica)*. Caracas: Garbizu & Todtmann, 1978.

POLLAK, Michael. Memória, esquecimento, silêncio. *Estudos Históricos*, Rio de Janeiro, v. 2, n. 3, p. 3-15, 1989.

_____. Memória e identidade social. *Estudos Históricos*, Rio de Janeiro, v. 5, n. 10, p. 200-215, 1992.

PORTO-GONÇALVES, Carlos Walter. *Nos varadouros do mundo*: da territorialidade seringalista à territorialidade seringueira. Tese (doutorado) — UFRJ, Rio de Janeiro, 1998.

_____. *Sobre o artigo "Comunas 'sin ley'", de Roland Denis*. Mensagem pessoal recebida por <brucemariana@gmail.com> em 20 out. 2010.

PRESSE, France. Venezuela: As 14 eleições da era Chávez. *Portal G1*, 27 set. 2010. Disponível em: <g1.globo.com/mundo/noticia/2010/09/venezuela-as-14-eleicoes-da--era-chavez.html>. Acesso em: abr. 2013.

PROGRAMA VENEZOLANO DE EDUCACIÓN — ACCIÓN EN DERECHOS HUMANOS (PROVEA). *Informe 2002*: derecho a la manifestación pacífica. 2002. Caracas: Provea, 2002. Disponível em: <www.derechos.org.ve>. Acesso em: 17 jun. 2011.

QUIJANO, Aníbal. Colonialidade do poder, eurocentrismo e América Latina. In: LANDER, Edgardo (Org.). *A colonialidade do saber*: eurocentrismo e ciências sociais — perspectivas latinoamericanas. Buenos Aires: Clacso, 2005. p. 227-278.

RED NACIONAL DE SISTEMAS DE TRUEKE. *La historia de los sistemas de Truekes en Venezuela*. Caracas: Red Nacional de Sistemas de Trueke, 2010. Disponível em: <rednacionaldetrueke.blogspot.com>. Acesso em: 17 jun. 2011.

RÉMOND, René (Org.). *Por uma história política*. Rio de Janeiro: Ed. FGV, 2003.

RETAMAR, Roberto F. (Org.). *José Martí*: nossa América. São Paulo: Hucitec, 1991.

RIBEIRO, Vicente. Emergência do movimento operário na Venezuela: paralisação petroleira e resistência na construção de uma identidade operária no processo bolivariano. In: ENCONTRO DE HISTÓRIA ANPUH, 13., 2008, Rio de Janeiro. *Anais eletrônicos...* Rio de Janeiro: Anpuh, 2008. Disponível em: <http://encontro2008.rj.anpuh.org/>. Acesso em: mar. 2011.

RIZZOTTO, Maria Lucia Frizon. O projeto revolucionário e a criação da Universidade Bolivariana da Venezuela. In: COLÓQUIO INTERNACIONAL MARX E ENGELS, 5., 2007, Campinas. *Anais eletrônicos...* Campinas: Cemarx/Ed. Unicamp 2007. Disponível em: <www.unicamp.br/cemarx/>. Acesso em: mar. 2011.

ROBERTS, Kenneth. Polarización social y resurgimiento del populismo em Venezuela. In: ELLNER, Steve; HELLINGER, Daniel (Ed.). *La politica venezolana en la época de Chávez*: clases, polarización y conflicto. Caracas: Nueva Sociedad, 2003. p. 75-96.

RODRIGUES, L. M. *Sindicatos e Estado*. São Paulo: Ática, 1989.

ROJAS, Kléber Ramirez. *Historia documental del 4 de Febrero*. Caracas: El Perro y la Rana, 2006.

ROUSSEAU, Jean-Jacques. *Do contrato social*. [S.l.]: eBook Libris, 2001.

SANTOS, Boaventura de Sousa; AVRITZER, Leonardo. Para ampliar o cânone democrático. In: SANTOS, Boaventura de Sousa (Org.). *Democratizar a democracia*: os caminhos da democracia participativa. Rio de Janeiro: Civilização Brasileira, 2002. p. 39-82.

SCHUMPETER, J. A. *Capitalism, socialism and democracy*. Nova York: Harper & Brothers, 1942.

THOMPSON, E. P. *A formação da classe operária*. Rio de Janeiro: Paz e Terra, 1987.

____. Introdução: costume e cultura. In: ____. *Costumes em comum*. São Paulo: Companhia das Letras, 1991. p. 13-24.

____. Algumas informações sobre classe e "falsa consciência". In: ____; SILVA, S.; NEGRO. A. L. *As peculiaridades dos ingleses e outros artigos*. Campinas: Ed. Unicamp, 2001a. p. 269-282.

____. Folclore, antropologia e história social. In: ____; SILVA, S.; NEGRO. A. L. *As peculiaridades dos ingleses e outros artigos*. Campinas: Ed. Unicamp, 2001b. p. 227-268.

VARGAS, Veronica Lazzaro. *Hacia un ideal de integración de la comunidad organizada en la parroquia 23 de Enero*. Monografia (graduação em sociologia) — Universidad Central de Venezuela, Caracas, 2004.

VIEIRA, Luis Vicente. A Constituição venezuelana de 1999 e a superação do sistema representativo parlamentar. In: OURIQUES, Nildo (Org.). *Raízes no libertador*: bolivarianismo e poder popular na Venezuela. 2. ed. rev. Florianópolis: Insular, 2005. p. 69-82.

WEBER, Max. *Parlamento e governo numa Alemanha reordenada*: crítica política do funcionalismo e da natureza dos partidos. Petrópolis: Vozes, 1980.

____. *A ética protestante e o espírito do capitalismo*. São Paulo: Martin Claret, 2004.

____. *Ciência e política*: duas vocações. São Paulo: Cultrix, 2011.

WEFFORT, Francisco. *Formação do pensamento político brasileiro*. São Paulo: Ática, 2006.

WEISBROT, Mark; RAY, Rebecca; SANDOVAL, Luis. *The Chávez administration at 10 years*: the economy and social indicators. Washington: CEPR, 2009.

WOOD, Ellen M. *Democracia contra capitalismo*: a renovação do materialismo histórico. São Paulo: Boitempo, 2003.

ZERMEÑO, Sérgio. Neoliberalismo, desorden y neopopulismo. *Revista Mexicana de Sociologia*, México, DF, n. 4, p. 115-150, 1989.

Fontes

Desde abajo [de baixo]

Entrevistas realizadas em trabalho de campo (2010 e 2011)

ALTURE, Carlos Julio B. Liderança comunitária, 42 anos, morador do *barrio* Santa Clara, setor Sierra Maestra, *parroquia* 23 de Enero. É *vocero de finanzas* do CC Santa Clara. Entrevista realizada em 17 jan. 2011.

ANDERSON, Octavio. Líder comunitário, 46 anos, morador do *barrio* La Libertad, setor Sierra Maestra, *parroquia* 23 de Enero. É *vocero de finanzas* do CC Sierra Maestra. Entrevista realizada em 25 jan. 2011.

AZUAJE, Ravin. Promotor cultural, aproximadamente 60 anos, morador da *parroquia* Altagracia. É militante do coletivo Fuerza Comunitaria Che Guevara, setor La Cañada, *parroquia* 23 de Enero. Entrevista realizada em 5 mar. 2010.

BRIEVA, Peggy. Funcionária pública, 45 anos, moradora do *barrio* Sucre, *parroquia* 23 de Enero. Foi promotora da Fundacomunal para a *parroquia* 23 de Enero e *vocera principal* do CC Gran Mariscal Ayacucho. Entrevista realizada em 4 mar. 2010.

BUITRAGO, Marisol. Tem aproximadamente 40 anos, moradora do setor *Caño Amarillo*. É *vocera de cultura* do CC Caño Amarillo. Entrevista realizada em jan. 2011.

CAMPOS, Oswaldo. Pedreiro, 44 anos, morador do *barrio* Santa Edwiges, setor Sierra Maestra. É *vocero de infraestrutura* do CC Amaneció de Golpe. Entrevista realizada em 17 jan. 2011.

CHACÓN, Oriany. Estudante, 24 anos, moradora do *barrio* Ladera Dos, setor Mirador, *parroquia* 23 de Enero. É *vocera de alimentación* do CC Ladera Dos. Entrevista realizada em 21 jan. 2011.

COBO, Maureen. Dona de casa, aproximadamente 50 anos, moradora do bloco 52-53, do setor Sierra Maestra. É *vocera* do Comité Electoral do CC bloco 52-53. Entrevista realizada em 9 mar. 2011.

CONCEPCIÓN, Nancy. Técnica em eletrônica, 56 anos, moradora do bloco 37, Zona F, *parroquia* 23 de Enero. É *vocera de finanzas* do CC 37F. Entrevista realizada em 19 jan. 2011.

CONTRERAS, Juan. Licenciado em serviço social, aproximadamente 40 anos, morador do bloco 19, setor La Cañada, *parroquia* 23 de Enero. É fundador da *coordinadora* Simón Bolívar. Entrevista realizada em 5 mar. 2010.

DAVALILLO, Rafael Martínez. Cobrador de seguros, 35 anos, morador do *barrio* Sucre. É *vocero de cultura* do CC Gran Mariscal Ayacucho e fundador do coletivo Gran Mariscal Ayacucho. Entrevista realizada em 24 jan. 2011.

DIAZ, Manuel Antonio. Politólogo, 41 anos, morador do bloco 5, setor La Silsa, *parroquia* 23 de Enero. É *vocero de finanzas* do CC Atlantico Norte 1, 4 y 5. Entrevista realizada em 20 jan. 2011.

DURAN, Zulay J. *Obrera*, 57 anos, moradora do *barrio* Santa Rosa, setor Sierra Maestra, *parroquia* 23 de Enero. É *vocera de infraestrutura* do CC Santa Rosa. Entrevista realizada em 17 jan. 2011.

ISTURIZ, Luis A. Liderança comunitária, aproximadamente 40 anos, morador do bloco 17, setor La Cañada, *parroquia* 23 de Enero. É fundador do coletivo Fuerza Comunitaria Che Guevara e *vocero* de saúde do CC bloco 17. Entrevista realizada em 5 mar. 2010.

JAINNE, Gladys. Aposentada, 67 anos, moradora do bloco 41, da Zona F. É *vocera* principal da *comuna* em construção Zona F-E. Entrevista realizada em 20 jan. 2011.

LONGA, Robert. Estudante, aproximadamente 40 anos e morador da Zona Central, *parroquia* 23 de Enero. É o líder do coletivo Alexis Vive. Entrevista realizada em 8 mar. 2010.

MARÍN, Grisel. Licenciada em educação, aproximadamente 40 anos, moradora do bloco 30, Zona Central, *parroquia* 23 de Enero. É *vocera* de saúde do CC bloco 30-29. Entrevista realizada em 8 mar. 2010.

MARQUEZ FLORES, Yanelkar. Geógrafa, 34 anos. Trabalhou na Oficina Tecnica Nacional para la Regularización de la Tenencia de la Tierra Urbana (OTNRTTU). Entrevista realizada em 13 mar. 2010.

MATOS, José Tomas. Carpinteiro, 59 anos e morador do *barrio* Santa Rosa, setor Sierra Maestra, *parroquia* 23 de Enero. É *vocero de finanzas* do CC Santa Rosa. Entrevista realizada em 17 jan. 2011.

MAYA, Avelino. Comerciante, aproximadamente 65 anos, morador do *barrio* Sucre, *parroquia* 23 de Enero. Foi membro fundador do Comité de Tierras Urbanas do *barrio* Sucre e é *vocero de finanzas* do CC La Cañada. Entrevista realizada em 7 mar. 2010.

MECIA, Carmen B. Secretária, 56 anos e moradora da comunidade Los Higuitos, Zona E, *parroquia* 23 de Enero. É *vocera de finanzas* do CC Los Higuitos. Entrevista realizada em 18 jan. 2011.

MENDEZ, Robert Alexander Escalona. Ferreiro e carpinteiro, 41 anos, morador do *barrio* La Piedrita, setor La Piedrita, *parroquia* 23 de Enero. É membro do coletivo La Piedrita e *vocero de finanzas* do CC La Piedrita. Entrevista realizada em 20 jan. 2011.

MIR, Manuel. Historiador, aproximadamente 50 anos, morador do setor Observatório, *parroquia* 23 de Enero. É ex-*jefe civil* da *parroquia* 23 de Enero. Entrevista realizada em 11 mar. 2010.

MIRANDA, Tibisay. Educadora, aproximadamente 50 anos, moradora de Catia La Mar, estado de Vargas. É diretora da Biblioteca Pública La Cañada. Entrevista realizada em 12 mar. 2010.

MONCADA, Doris. Dona de casa, aproximadamente 40 anos, moradora do *barrio* Sucre, *parroquia* 23 de Enero. É *vocera de controladoría social* do CC Gran Mariscal Ayacucho. Entrevista realizada em 9 mar. 2010.

MOTTA, Yaritza. Professora, aproximadamente 40 anos, moradora do setor La Libertad, *parroquia* 23 de Enero. É fundadora do coletivo La Libertad, ex-*facilitadora* da *misión* Robinson na *parroquia* e atual coordenadora da *misión* Robinson no Distrito Capital. Entrevista realizada em 11 mar. 2010.

OROZCO, Rosangela. Professora, 30-31 anos, moradora da Zona Central, *parroquia* 23 de Enero. É militante do coletivo Alexis Vive e *vocera principal* do CC de seu setor. Entrevistas realizadas em 8 mar. 2010 e 19 jan. 2011.

PABÓN, Delfina L. Comerciante, 54 anos, moradora do *barrio* Santa Rosa, setor Sierra Maestra, *parroquia* 23 de Enero. É *vocera de la mesa técnica de agua* do CC Santa Rosa. Entrevista realizada em 16 jan. 2011.

PADRÓN, Miguel. Administrador, 38 anos, morador do bloco 34, Zona E, *parroquia* 23 de Enero. É *vocero de finanzas* do CC bloco 34 — blocos pequenos 32 e 33 e presidente da junta de *condomínio* do bloco 34. Entrevista realizada em 19 jan. 2011.

PÉREZ, Eliseo. Administrador, aproximadamente 40 anos e morador do *barrio* Sucre, *parroquia* 23 de Enero. Foi membro fundador do Comité de Tierras Urbanas do *barrio* Sucre. Entrevista realizada em 7 mar. 2010.

PÉREZ H., Lisandro O. Filósofo, aproximadamente 50 anos, morador do *barrio* La Redoma, setor La Esperanza, *parroquia* 23 de Enero. Militou na Frente Tupamaros e atualmente é *jefe civil* da *parroquia* 23 de Enero. Entrevista realizada em 12 mar. 2010.

QUEVEDO A., Carmen R. Administradora, 49 anos, moradora do *barrio* Santa Rosa, setor Sierra Maestra, *parroquia* 23 de Enero. É *vocera de controladoría social* do CC Santa Rosa. Entrevista realizada em 17 jan. 2011.

QUINTERO, Carmen. Líder comunitária, 45 anos e moradora do setor Caño Amarillo, *parroquia* 23 de Enero. É *vocera* do Comité de Tierras Urbanas e coordenadora do Comité de Salud do CC Caño Amarillo. Entrevista realizada em 26 jan. 2011.

RIVAS, César A. Licenciado em educação, aproximadamente 40 anos e morador do *barrio* Sucre, *parroquia* 23 de Enero. Foi fundador do Comité de Tierras Urbanas e *vocero de cultura* do CC Churun-Meru do *barrio* Sucre. Entrevista realizada em mar. 2010.

ROMERO, David. Advogado, 37 anos, morador do bloco 7, do setor Monte Piedad, *parroquia* 23 de Enero. É *vocero de seguridad y defensa territorial* do CC Andrés Bello, bloco 7, militante do coletivo La Piedrita e fundador do *coletivo* Salvador Allende. Entrevista realizada 22 jan. 2011.

RONDON S., Alexis A. Funcionário público, aproximadamente 40 anos, morador da *parroquia* San Agusin del Norte. Foi promotor da Fundacomunal na *parroquia* 23 de Enero. Entrevista realizada em 8 mar. 2010.

SANTANA, Nelson. Muralista, aproximadamente 50 anos, morador do *barrio* La Piedrita, *parroquia* 23 de Enero. É fundador do coletivo La Piedrita e *vocero de cultura* do CC La Piedrita. Entrevista realizada em 9 mar. 2011.

SERRANO, Eduardo Ontiveros. Recepcionista, 43 anos, morador do *barrio* Ladera Dos, setor Mirador, *parroquia* 23 de Enero. É *vocero de infraestrutura* do CC Ladera Dos. Entrevista realizada em 21 jan. 2010.

SOLÓRZANO, Nelson. Líder comunitário, 51 anos, morador do *barrio* Las Delicias, setor Observatório, *parroquia* 23 de Enero. É *vocero de deportes* do CC Las Delicias e *vocero principal* da *comuna* Juan 23. Entrevista realizada em 21 jan. 2011.

VILLALOBOS, Mary. Comerciante, 40 anos e moradora do *barrio* Sucre, *parroquia* 23 de Enero. É *vocera de economia comunal* do CC La Cañada. Entrevista realizada em 26 jan. 2011.

VOLCAM, Aurora. Comerciante, aproximadamente 40 anos, moradora do *barrio* Sucre, *parroquia* 23 de Enero. Foi fundadora do Comité de Tierras Urbanas do *barrio* Sucre. Entrevista realizada em 7 mar. 2010.

ZAMBRANO, Fanny. Cabeleireira, aproximadamente 40 anos, moradora do *barrio* Sucre. Foi fundadora do Comité de Tierras Urbanas do *barrio* Sucre e é *vocera* de *controladoría social* do CC La Cañada. Entrevista realizada em mar. 2010.

Entrevistas transcritas por Milvia Pacheco e colaboradores (1983)

AGUERREVERA, Leonardo. Habitante da *parroquia* 23 de Enero, setor La Libertad, há 15 anos. É descrito como um jovem preocupado com os problemas sociais. Foi líder comunitário nos anos 1960 e 70. Entrevista realizada nos anos 1980.

CASADIEGO, Alex. É morador do 23 de Enero desde pequeno. É descrito como um senhor vinculado aos movimentos sociais e políticos da *parroquia* nos anos 1960. Entrevista realizada nos anos 1980.

CAVALLERO, Diógenes. Morador do bloco 45, do setor Mirador. Foi líder da Junta Representativa del 23 de Enero nos anos 1960 e membro da Asociación de Vecinos Aso-Mirador nos anos 1980. É também descrito como um senhor vinculado aos movimentos sociais e políticos da *parroquia*. Entrevista realizada nos anos 1980.

DELGADO, Ramon. Morador da Zona Central e residente da *parroquia* desde a fundação. É descrito como um senhor vinculado aos movimentos sociais e políticos da *parroquia*. Entrevista realizada em 21 maio 1983.

GIL, Luis Alberto Dugarte. Morador do setor Las Flores e sobrinho de um dos integrantes do grupo Siete Machos. Passou a maior parte da vida dedicando-se ao trabalho docente na *parroquia*. Entrevista realizada nos anos 1980.

PERNIA, Frederico. Atuou na derrocada de Marcos Pérez Jiménez e vivia na *parroquia* havia muitos anos. É descrito como um senhor vinculado aos movimentos sociais e políticos da *parroquia*. Entrevista realizada em 7 maio 1983.

VILLORIA, Anibal. Ex-militante do Partido Acción Democrática (AD), padre e, nos anos 1980, voltou-se para a atuação na área de esporte (formando crianças e adolescentes). Entrevista realizada nos anos 1980.

Entrevistas para o documentário Fuegos bajo el agua *(2009)*

DIAZ, Manuel. Senhor de aproximadamente 70 anos que atuou nas organizações políticas da *parroquia* nos anos 1960, 70 e 80.

RODRIGUEZ, Gustavo. Senhor de aproximadamente 60 anos que atuou e atua nas organizações políticas da *parroquia*.

Desde arriba [de cima]

CHÁVEZ, Hugo. *Aló Presidente*, n. 179, 25 jan. 2004 (transcrição).

_____. *Aló Presidente*, n. 227, 3 jul. 2005 (transcrição).

_____. *Aló Presidente*, n. 245, 29 jan. 2006 (transcrição).

_____. *Aló Presidente*, n. 303, 10 fev. 2008 (transcrição).

_____. *Aló Presidente*, n. 343, 8 nov. 2009a (transcrição).

_____. *Aló Presidente*, n. 344, 24 nov. 2009b (transcrição).

_____. *Aló Presidente*, n. 345, 6 dez. 2009c (transcrição).

_____. *Aló Presidente*, n. 358, 24 maio 2010a (transcrição).

_____. *Aló Presidente*, n. 359, 30 maio 2010b (transcrição).

_____. *Aló Presidente*, n. 363, 8 ago. 2010c (transcrição).

_____. *Aló Presidente*, n. 369, 9 jan. 2011 (transcrição).

CENSOS de 1936, 1941, 1950, 1961, 1971, 1981, 1990 e 2001.

CONSEJO NACIONAL ELECTORAL (CNE): 1998, 1999, 2010. Disponível em: <www.cne.gob.ve>. Acesso em: 17 jun. 2011.

CONSTITUCIÓN de la República de Venezuela de 1961.

CONSTITUCIÓN Bolivariana de la República de Venezuela de 1999.

LEY Orgánica de la Planificacion Publica (LOPP) de 2002.

LEY Orgánica de las Comunas (LOC) de 2010.

LEY Orgánica de los Consejos Comunales (LOCC) de 2006.

LEY Orgánica de los Consejos Comunales (LOCC) de 2009.

LEY Orgánica del Consejo Federal de Gobierno (LOCFB) de 2010.

LEY Orgánica del Poder Popular (LOPP) de 2010.

PROYECTO Nacional Simón Bolívar: Primer Plan Socialista de la Nación (PPS), 2007-2013.

SAFONACC. Planilha de gastos anuais para a *parroquia* 23 de Enero (2008-2010), 2011. Mimeogr.

Jornais e revistas

Así es la Notícia; El Globo; El Nacional; El Universal; La Nación; Revista Alexis Habla; Últimas Noticias

Documentários

COMUNA en construcción. Direção: Dario Azzellini. Caracas, Berlim, Viena, 2010 (94 min).
FUEGOS bajo el agua. Direção: Lenin Brea e Nulia Vila. 2009 (75 minutos).
OUTRA maneira é possível... na Venezuela. Direção: Elisabetta Andreoli, Gabriele Muzio e Max Pugh. Itália, Grã-Bretanha, 2002 (86 minutos).
A REVOLUÇÃO não será televisionada. Direção: Kim Bartley e Donnacha O'Briain. Reino Unido, Holanda, Estados Unidos, Alemanha, Irlanda, Finlândia, 2003 (74 minutos).
VENEZUELA rising: a lesson in participatory democracy. Direção: Jennifer Wager. Nuestra América Productions. 2006 (66 minutos).

Sites

Agencia Venezolana de Noticias: <www.avn.info.ve>.
Aló Presidente: <www.alopresidente.gob.ve>.
Colectivo Alexis Vive: <www.colectivoalexisvive.es.tl>.
Consejo Municipal de Politicas Públicas: <cmpp.gob.ve>.
Consejo Nacional Electoral (CNE): <www.cne.gob.ve>.
El 23: <www.el23.net>.
El Discurso del Oeste: <discursodeloeste.blogspot.com/>.
Electoral Geography: <www.electoralgeography.com>.
Ministerio del Poder Popular para las Comunas y Movimientos Sociales: <www.mpcomunas.gov.ve>.
ONG Provea: <www.derechos.org.ve/>.
Safonacc: <www.safonacc.gob.ve>.
Site oficial do governo: <www.gobiernoenlinea.ve>.
Red Nacional de Truekes: <rednacionaldetrueke.blogspot.com>.

Siglas

AD. Acción Democrática
CDI. Centro de Diagnóstico Integral
CFB. Consejo Federal de Gobierno
CLPP. Consejos locales de planificación pública
CMAPP. Centro Municipal de Apoyo al Poder Popular
CNE. Consejo Nacional Electoral
COPEI. Comité de Organización Política Electoral Independiente
COPRE. Comisión para la Reforma del Estado
CPPP. Comisión Presidencial del Poder Popular
CTU. Comitê de Terras Urbanas
CTV. Confederación de Trabajadores de Venezuela
DIGIPOL. Dirección General de Polícia
DISIP. Dirección de Servicios de Inteligencia y Prevención
FALN. Fuerzas Armadas de Liberación Nacional
FEDECAMARAS. Federación de Cámaras y Asociaciones de Comercio y Producción de Venezuela
FMV. Federación Médica Venezolana
FRPT. Frente de Resisténcia Popular Tupamaros
INAVI. Instituto Nacional de Vivienda

INCES. Instituto Nacional de Capacitación y Educación Socialista
LCR. La Causa Radical
LOC. Ley Orgánica de las Comunas
LOCC. Ley Orgánica de los Consejos Comunales
LOPP. Ley Orgánica del Poder Popular
LS. Liga Socialista
MAS. Movimiento al Socialismo
MBR-200. Movimiento Bolivariano Revolucionario 200
MIR. Movimiento de Izquierda Revolucionario
MVR. Movimiento V República
MRT. Movimiento Revolucionario Tupamaros
MTA. Mesa Técnica de Agua
OPEP. Organização dos Países Exportadores de Petróleo
OR. Organización de Revolucionarios
OTNRTTU. Oficina Técnica Nacional para la Regularización de la Tenencia de la Tierra Urbana
PCV. Partido Comunista de Venezuela
PDVSA. Petróleos da Venezuela S.A.
PPT. Pátria para Todos
PRV. Partido de la Revolución Venezolana
PSUV. Partido Socialista Unido de Venezuela
PTJ. Policía Técnica Judicial
SAFONACC. Servicio Autonomo Fondo Nacional para los Consejos Comunales
SIFA. Servicio de Información de las Fuerzas Armadas
SN. Seguridad Nacional
SRI. Sala de Reabilitação Integral
TABO. Taller de Arquitectura del Banco Obrero
UCV. Universidad Central de Venezuela
URD. Union Republicana Democrática

Agradecimentos

Agradeço, em primeiro lugar, aos meus heróis da *parroquia* 23 de Enero, de Caracas, aos quais dedico este trabalho. Um carinho especial ao meu querido *barrio* Sucre e, em particular, a Peggy Brieva, Mary Villalobos, César Rivas, Avelino Maya, Fanny Zambrano, Marisol Pérez, senhora Magali e tantos outros não menos importantes que abriram as portas de seus *consejos comunales*, de suas casas, de seus corações, para esta curiosa e apaixonada brasileira.

Ao Gustavo Borges, à Mila Ivanovic e ao José Roberto Duque, por terem me recebido com tanto carinho, atenção e paciência. Obrigada por toda a dedicação, apoio e por terem tornado possível a realização deste projeto antes, durante e depois da viagem.

À Yajaira Hernandez, por ter sido meus olhos e minha guia na Biblioteca Nacional da Venezuela. Obrigada por ter me ajudado nos momentos em que mais precisei.

À senhora Kety, seu Rosalino, Yanelkar Marquez e William, por terem me acolhido e cuidado de mim como se fosse uma de vocês. Vocês se tornaram minha família venezuelana.

Ao meu eterno e inigualável mestre, Daniel Aarão Reis, por sempre ampliar meus horizontes e manter meus pés firmes no chão ao longo de toda a pesquisa. Obrigada por toda a confiança que sempre depositou em mim e por todas as oportunidades oferecidas.

Aos meus amigos e coorientadores de tantas conversas e trocas de ideias que enriqueceram este trabalho com suas inestimáveis contribuições, em particular, Felipe Addor, Carlos Walter Porto-Gonçalves, Norberto Ferreras, Diana Dianovsky, Amanda Rezende Martins, Amanda Cristine C. Segura e a todos os meus companheiros e companheiras da Zona Oeste do Rio de Janeiro.

À minha família. À minha mãe e ao meu pai, que ajudaram a vencer minhas crises e me deram todo o suporte emocional, material e espiritual de que eu tanto precisei para conquistar meus objetivos.

À família Pereira, por todo o carinho, amizade e por nossas eternas discussões políticas. Obrigada por me fazer sentir uma de vocês.

Ao meu companheiro, Hugo Silva, obrigada por estar ao meu lado em todos os momentos, no Brasil ou na Venezuela. Seu amor, confiança, amizade e tolerância me ajudaram sobremaneira a enfrentar todos os desafios e a tornar-me um ser humano melhor.

Finalmente, à minha filhota linda, Maria Eduarda, que me acompanhou durante todo o processo de edição deste livro. Obrigada, minha filha, por revolucionar minha vida.

Este livro foi impresso nas oficinas gráficas da Editora Vozes Ltda.,
Rua Frei Luís, 100 – Petrópolis, RJ.